莎拉・羅斯——著　呂奕欣——譯

D-DAY女孩

以柔克剛的間諜故事，
二戰中擊敗納粹的祕密武器

D-DAY GIRLS

THE SPIES WHO ARMED THE RESISTANCE,
SABOTAGED THE NAZIS,
AND HELPED WIN WORLD WAR II

目錄

第二部

第三部

獻給吉若德・羅斯（Gerald Rose）。他為教育法修正案第九條（Title IX）奮鬥。

註：美國教育法修正案第九條規定，任何人都不應該因為性別因素，被排除在聯邦資助的教育和活動計畫之外，權益遭否定，或是遭受歧視。

葛羅斯特：巴黎丟失了？盧昂投降了？
要是亨利復活，
這消息肯定讓他又做鬼去了。

艾克斯特：怎麼丟的？他們用了什麼詭計？

信使：沒什麼詭計；只是缺人又缺錢。

——威廉．莎士比亞，《亨利六世》第一部，第一幕第一場

我拿起武器，起身抵抗，「很簡單，上校，因為男人拋下這些武器。」

——法國抵抗運動成員瑪格麗特．戈內（Marguerite Gonnet），一九四二年審判。

人物表

安德莉・波瑞爾（Andrée Borrel）
戰場化名：丹妮絲（Denise）
任務代號：白面子樹（Whitebeam）
偽裝身分：莫妮克・厄班（Monique Urbain）

莉絲・德巴薩克（Lise de Baissac）
戰場化名：歐蒂莉（Odile）
任務代號：藝術家（Artist）
偽裝身分：伊蓮・布里瑟（Irène Brisée）、珍內特・布維（Jeanette Bouville）

歐黛特・山桑（Odette Sansom）
戰場化名：莉絲（Lise）
任務代號：裁縫（Clothier）
偽裝身分：歐黛特・梅塔耶（Odette Metayer）

伊芳・魯達雷特（Yvonne Rudellat）
戰場化名：蘇珊（Suzanne）
任務代號：絲蘭（Soaptree）
偽裝身分：賈克琳・維亞雷（Jacqueline Viallet）、賈克琳・高提耶（Jacqueline Gauthier）、
賈克琳・庫里歐里（Jacqueline Culioli）

瑪麗・赫伯（Mary Herbert）
戰場化名：克羅婷（Claudine）
任務代號：護航艦（Corvette）
偽裝身分：瑪麗・路意絲・魏尼耶（Marie Louise Vernier）

法蘭西斯・蘇提爾（Francis Suttill）

戰場化名：昌盛（Prosper）

任務代號：醫師（Physician）

偽裝身分：法蘭索瓦・戴斯普雷（François Desprez）

吉爾伯特・諾曼（Gilbert Norman）

戰場化名：阿尚博（Archambaud）

任務代號：肉販（Butcher）

偽裝身分：吉爾伯特・歐本（Gilbert Aubin）

彼德・邱吉爾（Peter Churchill）

戰場化名：米歇爾（Michel）、拉奧爾（Raoul）

任務代號：紡錘（Spindle）

偽裝身分：皮耶・馬克・邵維（Pierre Marc Chauvet）、皮耶・錢布隆（Pierre Chambrun）

克勞德・德巴薩克（Claude de Baissac）

戰場化名：大衛（David）

任務代號：科學家（Scientist）

偽裝身分：克萊蒙・巴斯塔布勒（Clement Bastable）、米歇爾・魯奧（Michel Rouault）、克勞德・馬克・布雪（Claude Marc Boucher）

第一部

第一章 上帝幫助我們

倫敦

倫敦市中心一座高聳的石柱頂端，是海軍中將納爾遜子爵（Lord Nelson）*的雕像。在他永恆的凝視下，歐黛特．山桑（Odette Sansom）女士匆匆前往英國陸軍部（War Office）赴約。這位獨眼獨臂的特拉法加海戰英雄淋著大雨，其青銅紀念碑榮耀著不列顛治世（*Pax Britannica*）†，那時代和一九四二年七月十日腥風血雨中的倫敦，有天壤之別。

* 譯註：一七五八—一八〇五，知名軍事將領，曾帶領英國打贏諸多重要戰事，在一八〇五年的特拉法加戰役中擊退法西艦隊，但自己也陣亡。他是大英帝國的海上霸權象徵，在倫敦特拉法加廣場上，豎立著他的雕像。

† 譯註：指十九到二十世紀初期，大英帝國掌有全球霸權的和平時期。

世上最慘烈的戰爭，已進入第一千零四十三天。

城市的許多角落已淪為廢墟，裂縫與雄偉建築交錯，凹凹凸凸的景象宛若孩子嘴裡掉了牙。歐黛特戴著帽子，抵擋不停歇的雨勢，速速通過海軍中將前的銅獅子，彷彿只要打起精神，就能讓倫敦回歸正軌，再度展露笑容。

見過歐黛特的倫敦人能感受到她高盧人的自信活力，渾身散發與生俱來的法國風格。她自知比英國同儕美麗，臉上有大大的栗色雙眸，「皮膚細嫩」[1]，深色頭髮往鵝蛋臉兩邊梳，在脖子後方垂下。那時候，城市到處都是穿著制服的軍人、水手、飛行員，整個世界似乎已失去光彩；不過，她身上那件綁帶的輕盈外套，為灰暗雨景賦予唯一的一抹色彩。歐黛特成年後泰半住在英國，卻從未失去歐陸的氣質，也不打算放棄，即使寒冷的英國似乎對性別與女性不感興趣。歐黛特有一股難以磨滅的戲劇魅力，嬌嬈舉止讓穿著卡其色衣服的男人莫不拜倒。據說，她連笑容都說著法語[2]。

維多利亞飯店（Victoria Hotel）宛若老態龍鍾的貴婦，英國陸軍部在戰爭時徵用此處作為行政總部。這裡沒有侍者迎接歐黛特，而出於安全考量，連閃亮亮的水晶吊燈也收起；這棟建築和一切一樣昏暗，只講實用性。在粉紅色大理石大廳裡，沒有衣著時尚的男子分享香菸；這裡依然忙碌，只不過進出的都是職員和軍官、從前線歸來並穿著便服的男子、不適合打仗的老弱殘兵，或是太有用、不能犧牲——也就是必須掌管戰事的人。

歐黛特收到一封打字的邀請函，因而前來此地——這是陸軍部寫來的第二封信：

敬愛的女士：

有人告知我您的大名，說您的資格與資訊在戰爭時期或可發揮價值。若您有空面談，盼在七月十日星期五上午十一時，在上述地址與您見面。請告知是否前來。

賽爾文·傑普森（Selwyn Jepson）上尉 敬上[3]

戰爭進入第三年。對一名在婚姻中抑鬱寡歡的女子來說，這封政府的來信充滿可能。至少這次赴約，便能在下午得到難能可貴的獨處機會；萊斯特廣場有部新上演的電影《忠勇之家》（*Mrs. Miniver*）[4]，訴說英國主婦們如何在戰爭做出貢獻，在家中的男人上前線時，當家的女子如何完成不可能的任務。雖然她可逛街，但和歐洲的其他地方一樣，現在也實施配給，丈夫領取的軍餉根本買不了。如果好運，這封信可能稍微重新安排歐黛特的人生，畢竟軍隊需要她的「資格與資訊」。除了她的母語法文能力之外，陸軍還會看上什麼？或許陸軍部在找翻譯或祕書。她年紀不算太大，打字速度可以很快[5]，說不定會需要寫信給法國的戰俘。那會是很有價值的服務。

歐黛特不知道自己會被賦予什麼任務，從那位上尉的信件看不出什麼端倪。無論陸軍部有任何打算，她已下定決心要效力。

歐黛特住在薩默塞特環境潮濕的鄉間，家有三名稚女——莉莉、法蘭絲華、瑪麗安。才三十歲的她就得獨力育女，因為丈夫羅伊（Roy）受徵召入伍，對抗希特勒。羅伊是英國軍人的兒子，大戰期間曾住在歐黛特家，於是她年紀輕輕——太年輕——就嫁給他。那時她才十八歲，根本還稚氣未脫。她說，自己那時是個傻傻的青少女；在新婚之夜嚇得發慌，拒絕去度蜜月。她反而拉著媽媽和婆婆去看電影[6]。

從小，歐黛特的人生就刻滿戰爭的痕跡。她才四歲時[7]，父親就在凡爾登戰役（Battle of Verdun）*陣亡——那時第一次世界大戰就快結束，只差幾天就停戰。那場戰役中有三十萬名軍人戰死沙場，是場恥辱、令人心痛的浪費。在兩次大戰期間，孩子在傷痕累累的歐洲長大，那時的歐洲正為了法蘭德斯與索姆河戰役（Battle of Somme）†而傷痛。法國自覺受到德國的暴行凌虐，德國也認為鄰國的懲罰性賠款導致國家重創。失去父親的歐黛特在祖父母家成長，星期日總得隨著守寡的母親造訪墳墓與教堂，度過漫漫時光。就和許多大戰時期的女孩一樣，創傷改變了歐黛特，讓她既甜美又堅強、既脆弱又凶狠。

成年後歐黛特雖然結了婚[8]，卻獨自住在英國，照顧三個女兒。倫敦大轟炸（Blitz）迫使歐黛特放棄熱鬧的城市生活，到綠油油的空曠鄉間避難。一九四〇與四一年間，倫敦的夜空盡是炸彈與探照燈；天空每天都有照明彈與火燄構成的煙火表演。要是繼續留在這裡，寶寶得戴上防毒面具；即使她已能操英法雙語，這時又得學會分辨傘投水雷與高射砲的聲音差異。薩默塞特對女兒們來說比較好。

歐黛特在鄉村的日子是沒完沒了的儀式：在麵包店排隊、計算配給券，因為缺乏布料，衣服只能一補再補。宣傳海報歌頌著節儉的美德：「我無比愛國——配給點數不令我煩憂！」這訊息是如此黯淡無光。「去看看衣櫃，能穿則穿，不能穿則修補一番。」歐黛特原本是個時髦的女裁縫，會把令人睜大眼睛的衣服縫上細褶，變出任何組合。但現在她被放逐到鄉下，根本沒人看她美不美。婦女週刊上寫著「戰爭第四年的簡樸衣裝」[9]；大家只肯定沒有剪裁的夾克以及「不罪惡的裙子」。歐黛特渴望五光十色的倫敦，有朋友相伴，能引人矚目。在鄉村當母親的日子像被關到修道院，並不適合她。那裡對一個精力旺盛的女子來說，實在是乏味。

賽爾文．傑普森上尉坐在陸軍部辦公室的〇五五A號房[10]——這裡原本是維多利亞飯店的二

＊　譯註：發生於一九一六年二月到十二月，凡爾登為巴黎東部重要戰略地點，這場戰役是第一次世界大戰中時間最長的戰役，法軍傷亡人數超過五十萬。

†　譯註：發生在一九一六年七月到十一月，英法聯軍在法國北方的索姆河區域對抗德軍，傷亡人數近八十萬，是一次大戰中最慘烈的戰役。

三八號客房[11]——這間臥室實在很小，說不定根本是打掃工具間。這房間只求實用，沒有任何裝飾，只有一項設施：水槽。這裡沒有值得一提的家具，只有軍隊配給的木桌，以及兩張素樸的椅子。房間陳設這麼稀少是刻意為之的。上尉要求，面談的房間不要有任何有官僚作風或甚至舒適的物品。他不是在這裡閒聊，或用一張大桌子當作盾牌，隔開自己與訪客。他不希望有任何東西妨礙真正的信任[12]：沒有阻隔、地位或階級——除非是在面試服役人員，才會穿上制服，以示莊重。

傑普森上尉低頭俯視眼前檔案。山桑女士沒有和敵人的明顯關聯。國王陛下政府找不到任何反對理由：「無不良紀錄。」她沒有任何犯罪紀錄。蘇格蘭場和軍情五處等國安機構顯然認為找她來面談並無不妥。但以他的標準而言，這樣調查還不夠透徹。要是她有任何缺點，他都要發掘出來。

完整教名[13]：歐黛特．瑪麗．瑟琳

國籍：英國

出生國籍：法國

歐黛特在婚後就得到英國國籍，法律上稱為「有夫之婦的法律地位」（coverture），意思是她受到丈夫的法律地位涵蓋；她是先生的一部分，就像手是身體的一部分。

政府會打開歐黛特的檔案，是因為她急於在戰爭中效勞。一九四二年三月，英國廣播公司（BBC）晚間新聞提出緊急呼籲：海軍需要法國海岸的照片。在晚間六點與九點的播報時間，民眾聆聽逍遙音樂會與挪威語新聞時，播報員解釋，即使是最無聊的紀念品照片都能幫上忙。瑣碎、平凡的寫生也可能逆轉歐洲戰局，而歐洲局勢一變，世界就會跟著變。這項宣布是當年諸多愛國行動呼籲之一[14]；隔天早上，英國人共寄出三萬封信，裡面有一千萬張度假照片。

歐黛特也響應號召，把家庭度假的照片寄給政府，這些照片是小時候在故鄉亞眠（Amiens）附近遼闊的海灘拍攝的，畫面上有野餐、陽傘、沙丘城堡與沙灘小屋，有她哥哥、媽媽、祖父母，甚至她不太認識的父親——一張很久以前的夏日留下的平凡痕跡。

在世上最龐大的戰爭中，最小的細節也舉足輕重。牛津郡的某高層國安部門，得組合出法國海岸的詳細地圖。雖然英國有足夠的法國資訊，例如米其林地圖及貝爾德克（Baedekers）旅遊指南，就會描述每一座港口村莊，英國也有測量每一處深度的航海圖。但海軍部需要更專門的情報。為了規劃進攻，海軍須提交一份這國家的描述，包括從登陸艦艇船首看到的浪高。三軍聯合測繪局（The Inter Services Topographical Department，簡稱ISTD）正在製作一份整個法國海岸與低地國的完整圖像。海軍必須知道每個港口與海灘的樣貌，每一處沙丘斜坡的斜度、蜿蜒的路、涓涓細流，總之要掌握任何有助於了解水供應、盲區與進攻路線的地貌。小型的突襲或空拍攝影師固然可能交出這樣的地圖，但要得到大範圍地圖，得靠英國人在戰前度假時的照片拼湊起來。牛津大學的博德利圖書館（Bodleian Library）有一群研究者仔細閱讀大量的寫生本，幫照片拍照，再把相簿物歸原主，物主永遠不知哪些圖會被留存下來，甚至不知道原因。三軍聯合測繪局製作出照片拼貼[15]，把各個家庭的回憶拼起，縫合成巨大的地形拼布。這是盟軍進攻歐洲的作戰計畫平台。英國參戰了，最後的戰場會在法國。

但歐黛特的照片沒能發揮任何軍事價值。她的童年照片並未送到海軍戰爭圖書館。歐黛特聽見英國廣播公司的號召之後，就把照片寄到陸軍部，而不是海軍部；英文畢竟不是她的母語，於是她混淆了，把僅有的幾張家庭照片錯寄到另一個軍隊分部。

不過，軍隊的行政機器仍在運轉。郵政員工把她提供支援的信轉到中央登記處，之後再把這資訊送到適當（雖然不透明）的管道，交到傑普森上尉手中。

———

歐黛特進入上尉辦公室時，他像紳士那樣起身。窗戶掛著空襲時會派上用場的厚重窗簾，因此這封閉的房間更顯得狹窄；兩人之間的燈光冰冷刺眼。

傑普森上尉是個矮小的男子，身穿深色西裝，雖然已經四十二歲，聲音卻像發育期的人一樣粗嘎。他在承平時期是記者與平庸的懸疑小說家；但在戰爭時期，他成了懷疑論者，什麼事情都鎖在陰暗的內心之中。他的雙眼有如咖啡豆，梳著深色油頭，那多疑的氣質讓他看起來像老是便祕[16]。

這位上尉在權貴子弟就讀的聖保羅公學（St. Paul's School）求學時，練就一口清晰尖銳的腔調。面談開始，他用公式化的問題，詢問任何進入這辦公室的人：歐黛特對德國人有什麼想法[17]？

她深深痛恨希特勒。

她厭惡法國的現況。母親從家園撤離，哥哥在閃電戰中受重傷，正在德軍占領區的巴黎聖寵谷軍醫院療傷。她的國家遭到侵犯。

噢，她或許同情德國人民，但是對於軍事占領者，只有怨恨，別無其他[18]。

這位上尉明白，法國人對德國人的敵意是代代相傳，僅次於對英國人的仇恨[19]。在戰爭時，他的工作正如信件所指稱，是要從平凡、正常與普通的英國百姓中，挑出一小群關鍵人物，這區區幾人要能說流利無瑕的法語，能扮成法國人，且心態與目的也算得上是法國人。

「我們不會告訴你我們怎麼做的，」[20]上尉說，歐黛特的檔案就放在他面前。「但我們已經調查過你在英國與法國的情況，對所發現的事很滿意。」

歐黛特天生有戲劇性，過度激烈的反應就像她運用母語一樣自然。她的姿態一瞬間從端莊美麗變成極度憤恨，怒不可遏。

「喲，你是什麼意思？為什麼要調查我？」[21]

在戰爭時期的英國，歐黛特因出生地而遭到懷疑。英國出現憤恨之情：法國佬在一九四〇年那麼快投降；軍隊碰到裝甲師就潰敗；馬奇諾防線簡直和縫衣線一樣根本是笑話；維琪政府在北非的戰艦此刻竟背叛盟軍艦隊[22]；法國工廠幫納粹戰爭生產武器，殺害在埃及的英國人。

歐黛特的忠誠度在為歐洲而戰的時刻，可能成為關鍵要素。這名上尉正在招募祕密軍人，要在納粹的地盤上暗中開戰。不過，歐黛特這樣的女子只是因為結婚才成為英國人，許多人認為，國外出生的英國新娘也是敵方的同盟。

她拒絕這樣的含沙射影，怨恨之意足以再次發動黑斯廷斯之戰（Battle of Hastings）*。她憤憤不平道出自己真誠的愛國情操：她是英國女兒的好母親、是保家衛國的英國軍人的忠實之妻。她過著寧靜的生活，從來沒有叛國或非法之舉。歐黛特是個正正當當的英國婦女，就和任何以英國為祖國的人一樣。

「你把我當成什麼？」[23]

在那一刻，上尉做了決定。他願意讓歐黛特冒生命危險[24]。

傑普森上尉沒有清楚說明招募來的人要做什麼，也沒提到雇主叫什麼名字，只給歐黛特一個機會，為國王陛下政府前往法國，每年有三百英鎊的報酬。她志願參加嗎？

「等等，」上尉暫停，「你家情況怎麼樣？」

歐黛特詳細的人生情況就放在他面前的檔案裡，他不會把為了留在英國的寶寶而憔悴的女人送到戰場上。她活著回來的機會不超過一半[25]，甚至更低。

上尉認為，她似乎沒怎麼考慮女兒。他日後想起她的回答是：「噢，她們不要緊的。」[26]

其實歐黛特陷入沉思。她以母親的語言，思考這謎樣的工作機會。她在想：**我是不是該接受別人輕而易舉就願意做出的犧牲？**[27]要是法國與英國都向希特勒投降呢？對這個小個子男人傑普森而言，她或許沒什麼用；她或許不夠好，無法入伍。但她決定，至少要為了莉莉、法蘭絲華與瑪麗安一試。

雖然對於工作內容沒概念，但歐黛特說：「訓練我吧。」[28]

上尉起身，護送歐黛特短短兩步就到了門邊，兩人互相握手。她個性強烈，或許不願意聽從命令；她太強勢了。然而，她符合所有條件：法語流暢、英國公民。盟軍需要歐黛特這樣的女

---

* 譯註：發生於西元一〇六六年，由「征服者威廉」率領諾曼人、布列塔尼人等組成軍隊進攻英格蘭，戰勝英國軍隊，成為「威廉一世」。他將諾曼法蘭西文化帶到英格蘭，對後世影響甚遠。

子，才能改變世界。

他回到桌邊，看著眼前的檔案，速速在邊緣寫下筆記，那是他對這位最新雇員的專業評估。

如果能讓她接近德軍，那麼德軍就得請老天保佑。不過，或許上帝會一路幫助我們[29]。

注釋

1 Odette Hallowes, HS 9/648/4, National Archives, Kew.

2 Leo Marks, *Between Silk and Cyanide: A Codemaker's Story,* 1941–1945 (New York: Touchstone, 1998), 95.

3 Jerrard Tickell, *Odette: The Story of a British Agent* (1949; London: Chapman & Hall, 1952), 69. 歐黛特現存的個人檔案中，沒有傑普森上尉的原始信件。這段文字是引自歐黛特故事的授權版本，作者為陸軍公關部（War Office Public Relations Department）的吉拉德．提克爾（Jerrard Tickell）。不過，傑普森上尉在一九四二年六月五日寄給賈克琳．尼恩（Jacqueline Nearne）的信件倒是存在，她是歐黛特訓練班的成員。若將文字加以比較，會發現和提克爾傳記中引用的一樣。我認為這表示提克爾寫作時取得了歐黛特的檔案。在此列出尼恩收到的完整信件，以釐清讀者的疑慮：「有人告知我您的大名，說您的資格與資訊在戰爭時期或可發揮價值。若您有空面談，盼在一九四二年六月二十五日星期四下午三時，在前述地址與您見面。請告知是否前來。賽爾文．傑普森上尉」。Susan Ottaway, *A Cool and Lonely Courage: The Untold Story of Sister Spies in Occupied France* (New York: Little, Brown, 2014), 26.

4 《忠勇之家》在一九四二年六月上映，是一九四二年英國賣座票房第一的電影。

5 Odette Marie Celine Sansom, Oral History, 1986, Imperial War Museum, London.

6 Valerie Grove, "Life Wisdom Learnt in the Darkness of a Torture Cell — Odette Hallowes, GC," *Sunday Times* (London), Oct. 14, 1990.

7 在晚年的訪談中，歐黛特說父親在她兩歲時去世。但是凡爾登戰役發生在一九一六年，當時她應是四歲。

8 歐黛特在一九四二年七月十一日的個人檔案中，地址顯示為康姆拉路十一號（11 Comeragh Road, W4），這是在倫敦西部的漢默史密斯（Hammersmith）。而她的授權傳記與口述傳記則說，她已經離開倫敦，到薩默塞特，檔案紀錄與她的口述並不符合。身為作者，我得在版本做出選擇。因此我會盡量標示說我是採用哪種敘述，以及理由為何。

9 即使是最小的樂趣也被禁止：「每天下午四到五點之間，在許多餐廳看見舒服自在的家庭主婦（無論年輕或年長）大啖圓麵包或蛋糕，這是錯誤且不妥的舉動，」婦女雜誌指責道。「現在該停止這浪費的蠢行。」S. A. Thompson, Court Hey Avenue, Bowring Park, Liverpool, *Picture Post,* Sept. 12, 1942.

10 Ottaway, *Cool and Lonely Courage,* 26.

11 Shrabani Basu, *Spy Princess:* The Life of NoorInayat Khan (London: Sutton, 2006), ebook.

12 Jepson, Imperial War Museum, London.

13 Hallowes, HS 9/648/4, National Archives, Kew.

14 Keith Grint, *Leadership, Management, andCommand: Rethinking D-Day* (London: Palgrave Macmillan, 2007), 46;Paul Winter, ed., *D-Day Documents* (London: Bloomsbury, 2014), 76.

15 Allison Lear, "Report on Suzanne Kyrie-Pope, anISTD Employee," WW2 People's War: An Archive of World War TwoMemories, BBC, 2005, online.

16 Nancy Wake, *The Autobiographyof the Woman the Gestapo Called the White Mouse* (South Melbourne:Macmillan, 1985), 104.

17 Jepson, Imperial War Museum, London.

18 Hallowes, Imperial War Museum, London.
19 Jepson, Imperial War Museum, London.
20 Hallowes, Imperial War Museum, London.
21 Sansom, Imperial War Museum, London.
22 Times(London), July 17, 1942.
23 Sansom, Imperial War Museum, London.
24 Jepson, Imperial War Museum, London.
25 Gordon Nornable, 引述自 RoderickBailey, ed., *Forgotten Voices of the Secret War: An Inside History of Special Operations During the Second World War in Association with the Imperial War Museum* (London: Ebury Press, 2008), 43.
26 Jepson, Imperial War Museum, London.
27 Sansom, Imperial War Museum, London.
28 出處同前。
29 Jepson, Imperial War Museum, London.

在提克爾寫的傳記《歐黛特》（*Odette*）中，這段引文寫著：「直率有勇氣。如果能讓她接近納粹，那麼上帝保佑納粹了。賽・傑。」這本書在戰後不久出版，當時作者並未為了這檔案訪談傑普森，直到四十多年後的一九八六年才有人探詢他。雖然我相信歐黛特的傳記作家取得了原始、未編纂的個人檔案，因為有些紀錄忠實複製，但值得注意的是，這本書是由男人撰寫，有杜撰之處，也有明顯的不精準之處。這本書的構想是陸軍部的公關工具，讚揚政府祕密機構，那時敵線後方的行動仍在保密範圍，因此通常會偏向於宣傳效果。在解密的年代之前，歐黛特是特別行動處的非正式代言人，她也鮮少（甚至沒有）違反官方立場。歐黛特在去世前都支持這本書的立場，我也傾向於相信提克爾傳記中第一人稱的敘述，理由單純是主要人物在場，但提克爾不在。

第二章
不紳士的戰事
倫敦

倫敦戰爭時期氣氛蠢蠢欲動，而貝克街六十四號於光天化日下，隱藏著一處政府辦公室。這個地方用的是假名。對員工來說，這裡稱為三軍聯合研究局（Inter Services Research Bureau，簡稱ＩＳＲＢ）；但也稱為「公司」[1]、「吵鬧的地方」、「組織」[2]、「農漁業部」，或稱為「瘋人院」就夠了[3]。這灰撲撲的空間有強烈的官僚色彩，散發出無情的軍事氣氛，有長長的走廊與講究實用的家具。其實這個機構是專門在敵方占據的地盤進行祕密戰事，稱為「特別行動處」（Special Operations Executive，簡稱ＳＯＥ）。

這是神祕且特殊的機構，不隸屬於一般行政部門與軍隊的指揮架構，只聽命於戰時最高規劃者。歐洲戰況懸而未解，此時這影子組織正擴充人手，為終結這場戰事的戰役做準備。

就在歐黛特與傑普森上尉見面之前，一份「最高機密」文件在英美的戰爭領袖之間流傳。他們同意，歐洲要開啟第二戰線，協助史達林的紅軍。蘇維埃在這場戰事中代表盟軍在歐洲獨自作戰，但如果英美聯軍能打開西線戰場，就會讓希特勒的注意力從俄羅斯轉移。他得同時打兩場不同的戰役，勢必無法持久。這策略可能永遠終結納粹的殺戮。

戰爭規劃者同意，必須從法國開始：

以西歐當作戰區為佳，讓英美主要攻勢登場。從所有可用的比較基礎來看，這裡絕對優於其他地方。若要產生效果，選擇此處可節省數個月的時間。穿過法國，是直搗德國核心的最短路徑。沒有其他地方能讓我方取得空軍的大幅優勢，進而推動陸地攻勢的成功……在這個區域，美國可比其他地區更專注，維持更龐大的軍力。英美能從西歐進攻，是運用大批美、英與俄羅斯戰力，集中對抗單一敵人的唯一可行之道。[4]

占領法國是策略上的支軸，讓歐洲戰場走出膠著。從軍事地理學來看，法國地位很關鍵：這裡有很長的開闊海岸，面對著英國、大西洋與地中海，又比鄰中立國瑞士與西班牙。但最重要的是，法國和英國的海空距離近，是盟軍可掌控的目標。

但是法國無法自行作戰：法國政府與多數公民都聽希特勒的話。

「須立即做出決策，推動這波攻勢，」備忘錄寫道。

進攻法國的日子定了下來：一九四三年四月一日[5]。

英國首相溫斯頓・邱吉爾（Winston Churchill）個子矮胖、禿頭，經常醉醺醺；他一邊圖謀進攻歐洲，同時培養與追求他鍾愛的軍事手段：游擊戰、走私、蓄意破壞、宣傳、煽動群眾情緒與暴動。他打算從被占領國招募被征服的歐洲人民，當作對抗納粹的地下戰力。

盟軍只有這些資源。納粹擁有歐洲。阿道夫・希特勒（Adolf Hitler）以迅雷不及掩耳的速度占領了歐陸[6]：一九三九年，他用一個月的時間占領波蘭。一九四〇年占領挪威時，只花兩個月；比利時在十八天投降、荷蘭四天、盧森堡十二小時戰敗，丹麥不到六小時失守。

一九四〇年五月，納粹入侵法國。在敦克爾克（Dunkirk）大撤退時，三十三萬八千二百二十六名軍人從前線被送回英國，動用的船隊包括八百艘漁船、遊艇與戰艦。剩下的英國遠征軍驚險逃過德軍攻擊。一九四〇年六月十四日，納粹進入巴黎。

在法國剛開始激戰的頭幾天，邱吉爾剛當選政府元首，那時英國驚訝不已，是歐洲唯一孤軍對抗希特勒的國家。但英國在歐陸沒有軍人，該如何反擊呢？

備忘錄談及新的計畫，要從內部打擊德意志國（Reich）*：

我方須在敵軍占領的國度籌劃行動，此類行動須與愛爾蘭新芬黨、目前對抗日本的中國游擊隊，以及威靈頓戰役中扮演要角的西班牙非正規軍不相上下，或者能抗衡——必須承認——納粹在世上每個國家發展的組織。這個「民主國際」需採用諸多手段，包括工業與軍事破壞、勞工騷動與罷工、持續宣傳、對抗叛國者與德國領袖的恐怖行動、抵制與暴動。[7]

祕密戰爭並非新奇的概念。自從有戰爭以來，就有祕密戰爭：雅典人在特洛伊戰爭打造過很精妙的一匹馬。「游擊戰」（guerrilla）一詞來自西班牙語，意思是小戰士，起初是為了對抗拿破崙在伊比利半島上的霸權。但直到第二次世界大戰，顛覆與蓄意破壞才有成功案例。這些行動多是由不屬於政府的間諜發動小型的突擊攻勢。戰爭規劃者並不知道這種作法能否發展成全球策略，尚未以大型的機構規模測試過。

對倫敦而言，日子相當絕望、恐慌。民主被踢出歐洲，美國拒絕參戰，希特勒與史達林還在瓜分波蘭這個戰利品。邱吉爾很有信心，認為鎖定目標發動突擊、展開抵抗行動是有勝算的，但這其實是他箭袋中僅存的工具；他稱這種行動是「殺完就走」（butcher and bolt）。在英國能靠著機械與軍事的力量反擊之前，就得靠祕密軍隊持續在歐洲發動戰爭。盟軍會重新集結、重整裝備，總有一天將凱旋而歸。

> 現在需要一個新組織，負責統整、鼓勵、控制與協助遭占領國的國民，他們必須直接參與。我們需要絕對保密，某種瘋狂的熱忱，願與不同國籍者合作，且在政治上完全可靠。

一九四〇年七月二十二日[8]，在唐寧街十號戰時內閣的會議中，邱吉爾核准祕密機構成立。這機構專門製造動亂，是專業的第五縱隊†，要在希特勒的新領土發動攻擊，直到盟軍遠征部隊（Allied Expeditionary Force）夠強大，打開第二戰線。

邱吉爾相信，歐陸正在等待有人點燃反抗的火光。數以百萬計的人民在納粹的長筒軍靴下受苦。反抗行動將出現，挑戰德意志國；祕密攻擊可能消耗戰爭機器的毅力、打擊一般德軍的士氣，最重要的是提醒歐洲人，自由是天生的權利，正義不會遭到遺忘。法西斯的邊界不斷擴張，從內部點燃暴動的衝動，是推翻法西斯的方法。

邱吉爾說：「勇敢與絕望的人，會讓敵人感受到最嚴重的困境，這對盟軍策略而言彌足珍

---

* 譯註：這是納粹德國在一九三三—一九四三年的正式名稱，也稱為第三帝國或德意志帝國；以下皆翻譯為德意志國。

† 譯註：意指隱藏於敵營內部的間諜，竭力顛覆敵國的團體。

貴，我們會傾力支持與刺激。」[9]

現代戰爭仰賴的是科技，工業國家才打得起；再也不會有兩個國家隔著壕溝瞪著對方，朝著不會移動的戰線開火。要在全球強權之間贏得戰爭，顛覆與軍力同樣重要。正規軍隊提供軍事力量，特殊軍隊則是精準又講究技術，他們經過訓練，要成為「潛力最強大的武器」[10]：他們要攻擊生產方式與溝通管道，癱瘓製造軍用機械的工廠，以及部隊在長距離移動時的聯絡能力。這是軍事規劃中最先進的思考。邱吉爾喜歡稱這個新成立的祕密部門為「不紳士國防部」。

「不紳士」這個字毫不足以形容邱吉爾心中的戰爭。那會是最骯髒的戰爭，不受交戰規則拘束，缺乏法庭、協議或全球政治公約[11]的保護。這是無所不用其極的戰爭，無論是謀殺、綁架、爆破、贖金與酷刑等手段都要動用。在盟軍登陸歐洲，以炸彈、魚雷、大砲、裝甲、步兵發動大型攻勢時，歐陸的國民要準備就緒，自行戰鬥。他們將有裝備與訓練，龐大的反抗勢力一觸即發。

早在考慮歐洲攻勢的目標日期之前，行動代號就已經決定：D日[12]。

Le Jour J。

「至於現在，」邱吉爾以粗啞的聲音，低調告誡在暗中訓練著祕密戰士的新主管，「讓歐洲燃燒起來。」

一九四〇年七月十六日[13]，當邱吉爾簽下催生特別行動處的文件之時，希特勒也簽署進攻英國的命令。在「海獅計畫」（Operation Sea Lion）中，元首要殲滅英國皇家海軍與皇家空軍。他要在英倫諸島的海域埋下魚雷、轟炸天空、癱瘓貿易，逼迫這偉大的帝國落魄投降。在第十六號元首指令中，他寫道：「這次計畫的目標是消滅英國本土，使這裡無法繼續成為對抗德國的戰爭基地。必要的話，完全占領這個國家。」

為準備一年後的進攻歐陸、打下歐洲政治變遷的基礎，特別行動處需要有人在德軍占領國負責煽動、提供資金與武器，訓練反抗者，組織與指揮抵抗行動。但已經有許多人從軍參戰，英國就是缺少男人[14]。傑普森上尉面臨人手短缺的問題，然而危機就是轉機，也孕育創新的溫室：為了法國的祕密行動，他獨排眾議，決定招募女性。

這決定在公司沒獲得多少支持。高官說，把女人送上前線[15]簡直離經叛道，戰爭是男人打的，目的是保護女人和孩子。女人在戰鬥時有什麼用？世上每一種文化都視女人上戰場為禁忌；她們的身體是專用來創造生命，而非摧毀生命[16]。從布狄卡（Boudicca）*領導軍隊對抗羅馬之

---

* 譯註：古代英格蘭部落的女王，曾領導許多部落對抗羅馬。大約在西元六十一年戰敗自盡，成為英國民族英雄象徵。

後，就沒有任何英國女子拿起武器，對抗外國敵人。

這不是沙文主義就能解釋的。主導戰爭的是愛德華時代的人，他們太死板，相信招募女性等於把新武器送到希特勒手上，即使他們沒有明說。這新武器是強暴[17]。女性是具有象徵意義的軍人，特別容易受到攻擊[18]；她們的身體會成為戰利品[19]，容易被其他持著武器的身體侵犯。身為孤立島嶼的居民，英國女性一向安全；家園邊界和前線的差異很微小。雇用女性到法國展開特別任務，要是遭到俘虜，將受到納粹以最殘忍的酷刑與復仇威脅。此外，非正規軍在敵營的生命通常不到三個月。指揮官拒絕招募女性，以維持英國貞潔。

傑普森上尉雖在維多利亞飯店抱怨連連，但他準備打破普世的禁忌與偏見，為人手不足的困境找出實用的解方。

傑普森上尉研究國際法，尋找明確的指示。他發現，雇用女性打仗並未違反任何戰爭法；法律壓根兒沒提到這一點。

其實，派女性上戰場是可行的。當時主要的行事依據是一九三九年與一九四一年的《國家服役法》（*National Service Acts*），女性入伍後會被分派到輔助機構，讓她們群體工作。只要女性願意簽署文件，證明自己了解殺戮與死亡真正的意義[20]，則法律允許女性使用致命武器。

女性新兵的先例很多：倫敦大轟炸之後滿目瘡痍的日子裡，有七萬八千名女性開始對德國人開火[21]，操控防空高射砲[22]。她們以強大的武器點燃夜空[23]，威力足以擊落德軍的梅塞施密特（Messerschmitt）戰鬥機。邱吉爾自己的女兒瑪麗就在海德公園的大砲發射點工作[24]，首相自己說：「砲兵就是砲兵。」[25]

女性志願從軍、受召入伍、獲得訓練、穿上制服，到軍隊的輔助機構。女性陣亡。英國女性早已參戰。

只是她們沒有跨入敵線之後。

傑普森上尉提倡，女性應該更進一步。派女性到法國不僅有用，更是必須之舉。他主張，她們在執行祕密任務上會表現得會很傑出，因為女性比較神祕，習慣獨處，有「冷靜且孤獨的勇氣」[26]。他說，她們會成為絕佳的信使，在法國的行動自由也比較大。法國許多人淪為戰俘，被送到德國，其他體格健全的法國男人也被迫替希特勒勞動服務，整個國家陰盛陽衰。沒工作、四處閒晃的男人會引人疑竇。上尉相信，德國的沙文思想會延伸到法國的女人：沒有納粹會懷疑有女性的蓄意破壞者，而女孩子騎腳踏車也是稀鬆平常的景象。（歐黛特完全不知道如何騎腳踏車，但傑普森上尉認為無妨，她可以學。）

為了盡力讓流亡在外的法國將軍安靜（甚至滿意），傑普森上尉把目標鎖定在會說法文，但不是法國公民的女子。

夏爾．戴高樂將軍（Charles de Gaulle）是倫敦一名目空一切的角色，身高看起來比實際的六呎七吋還高大。他是沒有軍隊的將軍，沒有國家的元首，兩年來在海峽對岸，透過無線電廣播，不斷鼓動法國人的愛國情操與反抗活動。在一九四〇年悲慘的夏天，法國在閃電戰後向德國投降，歐黛特和數百萬像她一樣的人，聽見這位年輕將軍在英國廣播公司的廣播節目上慷慨陳詞[27]：

基於榮譽、常識與國家利益，我要呼籲所有自由的法國人，無論身在何處，都要繼續盡力對抗。

他說，停戰不是和平，而是加諸在戰敗國家的殘酷復仇。他是黑暗中的孤獨之聲，憤怒地反抗納粹占領，懇求人民抵抗：

我呼籲所有想維持自由的法國人聽我的聲音，跟隨我。光榮、獨立的自由法國萬歲。

在敦克爾克大撤退之後，戴高樂逃到倫敦，成為法國流亡者的領袖。但公司認為，洛林十字（Cross of Lorraine，自由法國的標誌）是沉重的負擔[28]。祕密行動處正在尋找歐洲納粹占領區各種語言的母語使用者。但是戴高樂卻獨排眾議，反對這項戰鬥計畫。他說，法國人向來憎惡在戰爭中服從英國命令，擔心未來淪為英國殖民地。在戴高樂的心目中，二次世界大戰底定之後，不應再打一次百年戰爭。

對盟軍而言，戴高樂的暴躁脾氣妨礙了進攻。挪威、荷蘭、希臘、盧森堡、波蘭、阿爾巴尼亞、南斯拉夫的流亡領袖都住在倫敦，大家都同意在希特勒占領的歐洲從事祕密行動。只有戴高樂例外。其他領袖都希望在戰後重返王位，但是戴高樂在法國沒有相同的地位。在維琪這座小鎮，已有一名合法的國家元首，且這個國家元首的地位獲得承認。

一九四二年其實有兩個法國，兩個法國的指揮部都不是在英國的流亡政府。一九四〇年的停戰協定將法國一分為二。北邊是德國占領區，包括最富庶的農業區、巴黎與大西洋岸，由德意志國管轄。南邊則是自由區，是由法國的其他區域拼湊而成，占百分之四十的國土，且多了六百萬難民，只有一座可前往法國北非殖民地的深水港。非占領區是由元帥菲利浦·貝當（Marshal Philippe Pétain）為領袖：他是第一次世界大戰的國家英雄，卻是二次大戰的國恥。維琪法國嚴格來說應是中立的國族國家，卻要支付龐大的占領費給德國；維琪法國保有海外帝國，以及無能的「停戰軍隊」。和其他希特勒征服的區域不同，維琪政權在法律上給了法國自治的假象。

與其說戴高樂將軍是流亡到倫敦的國家元首，不如說是一個流亡到倫敦的法國總統參選人。他的目標是盟軍不願意給與的工作。如果英美軍隊在法國或其北非殖民地有了立足點，戴高樂能不能在進攻期間或之後領導法國人民，仍是未定之數。美國想要完全不同、對羅斯福總統比較服從的法國領導者，不能像戴高樂那樣暴躁易怒。邱吉爾首相需要美國支持[29]，相較之下，他沒那麼依賴那位愛罵人、沒了家的法國人。「每回我必須在你和羅斯福中間做選擇時，我一定選擇羅斯福，」[30]在進攻逼近時，邱吉爾曾憤恨地告訴戴高樂。

公司以高度的軍事官僚手段，處理這外交的燙手山芋。在法國，有兩個各自為政的游擊組織在運作。自由法國是與法蘭西共和部（**RF Section, République Française**）合作[31]，雇用法國公民，目標是戰後的法國，以及在戰爭期間與「影子軍隊」[32]在政治上結盟。此外還有第二個組織，也是英國指揮，雇用的並非法國公民，不那麼政治化，目標是為盟軍進攻做準備：法國部門（**French Section**）[33]。

這兩個組織徵召了英國每個可上戰場的法語系男性。在這兩個機構間，永遠缺乏「適當種類」[34]的祕密軍人。英法複雜的結盟更強化招募女性的需求。

傑普森在倫敦「尋找女性人才」時，使得一項已經存在的事實具體化。特別行動處從草創時期就已招募女性擔任特務臥底，幫在法國降落失敗的飛行員安排逃出路線。一九四一年，年輕的智利女演員吉莉安娜・巴瑪西達（Giliana Balmaceda）護照上有個未過期的維琪政府戳印時，就被指派一趟跨海峽的短途偵察之旅；美國記者維吉妮亞・霍爾（Virginia Hall）[35]裝著她稱為「庫斯伯」（Cuthbert）的木腿，以美國護照逃出維琪政府，並在倫敦接受徵召，進入自由區，成為特別行動處的地面聯繫人。這機構從一開始，女性就和男性一樣執行最高機密任務，只是並未得任職令。

然而高層拒絕簽署女性特務的褒揚或正式教育。面對僵化的反對聲浪，傑普森上尉找上一個曾幫他雜誌寫文章的前記者。這個記者是個愛喝酒的老寫手，曾寫下長篇大論，談及新的海軍戰事與戰艦——溫斯頓．邱吉爾。

若國王陛下的軍隊想打破女人參戰的禁忌，那麼訴諸國家的戰時最高領袖乃是合理之舉。在倫敦鋪著木牆板的會議室裡，英國高層在大理石半身像與描繪過往美好世界的油畫之間，關起門抽雪茄、悄聲說話。每個人都認識形形色色的人，因此一名中階軍官想找指揮戰爭的人，就能獲准見面。他們是老朋友了——傑普森上尉與邱吉爾首相。

「你要做什麼？」[36]鬥牛犬怒視著傑普森。傑普森體重只有邱吉爾的一半，但同樣自視甚高。

「你要找女人來做這件事？」

「對，」上尉說。女力或許可解決眼前的「人力瓶頸」[37]。「你不覺得這樣做很合理嗎？」

「那就祝你好運，」[38]首相乾咳幾聲祝福道。

傑普森上尉回到「貝克街非正規軍」的大雜院，原本不同意的人仍懷疑他委任女人的創新點子。這時，他就搬出權威來相挺。

「你介不介意和邱吉爾先生談談？」

注釋

1 在倫敦帝國戰爭博物館的口頭訪談檔案中，擔任過間諜的人會隨口稱特別行動處為「公司」。有些人說，他們是在戰後才知道特別行動處的真正名稱。

2 C. Wretch, Private Papers, Imperial War Museum, London.

3 Marks, *Between Silk and Cyanide*, 5.

4 CHAR 20/52/30/73, Sir WinstonChurchill Archive Trust, 2002.

5 最早的可能日期是一九四三年四月一日，如果美方的運輸延遲，則可能延後至一九四三年「夏末」。出處同前。

6 這裡是依照投降時間來排列，而不是依照時間順序。

7 Hugh Dalton to Lord Halifax, July 2, 1940,daltondatabank.org.

8 在《命運年代》（*The Fateful Years*）中，修・道爾敦（Hugh Dalton）指出這段與邱吉爾對話的時間是一九四〇年七月十六日，和希特勒啟動海獅行動的時間同一天，在故事中形成漂亮對稱。威廉・麥肯錫（William Mackenzie）說：「首相正式寫信給道爾敦先生，告知他這些計畫，請他接受這項任務」的時間是一九四〇年七月十六日，並說封信曾收藏在特別行動處的檔案中（2/340/3.0），但後來這檔案已毀。不過道爾敦的日記卻顯示對話是發生在一九四〇年七月二十二日，本文因此採取這時間點。

9 這是邱吉爾對國防委員會所說的話，該委員會由邱吉爾主持，成員包括艾特利（Attlee）、伊頓（Eden）、利托頓（Lyttelton）、葛利格（Grigg）、辛克萊（Sinclair）、龐德（Pound）、布魯克（Brooke）、波多（Portal）、蒙巴頓（Mountbatten）與伊斯梅（Ismay）；賽爾波恩（Selborne）、漢姆布洛（Hambro）、卡多根（Cadogan）、莫頓（Morton）與三名祕書參加；引自M. R. D. Foot, *SOE in France: An Account of the Work of the British Special Operations Executive in France, 1940–1944* (London: Frank Cass, 2004), ebook.

10 史坦利・伍里奇對B組新進學生的公開演講，Group B Training Syllabus, HS 7/52, National Archives, Kew.

11 當時普遍的《日內瓦公約》有四條規定，論及敵方要把任何戰鬥者視為軍人：必須由軍官命令，這位軍官必須為下屬負責，穿戴「固定，可在在一段距離識別的標誌」（亦即制服）、公開攜帶武器，並在戰爭法的規定下進行行動。特別行動處的間諜只符合一項：受到命令與掌控。

12 D只是代表「日」（day），而J則是法文的日（jour）。

13 The Führer and Supreme Commander of the Armed Forces, Führer Headquarters, July 16, 1940, "Directive No. 16: On Preparations for a Landing Operation Against England."

14 在二次大戰期間，有高比例役齡男子是在一次大戰時人口統計的「嬰兒荒」時期誕生，那時出生率急遽下降。在歐洲最需要軍人的時候，男性募兵就是不足以符合軍力需求，因此女人也服兵役。

15 Jepson, Imperial War Museum, London.

16 Pearl Witherington, interview with Kate Vigurs, May 2003, 引述自"The Women Agents of the Special Operations Executive F Section: Wartime Realities and Post War Representations" (PhD thesis, University of Leeds, 2011).

17 確切而言，很久以前戰場上就有雞姦。但因為這裡談的是女人，因此只談異性強暴。

18 這是恐懼遭到敵軍強暴。我們現在知道，實際上，戰鬥的女子遭到己方軍隊男人強暴的機會也一樣高，甚至更高。

19 過去曾有人設法處理戰爭中強暴的問題。社會運動人士珍．亞當斯（Jane Addams）在一九一五年的海牙國際婦女會議中，就主張將強暴納入戰爭罪：「比死亡更嚴重……女性在戰事中缺乏防禦能力，並遭到進攻軍人的侵犯。」她的主張並未成功。強暴並未納入《日內瓦公約》的戰爭罪裡。

20 第二號《國民服役法》將一九三九到一九四一年的法案加以延伸，將女性包含在內，並主張：「依據本法，沒有任何服役的女性應該使用致命性武器，或參與實際運用致命武器，除非以書面簽署願意使用致命性武器，或者參與使用致命武器。」National Archives, National Service (No. 2) Act, as cited in Juliette Pattinson, *Behind Enemy Lines: Gender, Passing, and the Special Operations Executive in the Second World War* (Manchester, U.K.: University of Manchester Press, 2007), 26.

21 第一次男女軍人開火行動，是發生在一九四一年十一月，而第一次成功「殺戮」，是在一九四二年四月。D'Ann Campbell, "Women in Combat: The World War II Experience in the United States, Great Britain, Germany, and the Soviet Union," *Journal of Military History 57, no. 2* (April 1993): 301–23.

22 James Moore, "The Blitz Spirit —75 Years On!," *Express* (London), Sept. 6, 2015.

23 我們現在得知，倫敦大轟炸包括兩輪不同的空襲。第一次是在法國淪陷之後，持續了約八個月，從一九四〇年九月七日到一九四一年五月十一日。第二輪則從一九四四年一月，持續到一九四五年三月二十九日。在一九四四年的D日之後，第二輪大轟炸包括希特勒的祕密武器：V1巡弋飛彈與V2彈道飛彈。操控防空高射炮的女性人數是全部參戰者。

24 邱吉爾熱衷於讓女性在砲彈發射地點擔綱，宣稱任何將軍可以挽救戰場上的四萬戰士生命，就等同於贏得一場勝利。Campbell, "Women in Combat."

25 這句話的出處已經不可考，但經常有人引用，幾乎成了經典。參見Pattinson, *Behind Enemy Lines, as well as Duncan Barrett and Nuala Calvi, The Girls Who Went to War: Heroism, Heartache, and Happiness in Wartime Women's Forces* (London: Harper Element, 2015), ebook.

26 ：Jepson, Imperial War Museum, London.

27 從大部分的報導來看，沒有多少人聽見戴高樂的〈六月十八日呼籲〉（Appel 18 juin）演說，但由於這是宣傳，因此在英國廣播公司的廣播中經常重複，成了戰爭早期的傳奇。

28 邱吉爾提到戴高樂時說：「我所背負的十字架中，洛林十字最沉重。」Michael Mould, *The Routledge Dictionary of Cultural References in Modern French* (London: Routledge, 2011).

29 據說和戴高樂將軍合作，「就像設法和愛忌妒、敏感又霸道的妻子和平生活。」Keith Jeffery, *MI6: The History of the Secret Intelligence Service* (London: Bloomsbury, 2010), as cited in *Max Hastings, Winston's War: Churchill, 1940–1945* (New York: Vintage, 2011), 273.

30　譯自法文Charles de Gaulle, *Memoires de Guerre: l'Unite, 1942–1944* (Paris: Librarie Plon, 1956), 224.

31　自由法國建立中央情報行動局（Bureau Central de Renseignements et d'Action，簡稱ＢＣＲＡ），策劃法國的臥底行動。法蘭西共和部門向來屬於特別行動處，並受其指揮，是「法國祕密勤務的日常對話者與義務中間人」，引自Jean-Louis Crémieux-Brilhac,*La France libre: De l'appel du 18 juin à la Libération* (Paris: Gallimard, 1996).

32　L'armée de l'ombre.

33　法國部門就只是指法國部門的運作。我使用「公司」或「特別行動處」時，多是指更廣大的組織，這組織監督歐洲、北非與遠東的臥底行動。「公司」是從間諜的角度來說，因為許多間諜要從戰場回來之後，才知道它稱為「特別行動處」。但我偶爾會變換，以求「優雅變化」，避免在同一處太常出現「特別行動處」或「法國部門」。

34　History of SOE, HS 7/121, National Archives, Kew.

35　「所有和她聯絡過（與沒有聯絡過的）的法國部門間諜之母。她是銀行家、指導者、哲學家與朋友，至少結識十五個我們的人。」History of F Section, HS 7/121, National Archives, Kew.

36　Jepson, Imperial War Museum, London.

37　*Times (London)*, Aug. 8, 1942.

38　Jepson, Imperial War Museum, London. 22 "Would you mind talking": 同上。

第三章
一流的間諜
英國

安德莉．波瑞爾中尉（Lieutenant Andrée Borrel）學習在清晨的粉紅色朝霞中降落。和六萬名在戰爭中降落到敵營的盟軍傘兵一樣，二十二歲的她來到曼徹斯特附近、皇家空軍基地環型路一號的傘兵訓練學校受訓。這門課程的設計，是專門解釋升力、重力、推力與阻力之間的物理關係。

每個把絲質降落傘綁在背後的人，都會學到降落物理學：人體像石頭，降落傘則像羽毛。理論上，石頭和羽毛在真空中會以相同的速度墜落。在天空，空氣的阻力會拖延羽毛往下掉的速度，卻不會拖延石頭墜落。無論安德莉是身材多麼嬌小的女性，都會像石頭一樣又快又猛地墜落，除非她能抓住空氣給與的往上力量。有降落傘的傘頂裝備，她可以靠著風的緩衝支持，緩慢而溫和地落下。

要人類違反直覺，必須經過訓練，在快速撞向地面時，身體必須放軟。翻轉就是關鍵所在，在身體連著一條巨大的手帕時，讓有肉的部分吸收撞擊。

安德莉和男性受訓者一起，觀察沙包靠降落傘從天而降。有一半的降落傘沒有打開。就算降落傘打開，沙包仍會「以平板的悶響」[1]墜落到地面。這訊息與其中隱含的意義再清楚不過了：到法國時，準備咚一聲落到地面。此外，也要做好死亡的準備。

安德莉連接好挽具，爬到三十五呎高的跳塔上，準備往下跳。訓練課程上說，在她撞到地面之前，扣在輪繩上的挽具會阻止她繼續掉落。她必須習慣彈跳與墜落，迫使自己進入深淵。

一排男子站在地面上仰望安德莉。據說她有點像「阿帕契」人（Apache-type）[2]，天性不拘謹，階級低，鬥志旺盛。男人認為她容易親近、有趣，討人喜歡，能很自在與她分享一根菸[3]，談天說笑；她很天真，沒有因為戰爭的耗損而鐵石心腸或受傷。一名同事說她「涉世未深，不諳世事」[4]。

她戴著頭盔，穿著男性剪裁的連身跳傘裝，站上跳台，暫停一下。底下的男人們在看，他們也等著爬上塔，學習像她一樣大膽。教官讓女士優先是一種把戲。沒有哪個男人會接受自己不如女人[5]。

安德莉往下跳。地球引力控制了她。教官大聲朝所有學生喊[6]：雙腳併攏！肘放胸前！低頭屈膝！腳趾吸收衝擊，不是腳跟。

一九四二年，傘兵部隊是新的戰鬥形式及軍事策略。這種做法不是打開前線，而是讓輕騎兵飛到敵人領土的上空，降落到戰線後方。在黑暗中，一整師的軍隊可能就這樣無人目睹，悄無聲息降臨。

絲質傘篷承載著世界的想像。早在萊特兄弟之前，降落傘部隊的想法就已存在。提出這想法的，不乏史上最聰明的奇才。李奧納多・達文西（Leonardo da Vinci）曾在筆記本中描繪過降落傘。班傑明・富蘭克林（Benjamin Franklin）也想像過傘兵作戰計畫：「哪裡有王子能負擔得起讓國家布滿防禦部隊，在萬名從天而降到四面八方的人做出無法無天的惡行之前，搶先集結起來，驅逐他們？」[7]溫斯頓・邱吉爾在第一次世界大戰擔任第一海務大臣期間，也想像過把人員空投到德國。但一直要到一九四〇年，傘兵才初次在戰爭期間行動[8]：納粹的傘兵降落到挪威與丹麥。到一九四二年，傘兵已是戰爭必備的武力。

英國民眾認為，傘兵是對目標發動突擊時大有可為的新科技。在前一個冬天的嚴峻戰況中，空降突襲給了英國希望。盟軍在全球各地的戰事未有明顯突破，倫敦大片土地也在大轟炸中被夷為平地；大英帝國的遠東前哨基地淪陷，但是在海峽對岸的法國，一支英國空降部隊[9]在布魯內瓦爾（Bruneval）查獲納粹的雷達設備[10]。對一個四面楚歌的國家而言，這是有如及時雨的勝利；新聞頭條盡是：「傘兵出擊」[11]、「奇襲敵營」。

特別行動處把傘兵寫進祕密策略中。「空投到法國的德軍占領區並非偉大的冒險，也不是刺激的休閒活動——這是以性命對無情殘暴敵人的奮力一搏，大部分以陣亡告終。」[12]

安德莉對死亡或納粹都不陌生。自從希特勒入侵之後，安德莉就在法國國內加入抵抗運動，擔任地下網絡的鐵路車掌，幫助六十五名盟軍戰俘越過西班牙邊境[13]，逃到自由的國度。在戰爭中，搬運就是她的工作。她在英國資助的逃出路線中，負責護送的飛行員與愛國者從隱密通道，前往隱密的停靠點，讓他們迂迴通往自由，安德莉積極保護著盟軍最稀有、最珍貴的資源：男人。

她專門保護飛行員。當時盟軍在歐陸還沒有步兵進駐，對抗德國的戰爭得從天而降，沒有任何飛行員是多餘的。要是飛行員能躲過墜機的劫難，即可降落在法國農地間，成為需要從敵營退出的英雄。在法國女性尚未取得投票權的年代，安德莉就像成千上萬的其他女兒、姊妹與母親，照顧著淪陷國的壁爐爐火，以生命引導男人安全回家。她就是這樣為法國而戰。

戰爭時期的日常必需品相當匱乏，毛線、皮革、肉與奶油無一例外。但最重要的是，世界各地都缺乏人力。當時，這場世界大戰延燒了六十一國，三分之一的人類都上戰場[14]。在戰爭時期，女性向來在男人上戰場之後扛起大部分的重擔，湧入勞動市場，滲入新行業。這場戰爭就和幾個世紀前一樣，女性在戰場上並不受歡迎，是戰場上的禁忌角色，但是安德莉投入戰況最激烈的地方。她強力反抗希特勒。

在德意志國進入巴黎之後，安德莉展開一連串縝密的反擊。她參加紅十字會的護理組織「法國婦女協會」（*Association des Dames de France*），拯救在閃電戰中受傷的軍人。法國投降之後，安德莉與母親加入往南方的大撤退，和六百多萬同胞穿過占領區與自由區的界線。

安德莉是天生的逃脫高手，早在戰前即已精通逃脫的技巧。她還是巴黎女孩時，曾在時尚精品店當學徒，服務社交名媛，但後來離開上流貴婦雲集處，到普卓麵包店（Boulangerie Pujo）任職。後來，她只當單純的櫃檯收銀員。無論安德莉抱著什麼賺錢的希望（這女孩十四歲就離開學校），都會在星期天休息時拋諸腦後。她熱愛登山與騎腳踏車，熱愛自由，每星期至少有一天到戶外去。

英格蘭北部的跳傘場和巴黎整整齊齊的郊區截然不同，但是安德莉豪放不羈的精神卻一樣。在法國，她穿著男人的長褲穿過森林，從不穿裙子；她通情達理、自由，或許少了點女人味，但她講究實用，不屈就任何女性化的概念。現在，她依照命令，穿上男人的跳傘服。安德莉是個行動派，不怕外觀不美，也不怕一點骯髒。家人認為她男孩子氣。她不排斥男性，而男人也不覺得她不吸引人；的確，地面上的男人盯著安德莉時，眼神幾乎離不開她，就這樣盯著她拍去飛行裝的塵土。「她棒呆了，」[15]一名同袍說，「是男人的好同志、好朋友，但僅止於此，懂嗎？」

在戰爭期間，法國男人個個陷入絕望。停戰協議只是協定，並非法律上的和約，而有將近兩百萬法國軍人，被囚禁在法國與德國的戰俘營與軍官戰俘營[16]。（高階軍官在戰爭期間都被囚禁，以免他們起身反抗德意志國。）在維琪地區，法軍慢慢獲釋的時候，安德莉負責帶他們離開；她在各個醫院之間穿梭，前往年輕護士能發揮價值的地方。維琪政府在尼姆（Nîmes）附近的聖伊波利特迪福爾（Saint-Hippolyte-du-Fort）有一處盟軍戰俘營，安德莉就在這裡工作，並認識一名負責的軍官莫里斯．杜福爾上尉（Maurice Dufour）。莫里斯無法拒絕安德莉令人難忘的美、勇氣與自信。安德莉也沒克制自己對莫里斯的愛——他是一位受傷的戰爭英雄與飛行員。

安德莉與莫里斯一同為英國軍情九處效命，這個祕密機構資助著盟軍的逃出路線。莫里斯在經營戰俘營時相當鬆散，完全是地中海地區的風格。他的同袍都又老又醉，只有捧著公家鐵飯碗的人才能這麼散漫，很不像德國作風。莫里斯讓囚犯具結釋放，白天任他們在這睡意濃濃的小鎮上漫走。盟軍的戰俘走著走著，就從堡壘大門離開，永遠不再回來，而他採取的「精湛的被動態度，直到他們確定囚犯有好的開始」[17]。

安德莉也成為這地下逃出路線的一員。這是由大約兩百五十名游擊隊成員組成的輸送帶，成員有修女和神父、教師與農夫、醫師與會計師、祖父母與青少年，共護送多達六百名盟軍進攻者回家。安德莉沒受多少教育，卻富有街頭智慧，對於安全一絲不苟。她引導男人，在藏身處與咖啡館傳送訊息，不問任何問題，獨自在土魯斯、尼姆、馬賽與坎城，以暗語迎接陌生人。這項任務向來危險；這些落地的飛行員個個人高馬大，無論是英格蘭人還是蘇格蘭人，都和法國南方格格不入。她從不知道他們真實的名字；安德莉知道得越少，要保護的人就越安全。她只知道藏身處的地址，那些藏身處就隱藏於葡萄園與橄欖園中。逃出路線的連結點各自獨立，與之前之後的各節點皆無聯繫；挽救戰俘的運送路線必須難以滲透。洩漏資訊就像傳染病一樣，傳得又快又廣，直到摧毀任何他們碰觸過的東西。

這所謂的「身體防線」從比利時邊界延伸到西班牙。在一個夜裡[18]，這對大膽的男女在佩皮尼昂（Perpignan）附近的卡內海灘（Canet Plage），加入解救戰俘的行動，要一次解救五十名戰俘到海上，讓他們抵達直布羅陀海峽。領導者說：「如果（納粹）知道我真正幫了多少人逃脫，他們至少會槍斃我兩次。」[19]

安德莉與同事成功釋放在法國被擊落的飛行員，改變了盟軍在歐洲的軍事戰略。在白廳不受炸彈侵擾的迷宮中，邱吉爾推論，應該要鼓勵安德莉這種願意冒險援助盟軍的法國公民，給與穩定的金援、武器、訓練、通訊與命令。「法國被擊倒，我們想拉她一把。」[20]

安德莉靠著反抗行動而精力旺盛，迷戀莫里斯，又醉心於理想。可惜莫里斯已婚，雖然是一樁不美滿的婚姻。他的兒子是青春期時不小心生的，現已十歲，與母親一同在德軍占領區生活。安德莉是個沒什麼社會前景的女孩，卻擁有猛虎般的內心，而且她陷入愛河。即使兩人無法結婚，仍是攜手並進的伴侶。

地下網絡成了安德莉以性命奮鬥的工作。但光靠著毅力並不足以支撐反抗事業：安德莉遭到背叛、打擊摧毀。一名掌握了名字、住址與暗語的高階同事被逮，把一切告訴納粹，導致逃出路線從內部崩潰。接下來至少有五十一人被逮。莫里斯在馬賽街頭被兩名法國憲兵逮到[21]，之後從他們手上逃脫。在警哨尖鳴之下，他狂奔七哩路，跑到郊區，幾天後繼續和逃出路線合作。他進入德國占領區，又多把四個逃脫者送到界線之外的安全地方，雖然這時他的照片已在祕密警察間流傳。

同時間，安德莉在卡內海灘別墅的地下網絡節點受到監視[22]；一名在那邊工作的女性變成「線民」，警方給她一千法郎就收買了她，工資實在是相當微薄。這對男女曝光太嚴重，已危及整體的任務，還引起行刑部隊的注意。軍情九處的主管下令安德莉和莫里斯離開法國。

安德莉離開法國時，就像她曾幫助的五十多個愛國者與游擊者一樣，是透過地下網絡安排的鐵路逃離。她過去是車長與擺渡者，給與大量逃遁者食物、防衛、庇護，運送他們。現在，她自己成了貨物。莫里斯在她身邊，維琪警方在後方，她在一九四二年情人節寒冷陰暗的冬夜穿越庇里牛斯山，進入西班牙。安德莉若想回來戰鬥，唯一的方法就是先離開。

於是，她前往英國。

安德莉與莫里斯抵達倫敦之後大吃一驚。戴高樂將軍為感謝莫里斯的付出，邀請他們一起加入自由法國[23]，莫里斯還得到升遷加薪，得到北非的高階職位。莫里斯的用處很明顯：他是飛行員，可以受訓，管理隱密的飛行場，接收武器與間諜。他也是能幹的無線電操作員，在敵營後方非常需要通訊。安德莉也證明了自己身為地面間諜的價值。

安德莉與莫里斯前往杜克街十號的法國情報處總部面談。

安德莉在戴高樂法蘭西共和部門的面試過程，實在是一團糟。她與一名法國軍官見面，那人的職務相當於傑普森上校。他詢問她在地下網絡的運送工作：聯絡人是誰？錢從哪裡來？她藏身處的地址是什麼？還有流程、幫手、暗語、賄賂、路徑。她怎麼逃離法國？戴高樂的祕密警察要求她和盤托出，當作是僱用條件。

安德莉拒絕回答。

地下工作的規則是，沒有人知道細節——就連軍情九處的主管們也不知道。知情是危險的。任何一人被逮，其他人也可能遭到連累，因此知道的越少，納粹能透過酷刑得到情報也越少。

對方告訴她，如果不和盤托出，就無法在自由法國得到工作。

安德莉堅持立場。她這樣做是出於責任感、安全，加上不信賴前兩年都在倫敦，未曾在戰時待在法國的人，因此她守口如瓶。說出口就會危及到未來盟軍的逃脫者。安德莉的同謀者並不是軍人，而是冒著生命危險，犧牲小我完成大我的平民。要能成功完成找回降落失敗飛行員的任務，需要不知名的平凡法國人秉持仁慈的心，那是不起眼卻至關緊要的英雄之舉。

安德莉讓招募者知道，什麼都問不出來。於是，她被自己國家的特務機關拒絕。

安德莉的檔案被送到法國部門的傑普森手上。傑普森認為，她是「絕佳的鄉下女孩，聰明，似乎也有強烈的愛國心。」[24]她將參與戰地的臥底行動，訓練成盟軍進攻法國計畫中的「重要聯繫」[25]。

安德莉在杜克街的會談充滿敵意，對方老是愛發號施令。不過，莫里斯受到的接待更是慘烈得多。他在一九四二年五月八日下午三點面談工作，卻被羅傑・威博上尉質問（Captain Roger Wybot），他是法國特務[26]頭子安德烈・帕西上校（Colonel André Passy）的手下。兩個人都是戴高樂底下可怕的特務人員，有許多間諜恐懼症的嚴重症狀。

莫里斯的面談維持了三個小時，過程中絲毫沒有讚賞他的服務、勇敢對抗希特勒，以及他對降落失敗飛行員、戰俘與法國展現仁慈。威博上校以異樣眼光觀看待莫里斯的經歷：他幫維琪政府當監獄看守者時是聽命於貝當元帥，不就代表他是維琪政府的間諜？

自由法國對於莫里斯的故事半信半疑：他被授與的軍階是中尉，因此面談者懷疑，難道莫里斯不是膨脹自己的軍階？他其實是低階士官，卻說自己是上尉，誇大自己的豐功偉業。在面談過程中，莫里斯聲稱自己得過法國軍團榮譽勳章的加持，這是法國軍隊的最高榮譽，也是可以確認的事實。

威博還要求莫里斯交出名字、暗語、路徑、祕密、藏身處、祕密通信點等逃出路線的所有細節。威博要答案，莫里斯卻拒絕透露。對坐在桌子兩邊的兩位軍人對話越來越激烈，可說是典型的法國風格。

在一次僵局中，威博留莫里斯獨自一人兩小時，一旁有守衛監視。這位面談者通知英國特勤組織，莫里斯．杜福爾是間諜，應該要入獄。英國祕密警察軍情五處則回答，不，莫里斯是「正當的警察」，有服役紀錄可證明。在國王陛下政府的眼中，莫里斯是「絕頂聰明，予人絕佳的印象」[27]。許多法國愛國者都是自由聘僱的，但莫里斯是正統步兵，拯救過至少六十五名同盟國人民的性命；要不是莫里斯，英國會有許多母親再也見不到兒子。英國很高興有莫里斯站在同一陣線，「可從他的經歷與人脈中看出，他顯然在可信賴的機構，於法國土地上為英國做出絕佳的工作。」

雖然有英國的保證，法國特務仍逮捕莫里斯。若他不肯說出如何協助逃出路線，那麼或許不給他食物，讓他在杜克街煤炭地窖待上一晚上，就能逼他就範。這是陰暗潮濕、空間狹小的牢房，門上還有鋼造門閂。

戴高樂將軍的自由法國缺乏正義感，在白廳是公開的祕密。一份報告指出，他們「為了不放過一名罪人，寧可錯殺九名無辜。」[28]法國特務靠著冷血手段逼出成果，素有倫敦蓋世太保之稱。莫里斯在刺眼的燈光下好幾個小時，卻不肯透露隻字片語。於是，速記員被請出大門。

兩名盤問者攻擊他，打得他頭破血流，失去知覺。在一九四〇年的閃電戰，莫里斯曾經腎臟中彈，在幾乎缺乏醫療的情況下，於戰俘營中自生自滅。現在在杜克街，「他們持續以用皮繩綁起的鐵條，毆打我背上的舊傷及整個後頸，」[29]莫里斯說。他們打到凌晨三點。

莫里斯在接下來的十三個晚上都遭到囚禁；偶爾被帶去進一步詢問。他每天都擔憂自己性命不保：「一名法國軍官將我的頭用力掄牆，撞斷我兩顆牙。」[30]

在英國人眼中，莫里斯「無疑遭到嚴刑逼供」[31]。戴高樂手下使出的手段，和希特勒在歐洲監獄和集中營的慣用伎倆無異。不過，戴高樂的特務如此殘忍對付的不是敵軍，而是同胞，一個對法國與英國而言都是英雄的人物。之後，在倫敦市中心的小巴士底監獄，亦即英國國土上的法國領土，戴高樂的手下就在英美外交官眼底下恐嚇，一心想毀了莫里斯·杜福爾上尉：「我們已逮捕波瑞爾小姐，會無所不用其極要她吐實，即使是輪姦也再所不惜。」[32]

莫里斯屈服了。在第一次世界大戰期間，年紀小小的他眼睜睜看著姊姊遭到德軍強暴，自己卻無助地站在一旁。莫里斯說，他什麼都會答應。

法國特務把就職書交到他面前，那是一張空白的僱用文件。莫里斯再度成為法國軍人，服從戴高樂將軍的指揮與管轄。歐洲流亡政府有龐大的主權優勢，能在英國國土就和國家一樣運作：他們有政治決策與內政法律的自治權，可維持小型軍隊與祕密警察，監督軍事事務，例如訓誡與懲罰。有了莫里斯的簽名，自由法國就有合法的權威，以軍法審判他拒絕透露敏感軍事情報的行為。就這麼一筆畫，莫里斯讓自己遭到刑求變成英國王權下的合法之舉。

莫里斯被囚禁在自由法國於倫敦外的坎伯利（Camberley）監獄。同時，安德莉在傑普森上尉的命令下，前往鄉間進行特務訓練。她從教官手中得到亮眼的成績：

> 相當聰明，即使有點缺乏想像。稍有組織能力，會在明確指引之下盡力工作。非常堅強與獨立，不會神經緊張。富有常識，在任何情況下都能照顧自己，絕對可靠。已擺脫過度自信的態度。在訓練課程中培養出冷靜解決問題的能力，受惠良多。個性討喜，將可培養成一流的間諜。[33]

指揮官大力讚賞安德莉的冷靜，但她一回到倫敦，馬上面臨試煉。

七月的第二個星期五充滿驚奇。世界各地都在慶祝巴士底日，展現對法國的支持。在倫敦，戴高樂將軍領導閱兵，從白金漢宮路出發，直到在一次大戰中打勝仗的統帥福煦（Foch）雕像。在法國，七月十四日的假期屬於非法[34]，不准慶祝。

安德莉被分派到肯辛頓一處宅邸蒙克沃之家（Moncorvo House）住宿，這裡是收容法國難民的地方，也是法國志願軍團的宿舍。她是盟軍的客人，得先上端莊禮儀的課。「你可不是自由的，」[35]女舍監在舒適的客廳劈頭就說。「你選擇受到責任與榮譽的約束，要向全世界展現真正的法國，以及法國女人的能耐——這是在世界努力對抗暴政時的要件。」

對安德莉來說，七月十四日之後的幾天是重逢的日子。莫里斯從監獄逃出來。幾個月不見，此時莫里斯找上她，兩人在女子宿舍相見。她看起來不一樣了，濃密的深色頭髮從額頭往後梳，宛若洶湧大海上的雲朵，但髮長不能超過領子，這就和穿制服一樣是規定。她以蔚藍海岸的碧眼看著莫里斯的臉，發現這男人吃了苦頭。

戴高樂的打手太低估他了。他們看待莫里斯的方式和安德莉不同：他是公然挑戰蓋世太保的游擊者，賺取軍餉，卻藐視維琪政府，為了挽救同盟國軍人的性命，曾出生入死，逃離納粹追捕。認為莫里斯會在假裝妥協簽名後，就這樣屈服於非法的禁錮，實在太可笑。他自己是典獄人員，知道監獄的每日模式與循環，以及守衛的弱點和喜好。在三個月後，莫里斯違抗命令，像拿破崙在阿爾巴島那樣逃走。

兩人終於重逢，但無論多麼熱情、充滿渴望，但兩人之間卻有深深的鴻溝。年輕的安德莉愛人受了傷、受折磨、歇斯底里、創傷累累——都是為了她，至少有一部分是如此，無論她是否知情。現在安德莉是英國間諜，是特別行動處唯一的女性傘兵[36]，也是當時世上第一個、唯一一個參與戰鬥的女傘兵[37]。

這帶著涼意的英國仲夏夜是偷來的時光。只是，安德莉無法告訴莫里斯她所知道的事、要去哪裡，以及訓練的結果。而他也一向秉持信任，從不過問。兩人是彼此信賴的愛侶，心中也都有游擊隊的恐懼。

他們度過一夜。莫里斯失蹤，在貝克街引起軒然大波，因為這威脅到安德莉近在眼前的任務：幫進攻打下基礎。「一名已在占領區的間諜在等她，而她的出現是我們預先安排好的計畫，現在不可能更動。」[38]一名軍情五處安全部門的官員，發現莫里斯與安德莉在一起，於是把他帶走，安頓到位於吉爾福德（Guilford）安全的藏身處，有二十四小時的監視。這下子「公司」的立場很尷尬，選擇與莫里斯，而不是和戴高樂的手下站在同一邊；公司宣傳著令人尷尬的「立場，『戰鬥法國』（Fighting French）[39]要以軍法審判杜福爾，因為他先前曾為英國服務，引起他們的仇恨」。

外交危機一觸即發。公司小心翼翼拿捏與戴高樂特務往來的分寸：大致上來說，他們為了相同的理由打仗，但並不是為了相同的國家或領袖而戰。在聯合對抗希特勒的時候，一方的特務不能對抗另一方。杜福爾的案例讓兩邊脆弱的法律與脆弱的關係更加緊繃：所謂的法國流亡政府，違反了英國的憲法。

這惹惱了英國人講究公平待遇的心態。做事要講規矩，戰爭時也不例外，尤其是這場戰爭。莫里斯雖不是公民，但有權享有正當程序、人身保護與司法審判；他應該受到保護，不受武斷且非人道的懲罰。他簽名所衍生的一切，都像英國人以挖苦語氣所稱「被鼓勵的」[40]。莫里斯不得不加入戰鬥法國的軍隊，落到英國法律權限以外，受到軍法審判[41]。遲早會有人因為和莫里斯在杜克街地窖受到的相同「鼓勵」對待，被刑求至死。

波瑞爾的愛挽救了莫里斯[42]。如果公司把他交給戴高樂，會破壞她對上司的信賴，讓可能與她接觸到的所有間諜都冒險，進而危及進攻。只要安德莉是盟軍歐洲行動的關鍵，莫里斯的安全就一定要保護。公司施展高明的手法避重就輕：「適當的做法是，軍情五處告訴戰鬥法國，杜福爾對目前的軍情五處攸關利益，因此惠予機會拘留、觀察他幾個星期。」[43]

在一九四二年的夏天，安德莉．波瑞爾是個武器。她很昂貴。皇家空軍耗資數十億，研發複雜的飛機對大陸進行轟炸時，安德莉是人類轟炸機。轟炸機很混亂，夜間很難瞄準目標，總會有造成平民傷亡的不幸副作用。世上最精細複雜的轟炸機是在敵線後方的間諜。D日需要安德莉。

莫里斯會受到英國特勤的監視，以免他設法聯絡安德莉。在派她到法國之前，他無權見到她。在成功完成法國的任務之後，他倆可以團聚。

在共度一夜的驚喜之後，安德莉回到蒙克沃之家，一處將端莊法國流亡者與世隔絕的監禁處。

莫里斯受到殘酷對待，但法國也是。安德莉必須在國家與莫里斯的愛之間做選擇——如果有得選的話——她選了法國。

注釋

1 安德烈・帕西上校（André Passy），引自Foot, *SOE in France,* ebook.

2 菲利絲・賓漢（Phyllis Bingham），芬妮參謀，引自Stella King, *Jacqueline: Pioneer Heroine of the Resistance* (London: Arms and Armour Press, 1989), 127.

3 Elizabeth Nicholas, *Death Be Not Proud* (London: Cresset Press, 1958), 安德莉在比尤利的同學勒千女士（Mme. Le Chêne）說，她會抽菸，對年輕女子來說是不得體的行為。

4 Le Chêne, 引述自Elizabeth Nicholas, *Death Be Not Proud* (London: Cresset Press, 1958), 134.

5 Robert Ferrier, interview, Imperial War Museum, London.

6 安德莉不會說流利的英文。所有祕密指示都是用法文說，但她也在環形路受訓，這裡的教官可能是說英文的。

7 Franklin to Ingenhousz, Jan. 16, 1784, Founders Online.

8 從一九二〇年代之後，跳傘是在整個歐陸的遊樂場與飛行表演都可以見得到的一種娛樂。兩次大戰中間的時期，戰鬥技巧更加精進——法國護士也會和紅軍練習戰鬥。

9 第一空降師第一傘兵旅第二營C連，大約有一百二十人。

10 查獲德意志國的雷達技術，有助於盟軍開發與部屬反制措施，例如干擾策略。

11 *Times (London),* March 2, 1942.

12 Eric Piquet Wicks, *Four in theShadows* (London: Jarrolds, 1957), 142, cited in Foot, SOE in France, ebook.

13 Maurice H. Dufour, HS 9/455/565, NationalArchives, Kew. 六十五名是安德莉的男友杜福爾上尉總共幫助過的人數，而我為安德莉用這個數字是相信他們兩個一同合作（有政府文件與個人日記為證）。從杜福爾的文件來看，他們曾在一夜大膽地幫助多達五十名人士逃脫。

14 U.S. Census, international population, historical, www.census.gov.

15 Le Chêne, quoted in Nicholas, *Death Be Not Proud,* 135.

16 「戰俘營」（Stalag）是通稱，而「跟軍官戰俘營」（oflags）則是專門俘虜軍官。

17 Maurice Dufour, HS 9/455/5, National Archives, Kew.

18 出處同前。

19 Pat O'Leary as quoted in BrianStonehouse Diary, unpublished. Courtesy of Steven Kippax.

20 Winston Churchill, *The Second World War,* 6 vols.(Boston: Houghton Mifflin, 1948–53), vol. 4, The Hinge of Fate, 483.

21 Dufour, HS 9/455/5, National Archives, Kew.

22 出處同前。

23 這次面談是在戴高樂為組織改名之前發生，因此自由法國尚未稱為戰鬥法國。

24 Andrée Borrel, HS 9/183, National Archives, Kew.

25 Dufour, letter, July 18, 1942, HS 9/455/5, NationalArchives, Kew.

26 威博與帕西都是用化名，以免他們在法國的家人遭到報復。威博其實是羅傑．瓦林（Roger Warin），帕西則是巴黎地鐵站的名稱，本名為安德烈．狄瓦弗林（André Dewavrin）。

27 Dufour, HS 9/455/5, National Archives, Kew.

28 美軍大使館報告，引自Michael Bilton, "Dirty War on Our Doorstep," *Sunday Times* (London), March 15, 2009.

29 King's Bench Division Folios 23. Writ issued on August6, 1943, between Maurice Henri Dufour, Plaintiff and General Charles deGaulle, Lieutenant Colonel Andre Passey, Captain Roger Wybot, Captain Francious Girard, Colonel Louis Renouard, Commandant de Person, Commandant Etienne Cauchois, and Commandant Pierre Simon, Defendants.

30 Dufour Complaint, Aug. 6, 1943.

31 Dufour, HS 9/455/5, National Archives, Kew.

32 Dufour Complaint, Aug. 6, 1943.

33 Borrel, HS 9/183, National Archives, Kew.

34 然而數以萬計的法國人仍違抗禁令，上街遊行。"France's National Day," *Times* (London), July 14, 1942; "Le Quatorze Juillet: Celebrations," *Times* (London), July 15, 1942; "July 14 in France," *Times* (London), July 16, 1942.

35 "French ATS: New Chief Appointed in England," March 25, 1942, reprinted in *Auckland Star.*

36 Nigel West, ed., The Guy Liddell Diaries: MI5's Director of Counter-Espionage in World War II, vol. 1, 1939–1942 (London: Routledge, 2005), ebook.

37 安德莉是第一個為戰鬥跳傘受訓的女性，也是第一個要派駐出去的女性。在她比尤利的班上沒有其他同學以跳傘抵達法國（班上其他女性年紀太大，無法跳傘）。其他輔助隊的女性也受過傘兵訓練（可協助空運），但沒有人分派到戰鬥行動中。

38 Dufour, HS 9/455/5, National Archives, Kew.

39 Dufour, HS 9/455/5, National Archives, Kew. 一九四二年夏天，戴高樂把自由法國更名成戰鬥法國，兩者在文件中的縮寫都是「FF」。

40 出處同前。

41 值得注意的是，一名法國人喬治・克里蒙梭（Georges Clemenceau）說軍法也是法，就像軍樂也是音樂。

42 「在這情況下先不考量杜福爾的優缺點，我們希望你們能夠採取步驟，確保他不會回到戰鬥法國手上。必要時拘留在安全之處，直到他不會危及我們的間諜。」Dufour, HS 9/455/5, National Archives, Kew.

43 出處同前。

第四章

組織的女王

新森林

位於英國南部的新森林，此時正值盛夏。印象中，八月沒這麼熱過。天空晴朗，但滿月朦朦朧朧，罩著一層了無生氣的黯淡月暈。在老樹叢林，深夜時分，一整個班級的女子在特務訓練中不及格。

若在承平時期造訪特殊訓練學校（Special Training School 31）[1]，會看見一處私人宅邸，這裡有好幾棟都鐸時期的房舍，據說有二十七間浴室。豪邸主人是尚在伊頓中學就讀的少年，他繼承這裡時，還是個包著尿布的小童。這裡稱為比尤利（Beaulieu），從亨利八世解散了修道院之後，就屬於蒙塔古家族（Montagu family）。此時國王陛下政府到處徵用建築，供作戰使用，這裡也不例外。被徵用的大型宅邸遍布整個英國，裡頭凡戴克（Anthony Van Dyck）*與庚斯博

---

* 譯註：一五九九—一六四一，出生於安特衛普，是英王查理一世喜愛的宮廷畫家。

羅（Thomas Gainsborough）*的畫作從牆上拆下來，鬼魅般的畫框輪廓此時俯瞰著演講廳、地圖廳、會議桌與考試。特別行動處有「英國豪宅處」（Stately 'Omes of England）的綽號，因為組織坐擁高檔住所與高階軍官——這是引自當時在廣播中常出現的諾爾·寇威爾（Noël Coward）†之作：

英國的豪宅
美麗地屹立
證實上流社會
仍占上風[2]。

（The stately homes of England / How beautiful they stand / To prove the upper classes / Have still the upper hand）

在其中一間較小的屋子裡，法國部門的主管在開會。莫瑞斯·巴克梅斯特（Maurice Buckmaster）少校[3]與中隊長維拉·艾金斯（Vera Atkins）過了午夜，仍與比尤利區的主要教官和指揮官爭論不休[4]。

此時的法國部門仍是年輕的部門。巴克梅斯特是個工作量繁重的主管，禿頭、藍眼、出身名門，曾擔任男學生會主席，似乎和貝克街六十四號的每個人差不多（伊頓公學、和歐陸有關係、家族破產）。他的暱稱是「巴克」，而在特務機構，軍官的頭銜就像密碼。由於他是法國部門的主管，因此又稱為「F」。

F有個第二把交椅，巴克事事都徵詢這位助手的意見。這位左右手就是情報官維拉（因為是法國部門的情報官，所以稱為「F-INT」（F-intelligence））。她優秀、意志力堅定，有方方的下巴。她是個階級高的移民，把羅馬尼亞出生的猶太人血統，隱藏在一口標準英文口音下，那腔調就連女王也會讚賞。

巴克與維拉是最佳拍檔。

這所特訓學校首度以現代化軍事來訓練祕密軍人。一九四二年八月，有五位女子[5]接受最高機密的突擊課程，及未來要在歐洲戰場應用的情報訓練，這五名女子中，只有一名勉強及格。

房間裡煙霧瀰漫，意見分歧。在桌子周圍，巴克與維拉遭到「MT」這名男子的反對。他是特別行動處的訓練官史坦利．伍里奇（Stanley Woolrych）中校[6]，很不滿代號為STS 31 Party No. 27. OB School No. 36的班上，只有一名學生能勉強派駐到敵線後方。

---

* 譯註：一七二七—一七八八，英國知名風景畫與肖像畫家。

† 譯註：一八九九—一九七三，英國劇作家與流行音樂作曲家。

身為忠貞的國安軍官，伍里奇中校在作戰時的表現比身為平民還好。他曾是一次世界大戰的退役軍人，能操流利的法語和德語，得過勳章，是一號危險人物。他曾在聖誕節休戰期間深入敵營，以德語和德國大兵說話。他粗魯，有粗粗的脖子、禿頭像馬鈴薯一樣，原本是獵場看守人，後來變成盜獵者；曾經營女性內衣進口，卻生意失敗，古典鋼琴彈得很好。

伍里奇說，班上唯一合格的人選（以男人的標準來看），就是這位模範招募者——三十七歲的莉絲．德巴薩克中尉（Lise de Baissac）[7]。

可是，就連她也不能到法國。

幾天前的夜裡，在指揮官們爭論的房子不遠處，莉絲．德巴薩克在沉睡中被挖起來。她穿著睡衣，離開女子宿舍，走過長了露水的草原，前往遠處的空車庫，那裡有穿著灰色制服的男人。他們領子有兩個成雙的閃電「SS」。男子以德文嚷道：「注意！出去！」強光照進她眼睛[8]，對方像納粹軍官對她施加的心理遊戲一樣，盤問她的臥底故事。男人吼道，你被逮了。你叫什麼名字？她認得出那是豪邸花園管理員及傳令兵，是比尤利的僕役假扮成的德國審問者。每個間諜人選都要接受模擬逮捕與質問的考驗。

莉絲在古老橡樹林度過相當愉快的時光。她和一群活潑女子一起受訓，每天早早起床訓練體能、跑過沼澤，在邊界圍籬摸索出一條路。每天早上，一名小腿宛如板球棒的男子就在一旁跟著跑，以法文喊：「往前！往前！移動！」[9]莉絲是天生運動好手，在一屋子兄弟的家庭長大。「我在跳躍與奔跑時，比玩洋娃娃自在，」[10]她說。多數人選對於突擊訓練的回憶就是筋疲力盡，訓練過程很能展現英國人的自虐傾向，要在沒吃早餐，只有一肚子咖啡的情況下跑過森林。唯有莉絲甘之如飴。她孔武有力，又十分勇猛，能享受每天跑步、重裝行軍與障礙訓練課程。每天早上，她都能跑再快一點、跑得久一點，裝備也越來越重。對許多比尤利的學生來說，野外訓練的理由不需解釋：莉絲應該就要看起來像「平凡無奇」[11]的法國女子，飽受戰爭折騰、鎮日惶恐，因配給而瘦弱——但進行任務時要和田徑明星一樣健壯。

莉絲已是個夠平凡的法國女子。就她所了解，「平凡」是這項工作的關鍵要求。她在模里西斯長大，那是說法語的英國殖民地，位於非洲東岸，是船隻前往亞洲海路的煤炭補給點。在拿破崙戰爭時，英國奪下模里西斯，因此她有英國護照。莉絲是個島嶼女孩，整年都在戶外玩耍，家中靠著給殖民地貴族的津貼，能有僕人，也有地產。她十四歲時前往法國求學，直到法國遭到占領。她在巴黎過著優渥的生活，和一群固定的人交往，散發智慧與藝術氣質，在莊園度週末，還有私人飛機可搭。莉絲已經完全習慣巴黎。

但法國已不是原來的模樣，也沒有英國子民容身之處。希特勒投降之後，莉絲成了敵對的異鄉人，對德意志國產生立即威脅。成千上萬的英國人被趕到法國的拘留營監禁——據說是為了報復在曼島的德國公民遭囚禁。一九四〇年六月，莉絲遺棄巴黎的公寓，和六百萬法國公民徒步、騎單車、騎馬與開車逃離納粹統治區，前往新畫的界線以南；那是大規模的出走。

莉絲認為，停戰讓法國蒙羞。「貝當糟透了，竟然朝敵人張開雙臂。」[12]她到了坎城，前往當時中立的美國領事館，這裡會代表英國，幫她安排逃往英國的路。

在倫敦，莉絲的兄弟也入伍參戰，弟弟克勞德（Claude）就受到特別行動處任命。他曾在閃電戰之後為法國地下網絡工作，直到後來被囚禁在西班牙；之後，他拜殖民地公民身分之賜，逃到英國。莉絲就是透過弟弟，接觸到間諜能力訓練[13]。克勞德一加入特務工作，莉絲的個人檔案就被送到傑普森的辦公桌上。（公司經常成為「家族事業」；從小有雙語能力的人，通常兄弟姊妹也是。）傑普森看出莉絲就和弟弟一樣有自信、成熟與精明，有奮發精神，頭腦善於分析[14]。受訓成為間諜，對莉絲而言是很簡單直接的選擇。「我去英國就是要幫忙打仗，我自認這樣會比待在倫敦辦公室更有用，也比較有趣。」[15]

特別訓練學校的課程一開始就教導軍旅生活、為自由而戰與兵役的知識。但男性成員得到的教學比較廣，包括爆破與夜間突擊；然而稱為「亞馬遜女戰士」的女性，得到的教育比較粗略。第一批女性省略大部分的軍事訓練，就直接送去「養成學校」，上最高級的安全課程。

在三個星期的時間內，莉絲與其他四名學生上的課程，是過去認為不適合軍人上的主題，更沒有女性參與過：莉絲耐心聽完關於隱形書寫、開鎖與保險箱，而國王的桑德令罕府（Sandringham）獵場看守者還教她如何捕捉兔子、設陷阱與剝皮，讓她在陰暗的森林裡可以餵飽自己。在私闖住宅時，間諜必須掩蓋自己的氣味，以免被狗聞出來，這時要到穀倉，像牲畜一樣到「角落拉屎」[16]。在蓄意破壞與招募反抗者的行動中，莉絲學到如何融入老百姓，建立網絡，擺脫跟蹤者；她學會縱火、破壞火車、打鎖、偽造、勒索、跟蹤與刺殺。一位名叫哈羅德．「吉姆」．菲比（Harold "Kim" Philby）的教師[17]，設計了外國宣傳的黑色技藝。莉絲學到如何成為惡棍，但行為舉止要像是社交名媛。莉絲認為，整體而言不是太有用的事物。她要去法國當法國人，幫助法國抵抗分子，而不是參與間諜細節。

不過，莉絲在課程中還是學到，暴力不僅是必要之舉，也是藝術形式；必須精通、處理與淬煉。她晨跑之後會和一名成年男子格鬥，而且得一拳就把他撂倒。惡名昭彰的上海租界警方教她各種的近距離格鬥技巧[18]，那和拳擊或角力運動可不一樣：莉絲學到如何以攤掌及手的一側，使出致命一擊。重點不在於打得多重，而是要把攻擊的力量傳到哪裡；每一次攻擊之後，都要用「膝蓋去頂睪丸」[19]。在不使用武器的打鬥課堂上，莉絲學到「上百種不必動槍的殺人法」[20]。

莉絲是來自紳士獵人的家族[21]，但在比尤利學的，可不是娛樂性的打獵。莉絲在這裡認識的「小玩意兒」是點四五口徑的解放者手槍，以及點三二口徑的科爾特（Colt）手槍。教官說，手槍不是用來防禦的槍枝，而是攻擊。莉絲喜歡武器訓練課程，認為很符合她的地位：她像帝王一般，好像重力法則在她身上發揮不了太大的效用。她練習射擊時動作流暢自然，攻擊速度與發射準確度都很好。她在戶外、在靶場射擊；她在跟蹤時射擊。她學會從遙遠距離、夜色中、跑步過程中瞄準目標。標靶掛在滑輪繩上，到處搖擺，朝她前來——她就讓這迎面而來的紙張納粹一命嗚呼。值得注意的是，在這課堂上的女性都是神槍手。「妙的是，她們都很擅長手槍射擊，」傑[22]普森上尉說。他觀察女性招募者吸收點四五手槍的後座力，仰躺，「起身發射後，又再度躺下。就是有那種決心。」

在那悶熱的八月，莉絲學習使用布倫輕機槍（Bren），以及斯登衝鋒槍（Sten gun）——看起來就像好萊塢幫派電影中的湯普森衝鋒槍。抵抗運動成員較偏好斯登衝鋒槍——容易組裝、清理快速、使用簡單，重量輕，一分鐘可以發射五百發。每個月，好幾千把斯登衝鋒槍會裝在不鏽鋼筒裡，空投到法國。等到盟軍抵達那天，這些槍就廣泛分配到游擊隊手上，為盟軍抵達日做準備；莉絲不僅知道如何組裝、拆解、清理與發射，還知道如何把這些技巧教給別人——在森林中躲避納粹徵召的男人，以及太衰老，無法在德國兵工廠發揮功用的老農。她知道，這些法國男子都會是反抗者的步兵。

然而莉絲和她同學卻在某個重要層面落後男性學員。多數來到比尤利的招募者，至少都有親身經歷過戰事——哪個小男孩不曾在寒冷冬夜的地毯上玩小錫兵，或者和老伯伯下棋？女人得從頭開始學習部隊行動、補給系統與戰爭策略。D日攻擊的後勤規模幾乎難以估計；那會是人類史上規模最大的兩棲進攻。在比尤利，莉絲和其他人正學習那究竟是什麼意思。那是戰爭小學。

女人受訓之後，擔任快遞、傳訊者、信使，幫更重要的男性指揮傳遞訊息。信使是橫向接觸的點：不同網絡的人原本不該接觸，各組之間不能在訊息上互通有無。莉絲認為信使的工作太微不足道。「我不想當信差。我不想和其他人一起工作。」[23]莉絲可不想跳傘到法國，當個小跟班，聽命於其他男人。她認為那樣的工作配不上她。因此她告訴上司：「我想要自己一人。」巴克和維拉聽進去了[24]。雖然莉絲只受過短暫的軍事教育，她卻很清楚，服從男人並不屬於任何盟軍的勝利策略。

莉絲認為，最有趣的課程是談到法國在希特勒的統治下產生的變化。除了像小丑一樣假扮的盤問者之外，莉絲從來沒親眼見過德國人；但在課堂上，她學習祕密警察制服上的細節，分辨親衛隊（Schutzstaffel, SS）與維琪國家憲兵。她之前尚未在貝當配給制度下碰到非得購買食物不可的情況；現在她得學習麵包券、肉品券，以及星期幾可買什麼等五花八門規定。

法國是個全新的國家，莉絲也會成為截然不同的人來到法國。在比尤利，她為自己寫下新的生命史，發明祕密身分：伊蓮．布里瑟（Irène Brisée），一名來自巴黎的寡婦。她學習自己從來沒去過的地址、記住從來不存在的手足臉龐，捏造一段烽火兒女情，及失去從未擁有過的丈夫。（但現實生活中，她不把戀愛放在心上。她十七歲時確實愛上過一位藝術家，但對方求婚時，母親不許未滿二十一歲的她結婚。之後也有其他男人想與她交往，但莉絲從未答應。「不知為何，我不想結婚[25]。我很高興自己不需結婚，」她說，「不然，我在戰爭就只能是個……人妻與人母。」）正如班上另一位女性間諜提到這課程時說，「在某方面，瞧，你的人生會被拆解，必須重建。」[26]

掩護就是你在進行顛覆工作時所運用的偽裝。

(a) 多花點時間，選擇你要採用的職業。
(b) 你的故事。
(c) 你的名字。

要把每項細節倒背如流。在你登陸目的地五分鐘內，就想起這些細節，因為可能會有不懷好意的官員質問你。盡力熟練訴說你的故事，你的自由與任務成功與否都有賴於此[27]。

莉絲年紀輕輕就一頭灰髮，又十分早慧。捏造一個令人信服的法國身分難不倒她。她眼睛眼色淺，又一頭白髮，當法國人、荷蘭人、俄羅斯人或英國人都很適合；她和整個歐洲北部都很融合。「我什麼人都可以當。」[28]不過，她的「外觀」仍是法國人的模樣。「沒有人問我，『你是法國人嗎？』」

莉絲在訓練時曾使用假名[29]，儘早習慣以新身分生活。出於安全理由，比尤利的受訓者與教師都不該知道彼此的真實身分。莉絲在法國有家人，母親仍在巴黎；要是莉絲被逮，這假名也能避免牽連到他們。比尤利的課程不只要幫助莉絲愚弄德國人——要騙過他們不難，因為在希特勒崛起之後，法國到處是外國人——還要騙過被包圍與不值得信賴的法國人。她必須讓人相信她是個無辜的本地人。

莉絲童年時，統治者是一個國家，但語言和風俗習慣卻屬於另一個國度，可說為她在兩種相抵觸的生活史上做好萬全準備。要當間諜，就是要同時在兩個世界生活，在戰區以臥底故事來過日子生活，同時把訊息回報給總部的軍人，執行外國敵方的目標。許多會操雙語的人表示，他們在說不同語言時，會「覺得自己像是不同的人」[30]；法國的任務必須要求莉絲要同時成為兩種人：她能輕鬆遊走其間。

莉絲越來越喜歡同學，雖然這門學問要求大家保持距離。有個敏捷的愛爾蘭知識分子瑪麗・赫伯（Mary Herbert），年近四十歲，能說六種語言，思想有深度，曾在華沙的英國大使館任職。還有一個勇敢的猶太人海蓮・亞倫（Hélène Aron）——在一九四二年，這位巴黎人的遭遇可能和任何猶太人一樣。第三個學生年輕多了，是個和電影明星一樣的美人，但在全為男性、封閉的氣氛下感到缺乏自信的賈克琳・尼恩（Jacqueline Nearne）。在這小班級上，莉絲向來和喜怒無常的母親歐黛特・山桑合不來——她無論去到哪個房間，都會成為那裡的重心，且自比為聖女貞德。「不是我喜歡的那型女孩，」[31]莉絲說。

經過三個星期的密集訓練，只有莉絲被評為合格的比尤利女子。她的指揮官在摘要中寫道：

聰明、非常認真謹慎、各方面皆穩定可靠。相當冷靜沉著，在任何情況下都能保持鎮定。在實際演練與假設性的問題中，能掌握大局，做出決定，謹守決定，不會慌張。對世事經驗豐富，累積高度的自信。個性宜人文靜。大幅領先其他同學。如果和其他心智一樣成熟的人在一起時，她會更加能幹。會推薦她加入戰場。[32]

滿月的光芒從森林的樹冠間透出，灑在會議室的窗戶上，映照出格狀影子。桌上，一縷煙低低盤旋。維拉無奈地吸口菸，在香菸熄滅之前又點了另一根[33]。大家都精疲力竭，僵持好幾個小時後，又回到了原點。

伍里奇光聽到有女性學員就七竅生煙。他主張，女性本來就不該在敵線後方降落，這下子還有五個缺乏經驗、不太能幹的女性竟得知夠多機密，這樣會危急盟軍在歐洲的軍事行動。

D日登陸準備是世上最大的祕密。不僅進攻的時間與地點保密到家，連每個元素的運作也各自獨立，只有最高軍事將領知道。在未來一年，祕密軍隊的軍官會訓練數以千計的法國人，在盟軍發動攻勢的同一天、同一時刻馬上攻擊納粹。法國必須在一夜之間全面停擺，包括所有電話、所有火車、所有主要道路與橋梁。多年的準備只為了一扇狹窄的窗，最開始的幾天最具決定性。

如果游擊隊可以讓希特勒的援軍遠離英倫海峽的海岸，幫助英美軍隊攻陷法國灘頭，那麼就沒有什麼能阻礙盟軍跨大陸行軍到柏林[34]。

民主與和平岌岌可危。伍里奇說，讓能力或體力較差，導致危及進攻行動的女人上戰場，實在是太大的賭注。派這五名女性到戰區的正反意見，一直到雞鳴仍僵持不下。巴克和維拉代表貝克街，積極為女子軍團辯護。進攻即將逼近，法國內部的戰場急需人手部署網絡，培養壯大。比尤利的工作，就是要教合格的人選符合越來越高的戰爭要求——即使是女人也不例外。

伍里奇堅稱，女人就是達不到部分客觀標準。女兵把標準降得太低。巴克不為所動，而且法國部門是他的組織。「要是我拒絕使用女性，那麼我在戰爭中的努力就是不合格，」[35]他之後說。「如果我認為她們無法勝任相同的任務，對她們的能力並不公平。」

巴克並非有任何正式資格，讓他成為祕密軍事機構的主管。他家道中落之後，在兩次大戰期間曾到法國當戰地記者，並在福特汽車公司的公關部門當高層主管。他有資格率領「公司」的法國任務，純粹是因為他能說流利的法語。正如他所言：「照本宣科做事是沒用的，因為無本可循。」[36]

巴克與維拉都認為，若從善意的觀點來解讀，指揮官不讓一整個班的女子上戰場，是因為他和教官「受限於老派騎士精神，不讓女孩冒此等風險」[37]。但這在戰爭時是行不通的。

無論喜不喜歡，巴克與維拉說，女人都在前往法國的路上，因此他們最好做好準備。首相也準備好了。最好趕快把女人派過去，因為有工作要做：蓬勃發展的地下網絡可以提振國家精神，或許還能鼓勵法國殖民地今天就向盟軍靠攏，畢竟整場戰爭看起來毫無希望。世界失控了，盟軍在世界的任何角落都未能取得勝利。倫敦大轟炸才結束一年，這場不列顛戰役中[38]，有成千上萬的倫敦人死亡。九個月前才發生珍珠港事變，兩千三百三十五名軍人陣亡。史達林和希特勒陷入僵局[39]，在史達林格勒（Stalingrad）*街頭對戰。大英帝國轉眼間失去了遠東的根據地新加坡與香港，印度也急著離開。利比亞的托布魯克（Tobruk）敗給德國陸軍元帥隆美爾（Erwin Rommel）†之時，大英帝國能做的就只有撤退。

巴克與維拉說，在這令人灰心喪志的時刻，已經沒有時間等待想像中未來會出現的完美軍人。

天亮前的荒涼森林深處，伍里奇讓步了。這個班級勉強從特訓學校畢業。主管們只無異議通過讓莉絲．德巴薩克受降落傘訓練。「我知道你是那個組織的女王，」[40]之後有人會這樣告訴她。這讓她「非常驕傲」。

公司對其他女子則是暫停討論，至少那一夜是如此：法國部門在那天早上送聰明的瑪麗、美麗的賈克琳回到組織；她們會待在倫敦等待進一步命令。一名女性人選則要調查：海蓮．亞倫。

巴克梅斯特少校則要把戲劇化[41]的歐黛特拉到一旁聊聊。

公司急著行動。戰爭是依照月亮二十八天的明與暗、看得見或是只有影子的週期來運作。間諜是在滿月時跳傘，那時飛行員才有清楚的視野。距離下一次前往法國的滿月，只剩下三個星期。

注釋

1 特殊訓練學校位於比尤利莊園範圍內較小的房舍——例如環形屋與林中屋。比尤利區整體稱為「STS 31」或「STS27b」。在莉絲受訓期間，比尤利地區在文件上一般是以「STS 31」出現。二十七這個數字，是公司為「二十七號陸地」相關事宜所取的代號，而二十七號地則是指法國。

2 Noël Coward, "The Stately Homes of England," lyrics from Operette (1938), with permission.

3 巴克梅斯特在一九四三年四月晉升為中校，故事的這個階段仍是少校。

4 Maurice Buckmaster, F Section History and Agents, HS 7/121, National Archives, Kew.

* 譯註：今天的伏爾加格勒。

† 譯註：一八九一—一九四四，二次大戰的德國知名將軍，戰功彪炳，有「沙漠之狐」的稱呼。

5 在國家檔案館的特別行動處檔案中，可能有些學生並未名列其上。班級也可能有個指揮官。我們現在從文件中可確知的五名學生有莉絲、瑪麗、歐黛特、海蓮與賈克琳。

6 Cyril Cunningham, *Beaulieu: The Finishing School for Secret Agents* (South Yorkshire, U.K.: Pen & Sword Military, 1998), 57.

7 Lise de Baissac, HS 9/77/1, National Archives, Kew.

8 在晚年的訪談中，莉絲認為這種假的質問沒有什麼用處，但她似乎記不太清楚（摘自Pattinson interview in *Behind Enemy Lines*）。人員檔案解密的時候，她已經九十多歲。其他間諜的錄音訪談中（例如倫敦帝國戰爭博物館所收藏的檔案），可聽出挾持人質的演練相當容易被識破。有些間諜回顧起來，覺得相當有用。歐黛特就在戰爭博物館的錄音中證實這練習的用處。在解密之前的好幾年前，歐黛特就是非正式的公司發言人，鮮少反對公司方針。

9 原文為「Allez! Bougez!」，意思大約是來吧、來吧，往前進。

10 Lise Villemeur, née de Baissac, 二〇〇二年四月十七日茱麗葉・派丁森（JuliettePattinson）在法國馬賽的訪談。派丁森博士提供她博士論文中訪談特別行動處男性與女性間諜的手稿，並出版成《敵線之後》（*Behind Enemy Lines*）；因此以下引自本書的內容，標註為「Pattinson interview」。

11 Harry Ree, in *School for Danger* (1947)。這部宣傳影片是在戰爭結束時由特別行動處拍攝，主角為賈克琳・尼恩與哈利・瑞（Ree）。片中的訓練在特別行動處的麥克・福特（Michael Foot）看來，精準反映出特殊訓練學校的間諜教育。

12 Lise de Baissac，二〇〇二年六月一日達洛・史密斯森（Darlow Smithson）為《敵線之後：夏綠蒂・葛雷的真面目》（*Behind Enemy Lines: The Real Charlotte Grays*）這部影片訪談。這部影片由珍妮・摩根（Jenny Morgan）執導（London: British Film Institute, 2002）；以下出自影片訪談者皆標註為「Real Charlotte Grays interview」。

13 特別行動處的特務（agent）是否適用「間諜」（spy）一詞是有爭議的。情報工作與組織游擊隊有不同之處。許多人主張，特別行動處雇用的不是間諜，而是蓄意破壞者。但是特務本身都用「間諜」來說明他們在法國從事的工作。莉絲曾在夏綠蒂葛雷訪談說：「我們一起聽無線電。當我有——有特別訊息是，而他——他跟我說，『那是給間諜的！』（大笑）而——而我就是其中一員！」

14 「她或許有這家人的缺點（個人抱負過高、敏感），但她很講理，也把工作視為優先。『難搞，但是盡責。』」巴克梅斯特評估道。Lise de Baissac, HS 9/77/1, National Archives, Kew.

15 Lise, Pattinson interview.

16 Robert Ferrier, Sound Archives, Imperial WarMuseum, London.

17 菲比協助設計了比尤利祕密宣傳活動的課程，但不是莉絲的教官。

18 威廉·費爾貝恩（William E. Fairbairn）與艾瑞克·安東尼·賽克斯（Eric Anthony Sykes）在蘇格蘭訓練學校教授武藝，但是莉絲並未在第一次任務中參加。然而她仍學到打鬥技巧，這些都包含在他們自由式摔角的訓練中。

19 William E. Fairbairn, *All-In Fighting* (London: Faber and Faber, 1942; repr., Naval and Military Press in association with the Royal Armouries, 2009), 30.

20 「他知道上百種不必動槍的殺人法。他會刀具格鬥，也會徒手格鬥。據說他徒手殺過數十人……費爾貝恩曾教過我們把彼此拋到其他地方，所幸我們並未奪去任何同學的性命。我們都活下來了。」Edgar Prichard, "Address to Historical Prince William, Inc.," National Park Service, typescript of a talk, Jan. 16, 1991. Cited in John Whiteclay Chambers II, *OSS Training in the National Parks and Service Abroad in World War II* (Washington, D.C.: National Park Service, 2008).

21 克勞德·德巴薩克的個人檔案中（HS 9/75 and 9/76, National Archives, Kew）說，他在法國比較習慣出於興趣而射擊，而不是為了戰爭。

22 Jepson, Imperial War Museum, London.

23 Lise, Pattinson interview.

24 確實如此，莉絲獲派的工作並不是信差，而是當成聯繫間諜，發展自己的網絡。

25 Lise, Pattinson interview.

26 Sara Helm, *A Life in Secrets: Vera Atkins and theMissing Agents of WWII* (New York: Anchor Books, 2007), 49.

27 Training Lectures and Statistics, HS 8/371, National Archives, Kew.

28 Lise, Pattinson interview.

29 莉絲的化名是歐蒂莉（Odile），但她在訓練時不會使用這個代號。

30 Jean-Marc Dewaele, *Emotions in Multiple Languages* (London: Palgrave Macmillan, 2010).

31 Lise, Pattinson interview.

32 Lise de Baissac, HS 9/77/1, National Archives, Kew.

33 在倫敦帝國戰爭博物館的檔案中，可以聽見維拉不停抽菸，那是她一輩子的習慣。

34 好吧，還有亞爾丁森林（註：盟軍在此曾經因為德軍奇襲，完全無法有效對抗）。

35 Maurice Buckmaster, *They Fought Alone: The Story of British Agents in France* (1958; repr., London: Biteback, 2014), 233.

36 出處同前，134.

37 History of F Section, HS 7/121,National Archives, Kew. 現代人聽起來或許奇怪，但是在特別行動處經常說「女孩」。這個字廣為用來指女性間諜、指揮官、編碼員、空軍，在口語溝通與書面文字皆然。

珀爾・維什林頓（PEARL WITHERINGTON）

有個和我一起受訓的女孩，在一整天的彈藥爆破、射擊等種種經歷之後告訴我：「我們現在在這裡做什麼？」我驚訝極了！我說：「你不知道嗎？」她說：「不，他們叫我去當——雙語秘書。」嗯，我不會告訴她，她讓自己參與了什麼事，因此我去找學校指揮官告訴他。但他說：「恐怕招募就是這樣。」然後呢，嗯，她留下來，完成其餘訓練——和男孩一起進行三週的準軍事訓練。

南西・威克（NANCY WAKE）

……我的代號。多數女孩會用莎士比亞或聖經，而我不是……我是不可知論者。所以我想，我得找個名字，因此我在腦海中選了一段小文字。「她站在那兒，在美麗的月光下。月光灑在她的睡衣，就在她乳頭上。噢，萬能的耶穌基督！」

莉絲・德巴薩克（LISE DE BAISSAC）

我們當然——都設法——幫忙，且盡力而為，去做些……對戰爭有用的事。我們對此有深刻感受。我們幾個人，三、四個女孩……

索妮婭・達托（SONIA D'ARTOIS）

我知道我們在學徒手格鬥，我們應該要會運用，但我從未使用過。我應該慶幸這沒派上用場。或許有些男人用過，但我不認為許多女孩子需要用。不過我們都得學，那是訓練的一部分，而女人的訓練就和男人一樣。

修伊・維里提（HUGH VERITY，特勤隊飛行員）

我曾經載過一個女孩進出三次，我在那些場合並不認識她，不過，呃……因為她們都是匿名的，只是我們要載運的人，而她其實是茱莉安・艾斯納（Julienne Aisner），後來成為貝斯納女士（Madame Besnard），是德里庫的信差。

……我載過大約五十名以上的女孩到法國——主要是跳傘——只有少數幾個是靠著萊桑德運送，其他……大部分是靠跳傘。

……我們載送的女孩，包括芬妮與空軍女子輔助部隊成員，都是討人喜歡的乘客，我有個飛行員——邦尼・雷米爾斯（Bunny Rymills）特別容易載到漂亮女孩，雖然都是運氣好。我們在乘客出現之前，其實不知道自己的乘客會是何種性別。

萊斯禮・費迪南（LESLIE FERNANDEZ，特別行動處訓練者，後來獲得授勳）

我在訓練學校裡和芬妮們一起成長的，你知道我的意思。我的意思是，這些女孩是第一批受訓的無線電操作員，這是一開始招募她們的理由，但她們許多人無疑是一流的祕密操作員。在許多時候，女人只要有基本的語言能力，要用假文件祕密行動比較容易……其中有些人表現一流，無庸置疑。她們甚至是更優秀的間諜。（引言由祕密二戰學習網 [Secret WW2 Learning Network, www.secret-ww2.net.] 創辦人馬丁・考克斯提供。）

38 在這場不列顛戰役中，最後有兩萬平民死亡；這包括一九四〇到四一年，以及一九四四到四五年的大轟炸。

39 這衝突最後造成兩百萬平民死亡。

40 Lise, Pattinson interview.

41 提克爾在寫書時，曾與巴克梅斯特和歐黛特談過，似乎能取得未曾編修的人事檔案，而巴克和歐黛特都同意這故事，一輩子都公開支持。Tickell, *Odette*.

第五章
混蛋！
英國，譚普斯福

一九四二年九月二十三日的晚上，從貝德福郡（Bedfordshire）到整個英倫海峽，是晴朗無比的秋夜。那是滿月之夜。

安德莉・波瑞爾和莉絲・德巴薩克穿著跳傘衣，在英國皇家空軍的譚普斯福（Tempsford）基地，向維拉、巴克與英國最後一次道別。是返回家鄉、回到法國的時候了。這一刻，白面子樹（Whitebeam）／藝術家（Artist）／智利松樹（Monkeypuzzle）行動就要展開。

安德莉早已就緒。七月份莫里斯出現在她們門口時，她就已經準備好。只是那一次滿月，她沒有行動。八月份，第一個女子軍團訓練班還有一半成員尚在比尤利受訓（也就是莉絲的班級），因此那個月也錯過了。

等待九月的滿月很惱人——機構給月亮起了個代號「夏綠蒂」[1]，是個女人的名字。安德莉等待夏綠蒂在秋天懷孕，在黑暗中照亮通往法國的路[2]。

安德莉在出發的夜晚，第一次與要一同跳傘的夥伴莉絲見面。

「現在時間到了，」[3]維拉說。

探照燈照在臨時搭建的尼森筒型軍營（nissen hut）波浪牆上，在鄉間緊鑼密鼓的起飛儀式中，投下陰森的光芒。安德莉和莉絲獲選一起跳傘，兩人都是小組中最優秀的成員。安德莉是比尤利第一組選拔出的亞馬遜女戰士，是個講求實際的學生，但總是想像出新辦法來宰德國人。（她說，趁著納粹睡著時用鉛筆從耳朵刺入，不算是太殘忍的命運。）下一組的莉絲則是「女王」，比較喜歡獨自統治。兩個女人都很安靜，且準備就緒，即使面對疑慮也不軟弱。莉絲曾說：「要是害怕，什麼事都做不了。」[4]

莉絲與安德莉初次見面就惺惺相惜。安德莉並不世故成熟，但是很敏捷，是「非常可愛、非常單純的小女孩，」[5]莉絲心想。她們過往的生活可說是巴黎經濟情況的兩端：莉絲平日在高檔的克勒貝爾大街（Avenue Kléber）買長棍麵包，而安德莉在巴黎遭到占領之前，在那裡的櫃檯工作。她們或許相遇過上百次，但是一場戰爭，讓兩人平起平坐。

她們要降落在法國中央的鄉間田野，但是安德莉還要進入戰爭的核心：她被派到巴黎。巴黎是歐洲文明的珍寶、納粹占領區的通訊與商業中心，也是安德莉的故鄉。她會在巴黎建立基地，在希特勒機械般的反情報與反間諜特務「蓋世太保」眼前工作與生活。在首都北邊建立英國支持的網絡，對於盟軍跨越海峽的登陸非常重要。安德莉會擔任信使與中間人，在占領區擴大行動範圍。她上司說：「要把我們的各個組織盡量擴張到最大，不能像金字塔擠在一起，且要馬上送出至少一千五百磅的補給品。」[6]

等到隔年春天的D日降臨——或許只剩六個月——地下網絡的統籌與命令，將會來自巴黎。

這次來送行的人包括法蘭西斯·蘇提爾上尉（Francis Suttill），是個高大穩重、輪廓鮮明的三十二歲律師，將成為安德莉在巴黎的指揮官與統籌者。安德莉與法蘭西斯在那年夏天曾短暫相處。她會比他早登陸，幫他在法國開路。在出發之前，兩名間諜只顧著坐在一起開會：重複訴說、記住、背誦、演練、規劃策略。他們「不停地說」[7]，直到法蘭西斯完全不用思考。

法蘭西斯天生是人生勝利組：反應敏捷、政治手腕靈活，體格強健，善於解決問題。他有能力整合共產黨、戴高樂派、學生、教授、猶太人與青少年愛國者，讓地下戰鬥力凝聚起來。但是，各方還是得靠著安德莉這樣的女人聯繫。這不僅是因為安德莉的勇氣可鼓舞大家完成任務，法蘭西斯也仰賴她對當地的認知，以及她在巴黎具有法文母語能力。法蘭西斯的語言能力不算完美：他母親是法國人，但他在英國長大，說起話來有點像童謠般輕快簡短，像是孩子或是比利時人說話。他什麼都理解，但說話時聽起來不正確，容易啟人疑竇。為了自圓其說，他說自己在國外（加拿大）受教育。安德莉在一旁可以讓法蘭西斯看起來比較正常，給與他必要的掩飾，讓他更法國一點。

法蘭西斯看著安德莉出發時，心中感到焦慮，但原因只有他心知肚明。選擇女性信差，令他感到不安（至少這個女人）。他悄悄告知上司，希望由其他人擔任信差。對於兩名兒子都還小，妻子又不知所措的人來說，迷人的工作夥伴是個誘惑。安德莉太美麗、太吸引人。他是個幸福的已婚男子，希望能保持這個樣子。

巴克不為所動：安德莉會與法蘭西斯一起工作。以這任務來說，她是最好、也是唯一的間諜人選。巴克私底下讓他安心，說他倆可採用兄妹的方式行動——雖然口音並不相符——這故事也可以解釋兩人的曖昧，至少巴克是這樣想。

法蘭西斯在同事面前表現出鎮定模樣，露出笑容與勇敢的表情[8]。看著女子動身執行這麼危險的任務，實在很難忍下這口氣；他想，輪到他出任務時會簡單些。在艱困的時光，法蘭西斯就像是英國的好學生，靠著詩來安撫自己。他精疲力竭，但是他會坐下來，向妻子重述安德莉離開，同時不忘辛苦抄寫魯波．布魯克（Rupert Brooke）*的情詩：

現在，感謝上帝以祂的時間來匹配我們
把握我們的青春，讓我們從睡眠中醒來！

以穩定的手、清澈的眼、與精進的力量
轉個身，就像泳者躍入清澈中，
樂於離開老去、寒冷與疲憊的世界。[9]

機棚空蕩蕩的；飛機停在藍月[†]月光下的柏油路上。這次道別很正式，和安德莉與莫里斯的激情告別截然不同。

官方向安德莉保證，她的情人會平安。從七月之後，她就沒見過他。在他越獄之後，兩人在一起就會帶來安全上的風險，但是軍情五處保證，不會把他交給自由法國的惡棍擺布。她放下內心的慷慨激昂。眼前有正事要辦。

巴克認為安德莉與莉絲是最能幹的兩名手下，當然讓最能幹的人登陸。這兩個女子都會像吉卜林在詩中所言，在眾人驚慌時依然保持冷靜[10][‡]。

雖然已有兩名女間諜到了法國戰場——伊芳．魯達雷特（Yvonne Rudellat）與霍爾——安

---

* 譯註：一八八七—一九一五，英國詩人，以撰寫戰爭為背景的十四行詩著稱。

† 譯註：一個月中出現的第二次滿月。

‡ 譯註：在知名英國作家魯雅德．吉卜林（Rudyard Kipling）給兒子的詩作〈If〉中，開頭的兩句即是勉勵兒子在大家驚慌時，依然保持冷靜。

德莉和莉絲卻是第一批靠降落傘空降的人。皇家空軍特種任務軍團通常稱機上的祕密乘客為「喬」。不過，這兩人是「珍」。

巴克從口袋中拿出一個小包裹給莉絲。男性間諜會得到黃金袖扣、黃金打火機、手錶與筆。但是女性會得到更別緻的禮物：黃金小粉盒，項鍊及金鉛筆。莉絲還得到黃金香菸盒[11]。巴克以同樣沉重的心情，一方面抱著希望，但也面對現實地把禮物交給她們：那是「提醒她們，在倫敦，必定有人隨時準備在困境中伸出援手。」[12]他說。如果面臨拮据，這些東西可在黑市變賣。在戰爭期間，巴克至少為三十九名女性特務進行贈送黃金禮物的儀式[13]。她們不會每個人都能返家。在每次送別時，他堅毅的英式自持都會稍微動搖。

堅定冷靜的維拉也參加了這場送行儀式，清空安德莉與莉絲的口袋，翻找她們小小的行李箱，看看有沒有遺落的零錢、電影票、英國衣服標籤——莫里斯·杜福爾的照片——或任何可能洩漏她們身分的東西。

如果在法國部門的大家長背後有支持的力量，那就是維拉，她非正式的職掌範圍隨著戰事進行而擴大。「比起巴克梅斯特，她更是特別行動處的靈魂，」[14]莉絲說。身為情報官，維拉的日常任務包括從法國國內收集新聞頭條與戰地報告，拼貼起來，安上「漫畫剪報」和「趣聞」[15]的標題。她夜晚的責任包括送間諜出發，並在飛行場歡迎他們回家。維拉宣稱自己的職稱「F-INT」其實代表「F-Interference」（法國干預）。維拉隨時準備好滿足組織成員的人性需求，例如先付錢給尚在等待任務的間諜；見證最後的遺囑與遺言；把信件轉交給擔憂的母親，讓她們放心；與派駐在外的間諜的孕妻交朋友，寶寶一誕生，就透過英國廣播公司送祕密訊息到法國。（例如用法文說「約瑟芬像祖母」[16]，代表寶寶是女兒；「約瑟夫看起來像祖父」[17]，代表寶寶是男孩[18]。）巴克說，維拉就是法國部門的「仙女教母」[19]，處理蓄意破壞者的「社會面」。同時，她自己也過著雙面生活。公司鮮少人知道她是移民；沒有人知道她是猶太人。

維拉徹底檢查安德莉與莉絲最私密的個人用品，沒有找到任何會破壞偽裝的英國痕跡。再怎麼仔細檢查裝備內容，都只能看出這些物品的實用功能。他們會給間諜藥物，其中四種有很明確的用途：安眠藥可混入咖啡或干邑酒，讓人至少失去知覺六小時。苯丙胺（Benzedrine）是一種安非他命，若需要整天保持警醒時可使用。另一種藥物可引發痙攣與腹瀉，要編個掩飾故事時很好用。還有一種選擇使用的藥物，若吃下去，可能就是一輩子最後一顆藥丸。那是致命（lethal）的藥丸，因此又有L藥丸的別稱；它以橡膠包覆，縫在袖子內裡，裡面裝了氰化物。如果吞下去是無害的，但咬破就會致命。

地面工作人員幫安德莉穿戴上挽具，肩帶綁好，扣在胸前。在飛行裝之下，莉絲穿著時髦的洋裝，有腰線與有蓬度的裙子，在羊毛配給吃緊的情況下，這多了一點的布料相當奢侈。扣子與修飾的作法都很精準；專業裁縫是參考法國難民的服裝，重新打造這個設計，連標籤都是法國的。這樣也能提振信心，讓人相信公司不遺餘力，連細節都不放過。一旦莉絲脫下連身跳傘服，就能漂漂亮亮抵達法國。

退出策略的細節也經過嚴謹審視，包括後備能力、失效保護與偶發事故。間諜跳傘時是配有左輪手槍的，以免接應時碰到不友善的情況。但他們登陸時可能無法保留武器，許多人寧不要武器；要是遇到警察搜查時，有槍可是糟糕透頂，因為在法國所有的武器都已被沒收。在袖子的口袋裡有摺疊瑞士刀，需要切斷繩索時即可派上用場。腳部的口袋有空間放手電筒與備用品，可以在森林裡度過一夜。他們做好準備了。

安德莉逃離法國時沒帶護照。現在她帶著莫妮克・厄本（Monique Urbain）的法國身分證。貝克街的人員以代號稱呼她：白面子樹。（邱吉爾認為幫間諜取代號是愚不可及的行為，可憐的媽媽可能會得知孩子「吵吵鬧鬧」或「抱抱兔」的死訊[20]。但在這一點，大家經常沒遵守他的意思。）

倫敦方面稱莉絲為「藝術家」。她正前往小城市普瓦捷（Poitiers），這城市位於法國中部的山上，充滿「宗教氣息」[21]，她會成為網絡的一員，管理藏身處，迎接獨自降落的間諜。她得到的命令對她扮演的角色重要性輕描淡寫，只說要負責任何她不被認為「無法進行」的其他任務。事實上，她是迎接許多貝克街間諜的人。不會「無法進行」的意思是，運用假身分，在充滿惡意的國家生活，同時給與納粹稱為「恐怖分子」的男人協助與安慰。

安德莉與莉絲的文件是在羅伊登（Roydon）打造的，「公司」在這裡設立了一處偽造廠，假造間諜會需要的所有文件：配給券、旅行文件、結婚證書、復員文件、健康證明。極權統治者用這些文件來控制人民；備妥文件很重要。在整個法國都見得到海報上寫著：文件是否備妥？

在她們背部與降落傘中間有個墊子，裡面塞入大量現金。安德莉有約二十五萬法郎的鈔票[22]，幾乎是五年的薪水，相當於當時的一千四百英鎊，或今天的二十五萬美元。對於一個出身平凡的女子來說，帶這麼多的錢必有蹊蹺，這筆錢遠超過讓她撐到與巴黎聯絡人見面所需。如果一切順利，這筆巨款會資助她的網絡。如果接應出問題，這筆錢也可以讓她保住性命。

安德莉與莉絲已盡人事，將一切藏妥。她們知道自己的任務指示、備案計畫、祕密聯絡點。她們已把暗語都背好了，沒有寫下任何東西。她們健康又有企圖心，她們對於自我、任務與法國都有信心。**實在令人振奮，莉絲心想，接下來會發生什麼事？**

「疏散」會議終究有結束的一刻。大家握手、親吻臉頰。再見，祝你好運。混蛋（Merde alors）！

這是機構的非正式信條：「欸，混蛋！」[23]

這天日夜等長，差不多是秋分。在一九四三年九月二十三日的日落，少尉伊芳・魯達雷特坐在法國的藏身之處，聆聽英國廣播公司的法語廣播。聽外國廣播是違法的[24]，但法國幾乎人人都聽——至少有半個國家的人口那麼多[25]。傍晚七點十五分，整個國家（包括德軍占領區與自由區）

的人都朝著發亮的木頭收音機，傾聽熟悉的號角聲，為法文播報的世界新聞揭開序幕。

廣播以定音鼓敲出摩斯電碼的V，代表勝利（victory）。

Dot. Dot. Dot. Dash.（滴滴滴答）。

這也是貝多芬第五號交響曲開頭的音符——滴滴滴答——，是個反納粹的小小宣傳儀式，以勝利之姿，提醒人們過去那更溫柔、更文明的時光，也告訴大家，那樣的時光終有重返歐洲的一天。聽廣播是反叛行為，甚至會導致平民遭到殺害。

伊芳在聽的，是播報員每天唸出的稿子，那是在倫敦布希大樓（Bush House）預先錄製的：

Ici Londres! Les Français parlent aux Français.

（這是倫敦的呼喚！法國人對法國人說話。）

英國廣播公司的法語廣播共四十五分鐘，每天晚上首先以五分鐘的世界新聞開始，接下來是五分鐘的戴高樂時間。之後的三十分鐘是各式各樣的詩、歌、口號、喜劇、政治散文、戰爭評論，以及呼籲大家抵抗維琪政府的要求，放慢工廠運作，破壞生產。在戰爭早期，法語服務廣播每天兩次，但因為太受歡迎——那是民主國度的夜夜呼喚——因此英國廣播公司增加播放時間。隨著進攻日期逼近，每天長達五小時。

新聞節目勢必提到戰爭進展。在報導世界大事時，不會浮誇吹捧，只報導事實：維琪政府正擬定法規，強迫十八到五十歲的男性勞動服務，用法國工人換取戰俘。俄羅斯前線在史達林格勒陷入膠著，希特勒的軍隊飽受炸彈與刺刀攻擊。

每天晚上節目的最後五分鐘，對正在萌芽的法國抵抗運動是最重要的。在節目尾聲，會有一連串充滿著靜電干擾的個人消息，聽上去是夾雜著無稽之談、謎語、韻文、童話與對句。這些個人訊息其實是暗號。

Jean a des cors aux pieds.

（瓊恩的腳有角）[26]

L'arc en ciel fait naitre l'espoir.

（彩虹孕育希望）[27]

有些句子只是噪音與讓人分心的事情，大多數的聽眾聽不懂這些雜亂的訊息——尤其是讓德國聽眾有此感受。在這一大堆無意義的聲音中，卻有幾個句子是祕密訊息，是戰地的任務指示。透過加密的電報，貝克街會安排空投與戰鬥計畫。在派送摩斯電碼時，英國廣播公司的句子就含有固定且確認過的訊號[28]。有些廣播訊號是讓法國的現場人員使用：一首童謠可能是向一名銀行家擔保，他借給抵抗軍網絡的錢，將會得到陸軍部的借據背書；一句格言可能是告訴一名工廠主人，若放棄他的機具，那麼皇家空軍日後保證不炸毀他整座工廠。其他個人訊息則是告訴間諜，確認空投接收與戰鬥的資訊。

節目再五分鐘就要結束了。這時，伊芳聽見了要給她的訊息，宣布安德莉與莉絲已在路上。「法國人對法國人說話」播放兩次，一次在七點十五分，一次在九點十五分，第一次是宣布安德莉與莉絲準備起飛。

晚上八點時，伊芳聽到：

Les singes ne posent pas de questions.

（猴子不問問題）

白面子樹／藝術家／智利松樹的行動展開了。伊芳知道，莉絲與安德莉已穿戴好挽具和降落傘。

接下來的情況，就要視第二次廣播而定：如果訊息重複，表示已經確認起飛。

在一九四二年九月二十三日的夜晚，倫敦第二次發射這句話到空曠的盧瓦—謝爾省（Loir-et-Cher）：

猴子不問問題。

反抗分子會永遠記得「在雜訊中聽到訊息時的欣喜，這切實證明聯絡人存在」[29]，盟軍正在努力解放法國。

飛行員看見法國海岸時，夏綠蒂在蒼穹的弧形足跡，已走了一半以上。月亮就是在天空走的時鐘。

在低矮破碎的雲間，飛行員瞥見佩爾塞角（Pointe de la Percée）；他的地標介於某天會稱為奧哈馬與猶他海灘之間。他瞄準定位，目標朝向奧爾良市，之後在最後一分鐘衝出雲底，這時敵軍會看得到他，就像領航員能看見羅亞爾河上月光照得波光粼粼的水面。

大量傳單像五彩碎紙一樣從天而降，飄落在實施宵禁的法國小鎮寂靜街道上。傳單上有口號、繪圖與愛國提示：為一個國家而戰。**法國萬歲。**戴高樂。這些紙條對盟軍來說有兩個目的：一方面是向法國宣傳，向來被認為「不可信賴的英格蘭（Albion）」[30]並未忘了她，另一方面也是掩飾飛機的任務[31]。等天亮之後，德國人可能以為敵人是飛來宣傳或是進行偵察任務，而不是間諜滲透或是空投物資。英國皇家空軍的飛行員稱所載運的東西為「我的小冊子」（Mein Pampf）*。

在看見奧爾良之後，惠特利轟炸機（Whitley）下降到五百呎。這架飛機在教堂尖塔與樹頂間，越來越靠近布盧瓦外一處陰暗空曠的田野。

飛行員放下襟翼，只以比失速稍微快一點的速度低空飛過。這時非常脆弱，很容易被敵人的探照燈照射，遭到射擊。在高度這麼低、速度這麼慢的情況下，他沒有什麼操作空間，只能專注於目標。

「各就各位，」調度員喊道，聲音蓋過發動機。

安德莉已經抱著膝蓋，縮在惠特利狹窄的飛機後方。她起身，來到轟炸機地板的洞口，檢查挽具及扣著強制開傘拉繩與飛機的扣環。她緊盯著頭上的紅燈，腳迎著風，等待綠燈的出發指示。

能先出發真好。莉絲寧願先出發，認為比較能挑選自己退出的時間，不必視別人的情況決定。但她們抽籤決定時，這項榮耀屬於安德莉。她們必須很快一個緊接著一個跳下，否則兩人會相距好幾哩。

在飛越空投區時，領航者尋找發亮的路徑：三個紅燈形成小三角形，下風處的那一點會閃白光。飛行員在目標上方掠過，尋找光束，搜尋摩斯電碼的確認信號：字母F。

但什麼都沒發生。

「不能讓你們降落，因為燈光不正確，」[32]調度官喊道。

訊號不對。似乎沒有人在等安德莉與莉絲。

五百年前，羅亞爾河上的某個地方曾有個女孩叫做貞德．荷美（Jehanne Romée），她的父親是農夫亞克．達克（Jacques d'Arc），她率領的軍隊會促成法國誕生。

就在不遠處，有片黑暗的草原，魯達雷特正坐著等待飛機。地面潮濕寒冷。白天雖然仍溫暖，但是夜晚有了寒意。收穫季接近尾聲，葡萄已採收，馬鈴薯和蘋果放入地窖，準備過冬；說不定哪天早上就要結霜了。兩年前，納粹禁了索洛尼區的打獵活動；這天晚上感覺很有生命，到處是小生物。

伊芳靜靜坐著，傾聽是否有飛機發動機的聲音。她的褲裙往腰上擠，露出長襪頂端與赤裸的大腿。她沒注意，也不在乎；她不是那種會「擔心雞毛蒜皮小事」[33]的女人。

---

* 譯註：與希特勒的自傳《我的奮鬥》（*Mein Kampf*）音近。

伊芳和一群全為男性的接待者一起；聽起來好英國，好像穿背心、別著白色胸花的人會參加的聚會。只不過，他們是在夜晚行動，大環境充滿無情的恐嚇。三個男人在原野上，各距離一百呎，夜晚的露水沾溼他們長褲的褲腳捲摺，貝雷帽壓得低低的。要是他們被逮到，看起來也只像普通的盜獵者。由於大量農產品被送到德國[34]，法國人根本吃不飽，一九四二年是戰爭以來首度開放打獵季。若持有獵兔子的來福槍，不會非坐牢不可。那不是左輪手槍；鴨子不是蓋世太保。

伊芳抬起頭，循著飛機發動機越靠越近的怒吼聲，望向天空。她預期會有兩名女子從那聲音來源像秋葉般落下，降落時，傘篷會遮住月光。

惠特利轟炸機飛過空蕩蕩的農地上方，盤旋十五分鐘左右，隨後有兩名男子朝天空發出燈光，一名男子沒有。或許燈泡壞了、開關卡住，或者線路鬆脫。或許他的光太靠近樹林，擋住領航者的視線。或許那人一邊耳朵聾了，因此沒聽見飛機的聲音。

安德莉與莉絲的飛機抵達時，只有白光，沒有紅光。

安德莉與莉絲沒往下跳。

在收穫月*，一架轟炸機的輪廓拉起機鼻，傾斜飛行離去。飛機引擎的轟隆聲越來越強，又逐漸消失，只留下模糊的低鳴。

之後夜裡恢復寂靜。安靜到伊芳可以聽見腕錶的滴答聲。

隔天，羅亞爾河附近的小村子阿瓦賴（Avaray）一片寧靜。這小村莊的生活一向不匆忙，好像沒什麼不對勁，兩區分界也彷彿不存在。

燈火通道再度於凌晨一點做好準備。接待員在漫長又不確定的靜默中等待；而遠方隱隱約約，飛機發動機靠近的聲音再度傳來。

月光照耀的原野上方出現巨大黑影，飛機連續兩個夜晚低空飛過空投區。正確的摩斯信號朝著星空閃爍。

滴滴滴答：F。

惠特利投下安德莉，接下來又是莉絲，非常精準。

一、二、三、四……接應者以法語數了數如花朵般打開的降落傘。在碩大的橘色月輪下，安德莉、莉絲、她們的手提行李箱、十二把科爾特手槍與彈藥、十公斤塑性炸藥、八百個引子、

＊　譯註：最接近秋分的滿月。

雷管，與其他裝置一個個降落到法國，離不到五十碼遠[35]。

飛行員在飛行日誌寫下：

一切都好。[36]

安德莉與莉絲褪下降落傘，解開挽具，接應者跑上來迎接，收起絲製傘與手提行李箱。兩個女人幾乎不發一語，走進森林的小屋等清晨降臨，屆時宵禁就會解除。

莉絲心想，**現在我在法國的土地上生活了**[37]。

在第一道曙光照射之後，一匹馬和手推車帶著間諜，前往一對愛國的老夫妻難民家，這對夫妻是賣魚的波薩爾德（Bossard）夫婦，他們為了躲避海岸的空襲轟炸，遂來到羅亞爾河谷。伊芳在這裡迎接同事。她和安德莉在夏天時，於第一批比尤利女子訓練班上結識。

一九四二年，要為英國支持的反抗勢力找到法國盟友，是相當不容易的。法國人從未脫離恐英心態，依然怨恨敦克爾克大撤退，認為英國放棄了這場戰爭。即使遭到德軍占領兩年，法國人仍唾棄邱吉爾的名字，畢竟他在失敗後第一件事就是威脅法國：他下令要所有法國戰艦前往中立港，或者放棄海軍，以免艦隊向德國投降。維琪政府的海軍上將拒絕，英國就在一九四〇年七月三日轟炸阿爾及利亞的奧倫港（Oran），造成一千兩百九十七名水手死亡。這件事情成了希特勒與貝當用來宣傳的把柄。

老一輩的法國人或許會原諒英國，因為他們記得在索姆河戰役締結的友誼。波薩爾茲夫婦住在分界線附近，那一帶鄉間有重兵集結，日常生活的慣例都被打亂。莉絲說：「那裡不算自由。」[38]

伊芳派了無線電訊息給倫敦：莫妮克與歐蒂莉安全抵達[39]。

安德莉與莉絲在小村子休息了幾晚，和這對夫婦聊天、適應環境，「比我們被派到這裡之前還快樂。」最早被派到敵線後方的女傘兵，是以歐姆蛋捲和酒為任務揭開序幕。

莉絲買了車票到普瓦捷。

安德莉則回到巴黎的家。

注釋

1 Benjamin Cowburn, *No Cloak, No Dagger* (London: Frontline, 2009), ebook.

2 「至少有兩年，月亮都和近東宗教一樣，是個女神。」Brook to Foreign Office, Nov.16,1964，引述自Foot, *SOE in France*, ebook.

3 Lise de Baissac，雷格西計畫訪談（Legasee Project），Legasee Educational Trust, 2011, legasee.org.uk，以下稱為Lisa, Legasee interview。

4 Lise, *Real Charlotte Grays* interview.

5 Lise, Pattinson interview.

6 History of F Section, HS 7/121,National Archives, Kew。「像金字塔」的意思是，幾個組織都聯繫到同一個節點或指揮者，像金字塔一樣。讓網絡獨立，彼此平行運作，便能避免金字塔化，也能促進安全。

7 蘇提爾告訴妻子，一九四二年九月二十二日，由蘇提爾提供。

8 蘇提爾告訴妻子，一九四二年十月一日，由蘇提爾提供。

9 Rupert Brooke, "Peace," Poetry Magazine 6, no. 1(April 1915), poetryfoundation.org.

10 摘自魯雅德．吉卜林（Rudyard Kipling）的〈如果〉：「如果你在周圍的人驚慌失措／並責怪你之時保持鎮靜……而且——更重要的是——你就會是個男人了，兒子！」

11 Lise, Pattinson interview.

12 Maurice Buckmaster, Specially Employed (London:Batchworth, 1952), 73.

13 臨別贈禮的確切次數並不清楚：莉斯出任務兩次，霍爾也是。莉絲在第二次出任務時，獲得了金鉛筆。「變賣來的錢恐怕沒辦法讓我們活多久。」Lise, Pattinson interview.

14 Lise, Real Charlotte Grays interview.

15 Vera Atkins, Imperial War Museum, London, sound archive.

16 原文是Josephine ressemble sa grand-mère。

17 原文是Joseph ressemble son grand-père.

18 在訪談中，維拉用過不同代號代表男寶寶和女寶寶誕生，例如尚／賈克琳（Jean/Jacqueline）或是克萊蒙／克萊蒙婷（Clement/Clementine）。

19 Maurice Buckmaster, Imperial War Museum, London, Sound Archive.

20 Max Hastings, “Agent Blunderhead: The British Spy Who Was Left Out in the Cold,” *Times* (London), Aug. 31, 2015.

21 Lise de Baissac, HS 9/77/1, National Archives, Kew.

22 Borrel, HS9/183, National Archives, Kew.

23 Marks, *Between Silk and Cyanide,* 45.

24 一九四〇年五月十日，德國威脅法國公民，聽非德國廣播可能會坐牢、服勞役或死亡。Olivier Wieviorka, *The French Resistance,* trans. Jane Marie Todd (Cambridge, Mass.: Harvard University Press, 2016).

25 法國有四、五百萬個無線電接收器（Michael Stenton, *Radio London and Resistance in Occupied Europe: British Political Warfare*, 1939–1943 [Oxford Scholarship Online, 2011]）。當時法國人口為四千萬，「半個國家」是假定平均每四個人會一起聽任何一種廣播。當時家族成員多，沒多少人能負擔獨立生活，收音機也很貴。媒體的「傳閱」概念已經是行之有時。

26 Claude de Baissac, HS 9/75, National Archives, Kew. 這也是從檔案文件中複製，文法與腔調嚴格來說未必正確。

27 「行動者」（Actor）的電文，出處：Dec. 24, 1942, in J. A. F. Antelme, HS 9/43, National Archives, Kew.

28 如今這種方式稱為盲目發送廣播（blind-transmission broadcasting）。

29 Armel Guerne, interview in John Vader, *The Prosper Double-Cross* (Mullimbimby, Australia: Sunrise Press, 1977), 59.

30 這個詞在英國與法國都很常用。這個外交用語雖可追溯回十三世紀，但一般認為這出於法國劇作家奧古斯丁．德希梅內斯（Augustin Louis de Ximénès）在一七九三年寫的詩〈法國時代〉（L’ère des Français）：

Attaquons dans ses eaux la perfide Albion.

（讓我們把不可信賴的英格蘭打回她的水域。）

31 退休上校尼克．法克斯表示，在這次安德莉與莉絲的行動中，這些小冊子可能是在他們放棄跳傘之後才發送，而不是之前。

32 Lise, Legasee interview.

33 Maurice Buckmaster, "They Went byParachute," 由史蒂芬・奇帕克斯（Steven Kippax）線上重新發表，此為一系列八篇文章，出自Chamber's Journal, 1946–1947。

34 Marcel Ophuls, dir., *La chagrin et la pitié*(The Sorrow and the Pity), (Télévision Rencontre, 1969).

35 HS 7/244, National Archives, Kew.

36 "Report on Operations Undertaken by 138 Squadron onNight 24/25th September 1942."

37 Lise, Pattinson interview.

38 Lise, Real Charlotte Grays interview.

39 安德莉在文件上的名字是莫妮克・厄班，通訊聯絡時則是丹尼絲，白面子樹則是她的呼號。在法國部門一九四二年七到九月的戰爭日誌中（HS 7/244），文字敘述上稱呼安德莉為莫妮克，備注中則是白面子樹。莉絲在文件裡則是伊蓮・布里瑟，而在戰爭日誌中則是歐蒂莉與藝術家。

第六章

直到最後一人

薩克島，海峽群島

在英倫海峽有一座靜悄悄的島嶼，形狀像壓扁的蟲子。這座島嶼是希特勒大西洋壁壘有待拼起的一塊拼圖。那條廣大的鋼筋水泥打造而成的防線綿延兩千哩，從挪威北極圈上方，往下延伸到法國及伊比利半島。

不久以前，薩克島（Sark）還屬於英國，現在落入德意志國的手中。這裡緊挨著法國海岸，介於根西島（Guernsey）與澤西島（Jersey）之間，就在科唐坦半島（Cotentin Peninsula）外，是個被時光遺忘的地方：島民依然靠著徒步和騎驢行動，就著煤油燈讀書。但是在敦克爾克大撤退之後，戰事蔓延到聖馬洛灣（Gulf of Saint-Malo）與薩克島海灘。邱吉爾說，海峽群島難以防守，太靠近挪威，在戰略上對英國安全也不重要。英國遂解除這裡的武裝，撤離此地。

納粹搶來這座島，不費一兵一卒，就得到這裡的美麗草原[1]。此時，希特勒把海峽群島納入戰略，對付即將到來的盟軍進攻。

一九四二年十月三日，一艘綽號叫做「尿尿小童」（Little Pisser）的汽艇劃破寧靜，開到薩克島海崖附近。十二名男人攀爬到絕壁上，來到島的山脊。這些人把臉抹黑，槍已上膛，刀已備妥，奔向納粹軍營。這項任務是「玄武岩行動」。

六名突擊手抵達德國兵營，排列在六間臥室門口前面的長走廊上。信號一發布，突擊手就衝進軍人宿舍，納粹軍人正在鐵床上打鼾。床上的人醒來，看見敵人的臉。

這次突擊就和預演時一樣迅速：英國突擊者用床單把德國囚犯的手綁起，要他們到走廊上，之後收集書籍、報紙與任何印刷物。

在囚犯旁邊，這群突擊者重新集結，要跑一大段路，回到逃脫小艇上。納粹軍人突然明白所發生的事，於是突擊者的準備與後續規劃全分崩離析。淪為俘虜的德國人開始尖叫，抗議自己遭到的對待，要求要穿制服而不是床單，並吵醒了附近的村民。突擊兵復仇：「靠著幾拳，他們安靜了些——至少我們是這樣想。」[2]

在喧鬧中，一名德國人掙脫，往空曠處跑。他很快被逮，但他不為所動又跑開，邊喊邊戰鬥。他背部遭到槍擊。看見這團混亂之後，三名納粹囚犯也逃跑。兩名旋即遭到近距離槍擊，第三個仍被綁著的囚犯大聲吶喊，盼有人救援。

一名年輕英軍用手槍底座讓這德國人安靜，手指還放在扳機上。他「意外」射擊這囚犯的頭部。在這場混戰中，兩名納粹逃跑：一名受傷，一名赤裸。他們拉響警鈴。[3]一名剩下來的德國俘虜投降，屈服於英國突擊者的蠻力。寧願當個英國俘虜多活一天，也不要當德意志國死去的英雄。

小鎮與要塞都驚醒了。在槍砲聲中，突擊者與人質逃到尿尿小童上，從薩克島駛向黑海。英國突擊兵都回著回來，並帶回一名納粹囚犯，他是大西洋壁壘的工程師。他有關於海峽沿線混凝土反坦克障礙物、雙層柵欄、地雷區、碉堡與重軍火的興建情報。他們還收集許多其他情報：信件、命令、計畫與分類紀錄。玄武岩行動大獲全勝。

對納粹來說，這是一次處決：德國軍人遭到束縛、穿著睡衣，被近距離射殺。

希特勒對這事件的回應，是在一九四二年十月十八日發布突擊隊命令（Kommandobefehl），給德意志國最高階軍官的指示。這指示標著「機密」，只有十二份副本。「此命令僅限指揮官知悉，不得流入敵人之手，」信函警告：

> 即刻起，所有進行破壞的部隊格殺勿論，不留任何活口。無論是穿制服的軍人、蓄意破壞者、是否擁有武器；無論在戰鬥，或尋求躲避；無論是從船隻、飛機，或降落傘空降。即

使他們願意成為俘虜，也無可饒恕，絕不留情……這表示，他們活著逃跑的機率是零。無論在何種情況下，都無法依照《日內瓦公約》的規定對待。[4]

希特勒非法的命令具有詩一般的色彩（只是很陰暗）：納粹喜歡紀錄，會留下詳盡的資料；因此他們得到命令，犯下違反人道的罪行，又不願留下證據時，就會用N＋N的代號來標示囚犯。這個代號的意思是「夜與霧」（Nacht und Nebel），源自於希特勒最愛的華格納之作《萊茵的黃金》（*Das Rheingold*）中的歌詞：

Nacht und Nebel—niemand gleich!
（夜與霧——彷彿沒有人在那處！）[5]

「N＋N」是用來指出那些難以辨識、必須消滅的人。德國監獄看守者受到指示，要以疼痛、恐怖、折磨的方式對待N＋N的囚犯，不受憐憫之心或國際公約動搖。希特勒已在暗中對他手下的軍官赦免過去、現在與未來的戰爭之罪。

要是被逮的話，莉絲、安德莉與歐黛特注定會受到德意志國最激烈的懲罰：隔離、酷刑、奴役、即刻處決，把所有活的記憶完全根除。夜與霧[6]。

注釋

1 摘自威廉・布雷克（William Blake）的〈耶路撒冷〉（Jerusalem）：「那是上帝神聖的羔羊／在英格蘭美麗草原上！」

2 Fritjof Saelen，引自Eric Lee, *Operation Basalt: The British Raid on Sark and Hitler's Commando Order* (Stroud, U.K.: History Press, 2016), ebook.

3 依據《玄武岩行動》（*Operation Basalt*）作者李（Lee）的說法，這次突擊中遭到射殺的德國人數有爭議。

4 一九二九年七月二十七日公布的《日內瓦第二公約》，關於戰俘待遇的《日內瓦公約》第二條寫道：「戰俘是在敵方國家的權力下，而不是在俘獲戰俘的個人或隊伍的權力下。他們在任何時候都應受到人道待遇和保護，特別是不遭受暴行、侮辱和公眾好奇心的煩擾。對戰俘的報復措施應予禁止。」

5 《萊茵的黃金》的第三場中，侏儒阿爾貝里希（Alberich）戴上黃金打造的隱形頭盔（Tarnhelm）。作曲與作詞者為理查・華格納（Richard Wagner, 1869）。

6 作者翻譯。間諜包伯・薛弗德（Bob Shepherd）在電視紀錄片《布萊恩，你在做夢》（*Brian, You're Dreaming*）的訪談中表示，「N＋N」的命令用語其實有更早以前的來源：中古高地德語的史詩〈帕西法爾〉（Parzival），作者為沃爾夫拉姆・馮・埃申巴赫（Wolfram von Eschenbach）。詩人描述了帕西法爾的母親赫澤羅德（Herzeloyde）的哀悼：「In ihrer trauer, da ihr aller Glanz der Welt in Nacht und Nebel verfunken, und die Sonne feldst verdunkelt, die Nacht aber ein wacher Tag des Grauens und der Sorgen gworden war.」赫澤羅德描述了夜與霧受害者即將面臨的黯淡景象。「她在夜與霧的世界中悲傷，太陽只是影子，夜晚則是延續白日的悲傷與苦難（作者翻譯）。」無論是華格納或馮・埃申巴赫，兩種來源並不牴觸：華格納在寫歌劇《帕西法爾》時，正在閱讀馮・埃申巴赫並參考，之後他把書稿放下，為《尼伯龍根的指環》（*Ring Cycle*）譜曲。薛弗德能引用中世紀來源，證明間諜有古典教育與上流社會教養的背景。

第二部

第七章
危機四伏
巴黎

福煦大道（Avenue Foch）是歐洲最富有的街道，也是巴黎最高檔的地址。這條大街從凱旋門延伸到布洛涅森林（Bois de Boulogne），兩邊是寬闊的花園，裡頭種植著古老的印度榆樹、樹葉扶疏的栗子樹，樹齡甚至比拿破崙的年代還久遠。在德國占領期間，福煦大道仍優雅貴氣，馬道與彎曲的步道在開花的矮樹叢與石造紀念碑之間蜿蜒。（不過巴黎的銅雕塑都被送去熔化，做成子彈。）

在戰爭期間，希特勒的官員把福煦大道當成官府。

八十四號[1]位於大道北側，距離王妃門地鐵站（Porte Dauphine）不遠，是一棟六層樓住宅，高高的前窗有浮雕細鐵工裝飾。這豪宅是巴黎「蓋世太保」特務的總部，亦即保安警察

（Sicherheitspolizei）與親衛隊保安處（Sicherheitsdienst）共同組成的納粹黨特務機構，忠誠追隨元首。他們的工作就是根除、逮捕與處決所有德意志國的敵人。

到了下午，巴黎斜陽照進布雜風格的辦公室，威風凜凜的氣氛與此處的指揮官如出一徹。辦公室中央是張路易十五世用過的巨大辦公桌，整個空間散發出領導風範、秩序、富裕與力量；這張桌子現在由親衛隊突擊隊大隊領袖（SS-Sturmbannführer）卡爾．波美伯格（Karl Bömelburg）使用，他在一九四二年末，進入一九四三年之際來到這裡任職。這位巴黎的反情報軍官有厚實胸膛，對黨十分忠誠，是一次世界大戰的老將，目前即將退休。他個子高大，頭髮灰白，散發亞利安風采，騎術相當老練。常有人看見波美伯格騎馬穿過布洛涅森林，前往一處別墅，他在那邊養雞，實現一輩子的夢想。他的私人公寓與住家有巴黎通敵分子贈送的大量禮物裝飾，還有銀製物與年輕男妓。[2]

波美伯格少校早年在柏林，就以堅定的信念追隨希特勒，且手段殘酷。一九三〇年代的戰爭前，他在巴黎成立蓋世太保總部，卻觸怒法國極右派，遂在一九三九年被放逐到捷克斯洛伐克，成為蓋世太保的警察顧問。之後，他靠著交易猶太孩童來換錢，在這報酬豐厚的過程中放過六百六十九個無辜者性命。

在波美伯格軍旅生涯的尾聲，他來到德國占領的巴黎，以同樣的熱忱搜尋法國抵抗分子與法國猶太人。在福煦大道，這些人通常被當成是相同的。

福煦大道很安靜，好像來自幾百年前的景象。眼前沒有多少汽車，也沒有汽油。這裡反而有腳踏車的鈴聲與人力三輪車，馬拉著推車時還會發出如切分音的嗒嗒聲。每天會有一次，踢正步的軍人腳步聲會從凱旋門回來，伴隨響亮的小號的〈霍斯特．威塞爾之歌〉（Horst Wessel Lied，納粹黨歌）：「數百萬人滿懷希望，仰望勾十字字符。自由日子與麵包的清晨降臨。」[3]

就像戰爭時期的整個巴黎，八十四號的立面灰灰暗暗，有煤炭污漬。在建築物裡，波美伯格統轄著一群專業警力，施以酷刑懲罰。

在八十四號大門後方，一條狹窄的車道延伸到庭院裡。司機在這裡把一批豪華汽車擦得發亮，那些車輛是從逃離巴黎的居民，及過去住在這裡的猶太人徵收而來。這座庭院裡還有一座小屋，裡頭會使出讓成年男子尿液帶血的手段，逼迫不願吐露祕密資訊的人民就範。

豪宅中央，有座階梯通往樓上華美的房間，裡頭是各式各樣的納粹祕密警察：有軍階的指揮官、文書職員、徵召來的男子、司機與打手。二樓是反間諜調查總部，在法國的德軍占領區負責逮捕與訊問。這裡有許多桌子、檔案櫃、影印機，還有穿著制服、身材豐腴的金髮祕書[4]。屋子角落有一間品味甚佳的浴室，裡頭有很深的鐵製澡盆，是用來訊問的。

頂層原本是僕人房，現在用來囚禁敵方間諜。地窖裡的洞穴收藏陳年佳釀。

波美伯格上校對三樓特別有興趣，這裡有一群搜尋間諜的專家，他們擅長電訊與語言，在法國戰爭進入到第三個冬天之際來到這裡。電報訊號在空中傳遞，只要有接收器，就可聆聽無線電訊息。發射器是非法的，但仍是反抗分子的武器，要製作與隱藏並不難。無線電訊號是最快的通訊方式，而蓋世太保總是在竊聽。

三樓有人員把任何可疑的加密訊息打字出來，製成複本並存檔。多數祕密訊息似乎是以隨機的摩斯電碼文字集結而成，如果沒有密鑰就無法解讀。不過，無線電專家仍仔細檢查每一則新來的信函。波美伯格的團隊尚無法解讀地下網絡傳送到倫敦的訊息，但破解只是遲早的問題。密碼破解人員在尋找模式，並採用統計分析。比如說，e是英文中最常見的字母，約有百分之十的出現機會。J、k、q、x、z則最少出現；只有兩個字只含一個字母：a與I。[5]所以只要稍微計算，再加推論，任何訊息都能解開。波美伯格的人馬學到，要把頻道調到可疑頻率，並辨識摩斯電碼操作員的「手跡」（fist），他們稱這些操作員為「鋼琴手」；納粹透過無線電員在打字時獨一無二的指紋，認識發報員。戰爭期間，蓋世太保逮捕反抗分子情報員，用心理脅迫與身體的酷刑，逼迫他們透露暗語，導致盟軍在傳訊時無意間幫助了福煦大道的人。

希特勒早早就在無線電間諜活動占上風。整整一年多的期間，納粹用查獲的英國無線電組與暗語，在荷蘭欺騙貝克街的荷蘭部門。納粹用這些被查獲的機器，佯裝成英國間諜在操作，於是盟軍在不知情的情況下，把間諜與武器交到德意志國手中。德國人使出他們愛發明新名詞的傾向，把這欺騙手法稱為「無線電遊戲」（Das Funkspiel）。更常用的稱呼其實更精確——英國遊戲

（Das Englandspiel）。

對波美伯格來說，這是個等待的遊戲。希特勒擔心，「巴黎這樣的大城市會隱藏上千個危險人物」[6]，但沒有任何業餘的間諜網絡可以永遠藏匿。只要在巴黎逮到反抗分子，並從他得到解開密碼訊息的密鑰，這時即可打開波美伯格整齊排列的檔案，裡面有密密麻麻的資訊可供反向追蹤，甚至能找到對準倫敦頻道的無線電發報機。到那時候，就能了解過去蒐集到的訊息內容，並掌控日後送至盟軍的訊號。蓋世太保說不定還能發送關於登陸區與條件的假資訊給敵方。波美伯格相信，若盟軍要進攻法國，任何風吹草動他都會先聽見。

波美伯格先生要在這華美宅邸，為職業生涯寫下華麗終章。這位親衛隊突擊隊大隊領袖著手一項計畫，要找到剛萌芽的法國反抗分子與盟軍首領的通訊文字。

反抗者的訊息有些靠著無線電發送，有些則靠著信差親手送達。游擊隊會進入瑞士或西班牙，把信件交給那裡的英國外交人員，讓他們以外交公文袋裝起，送至英國。另一方面，要派飛機去接重要的法國領導者或英國反抗分子時，飛機上也可能載著郵件袋，裝著以正常文字書寫的信件、明碼或筆記，裡頭只用簡單的文字替代密碼[7]，那些隱晦的參考資料是要給在敵後行動的人。

波美伯格知道有這些信，並擬定計畫，準備取得這些信：他和一名法國人接觸[8]，他是特技飛行員，剛越過庇里牛斯山到英國，並得到特別行動處的訓練。這位法國飛行員能掌控自己的著陸區，並監視巴黎附近的飛機接應與登陸。他年輕、圓滑、貪婪，是「可造之材」。

他的價碼是四百萬法郎。[9]

福煦大道反映著近代法德交惡的歷史。這裡原本稱為布瓦大街（Avenue Bois），意思是通往森林的道路，但在第一次世界大站之後，改以法國英雄將領費迪南·福煦（Ferdinand Foch, 1851-1929）命名。德國皇帝的軍隊就是在福煦將軍的私人火車上投降，終戰將從一九一八年十一月十一日早上十一點開始。福煦將軍對《凡爾賽條約》大表不滿，認為對戰敗的德國佬太過寬厚。「那不會帶來和平，只會是二十年的停戰協定，」[10]他在一九一九年六月二十八日條約批准時恫嚇道。希特勒的歐洲戰爭幾乎就是剛好在二十年後發生：一九三九年九月一日。福煦的臆測只差了僅僅六十五天。

德國徵收了大道兩邊一間間美好年代的豪邸。納粹指揮官很享受報復之樂。這條大道上原本有許多貴族，例如雷諾家族（Renault）、羅斯柴爾德家族（Rothschilds）*與阿加汗家族（Aga Khan）†，在戰爭時只剩下占領勢力。巴黎人私底下悄悄把這條大街改名為勃煦大街（Avenue Boche）——「勃煦」是對德國人的蔑稱。

波美伯格追蹤所有的謠言與反叛活動。在占領的最初幾年，他採用廣為撒網的策略，只監控，不攔截「恐怖分子」。他的反情報官全是老練的間諜搜尋者，而多數蓄意破壞者都是新手，根本無法與之匹敵。波美伯格認為要放長線釣大魚，因此蓋世太保並未耗費力氣去對抗反叛分子的攻擊。抵抗分子突擊德國軍人或目標的情況並不多，且會淪為官方宣傳的好藉口；海報與陳列總是將「猶太布爾什維克」抹黑為暴力分子，說他們進攻法國，破壞法國價值。不過，除了可挑起種族仇視之外，這些突擊者本也是軍隊情報的有用資源；他們會成為追蹤對象，受到詳細調查與描述。他們可帶出朋友。波美伯格老謀深算：每一次游擊者發動成功的蓄意破壞行動之時，地下網絡也變得更清楚，而反抗團體之間的連結也更明顯。每發動一回新攻勢，反抗勢力就不再只是幾棵樹木，而會逐漸變成一片森林。

若反抗分子的勢力小、破碎，沒有什麼能力，反而對波美伯格的觀看等待策略稍微不利。巴黎是捕鼠器：弄清楚地下網絡是否取得盟軍的槍枝，以及何時拿到，時機一到就很容易逮到老鼠。那時候，突擊分子會留下有用的資訊，例如藏身處、幫手、黨羽的咖啡店及臥底者的祕密通信地址。等到地下網絡壯大、組織更完整，且反抗分子持續穩定得到盟軍的物資，就代表對法國發動海上攻擊的時間逼近了。蓋世太保會監督這茁壯的反抗勢力，但鮮少干預。

＊　譯註：猶太銀行家。

†　譯註：伊斯蘭什葉派精神領袖。

比賽開始了：波美伯格必須在反抗分子過於壯大之前，知道登陸日期。軸心國與同盟國的軍官都相信，登陸法國的時間點可能在一九四三年春天，海峽的海象一恢復平靜就會發生。謠言滿天飛：反抗分子在葡萄藤之間聽到，進攻會在「三月二十一日起」[11]發生。這日期可能是納粹散播的八卦，也可能是錯誤訊息，一切仍屬未定之數。但是在巴黎，一九四三年登陸的消息如「野火燎原」傳開。

蓋世太保的獎品，就是預測盟軍回到西歐的日期與時刻。

注釋

1 親衛隊保安處反情報人員是在一九四三年初全數來到福煦大道。納粹戰爭罪證詞指出，無線電反情報單位是在一九四三年四月進駐八十四號。

2 Jacques Delarue, *Histoire de la Gestapo* (1962), 引自 David Drake, *Paris at War, 1939–1944* (Cambridge, Mass.: Harvard University Press, 2015), 316.

3 原文為「Es shau'n aufs Hakenkreuz voll Hoffnung schon Millionen, / Der Tag für Freiheit und fur Brot bricht an。」（作者翻譯。）

4 福煦大道的秘書有「老鼠」（souris）的綽號；她們是被派到巴黎的德國女人，不是與敵人合作的法國人。納粹占領者吃得飽，但巴黎人吃不飽。

5 參見密碼學家比克（Beker）與派伯（Piper）繪製的圖表，取自Simon Singh, *The Code Book: The Science of Secrecy from Ancient Egypt to Quantum Cryptology* (New York: Anchor Books, 2000), 19.

6 「我們必須推遲繼續往巴黎西邊前進的決定，」希特勒在一九四〇年五月二十六日或二十七日告訴軍隊首領，「巴黎這樣的大城市會隱藏上千個危險人物：敵方可能隨時攻擊我們四、五十萬軍人。我們的坦克無法在街頭進行密集戰鬥。這是個陷阱……相反地，我們在城市東邊的軍隊必須準備好重要兵力，在必要時即可快速占領巴黎。」引自*Ronald C. Rosbottom, When Paris Went Dark: The City of Light Under German Occupation, 1940– 1944* (New York: Little, Brown, 2014), 30。

7 這在特別行動處的課本中，稱為「簡單文字碼」：

簡單文字碼是以某些常用文字或短語所排列出的密碼，代表著其他文字或短語。

……例如，「約翰」這名字可能代表——「我要馬上躲起來。」

……「好久沒收到消息，你好嗎」（NO NEWS RECEIVED FOR AGES ARE YOU WELL ）可能代表「繼續執行安排的計畫」。

(SOE Group B Training Syllabus, HS 7/52, National Archives, Kew.)

8 據說波美伯格與特別行動處間諜尼古拉．波定頓（Nicholas Bodington）及亨利．德里庫在戰前的社交場合就認識，但這些傳言是戰爭之後許久才出現。福煦大道的語言學家說，他們去找德里庫當德國空軍的間諜，而他為了避免要幫德軍飛行，因此透過介紹，找上波美伯格。Francis J. Suttill, *Shadows in the Fog: The True Story of Major Suttill and the Prosper French Resistance Network* (Stroud, U.K.: History Press, 2017), note in French edition. Procès Verbal, Nov. 29, 1945, dossier Z6 NL 17339, Archives Nationales.

9 「相當於現在的兩萬英鎊。格茲說（Goetz），那是德里庫想在法國南部買的莊園價格；而格茲坦白告訴德里庫，他對一塊價值為這總額四分之三的地產有興趣，他和朋友想在那裡成立養雞場。」Placke interrogation by DST, April 10, 1946, 引自Foot, *SOE in France*, ebook.

10 福煦談到一九一九年簽訂《凡爾賽條約》；Paul Reynaud *Mémoires* (1963) vol. 2 (Paris: Flammarion1960), 引自the *Oxford Dictionary of Quotations*.

11 J. A. F. Antelme, HS 9/43, National Archives, Kew.

第八章

黑暗之年

法國

狹窄的科馬廷路（Rue de Caumartin）有間小小的巴黎人咖啡館。安德莉．波瑞爾在輕鬆快樂的往日，就已知道這間離姊姊公寓不遠的咖啡館。她坐在這裡的小圓桌，等待中午時分。希特勒想要建立千年帝國，那是他占領歐洲的第三年。策劃與組織反抗行動是艱鉅任務，首先就從一杯咖啡開始。

祕密軍隊的女性在戰爭的迷霧中行動。依據貝克街的規劃與比尤利的教育，祕密生活需要臨場發揮。間諜日復一日在戰場上生活，於瞬息萬變的占領區建立起網絡。安德莉的第一項任務，是啟動盟軍支持的巴黎人網絡，其他行動則之後見機行事。

咖啡館裡的人輕聲呢喃，偶爾有木鞋跟踩過瓷磚地板的腳步聲。古老朦朧的鏡子可以讓人看清楚房間。咖啡館瀰漫煤炭的煙味、走味香菸，及用橡實與菊苣根磨成的假咖啡苦味；那和咖啡因的味道差不多，只是少了些刺激。就像強制命令（diktat）與閃電戰（blitz），代用品（ersatz）對法國人來說也是個新詞彙，是野蠻入侵者引進的醜陋字眼。

安德莉來到戰場兩個星期了。在降落法國之後，她在敵線後方先與一名引導者聯絡。這位引導人是名叫潔曼．坦布（Germaine Tambour）的女子。坦布家在巴黎蘇弗昂大道（Avenue de Suffren）的公寓是間諜降落之後的中心聯絡點，是「活信箱」或祕密聯絡地址，可供交換私人訊息。潔曼雖不是軍人，卻在英國支持的反抗網絡中擔任要角。「她反軍國主義，一看到武器就臉色發白。」[1]她是反抗成員的管理者，從停火第一天就成了臥底知識的倉庫。安德莉告訴坦布，她是查理的朋友——那就是她的暗語，她「從查理那邊來」[2]。她從這裡進入地下圈子，得到聯絡人、地址與鼓勵的話語。

在十月的滿月逐漸進入月虧黑暗之時，安德莉每晚收聽英國廣播公司的法文廣播。廣播的文章像是長長的對話，安慰著在悲哀中度日的國家。廣播者雅克．迪瑟那（Jacques Duchesne）勉勵法國女性：「我們的母親、我們的婦女、我們的姊妹，我們仰賴你們堅守立場，繼續給與男人堅持下去的力量。」[3]安德莉等待節目結束，聆聽是否有給個人的特定訊息，提醒她法蘭西斯已經在途中。

秋天的白晝一天天縮短，即將步入冬季，而在十月一日，安德莉回到咖啡館。天色亮得很晚，天黑又實施宵禁。希特勒在占領法國後最早頒布的幾項法令中，有一項是要法國採用柏林時間，使之成為德意志國的郊區。夜晚延伸到早上，為每一個被戰爭剝奪的白天罩上哀容，於是被占領的那幾年，後來又稱為「黑暗之年」（les années noires）。安德莉花短短的白天，在科馬廷的咖啡館慢慢喝飲料。她傾聽鈴鐺響起。

吧檯裡，捲起袖子的男人在擦玻璃杯。酒保可能會是安德莉最大的盟友，或是敵人。酒保知道祕密，有掌控顧客的力量。在一九四二年的巴黎，要吃一頓好的就要到黑市。鮮少巴黎人能負擔得起；那些有辦法的人就在冬日將近之時，吃得比微薄配給更多。安德莉得靠著科馬廷路的保護；咖啡館重視隱私的優良傳統，在面對納粹的鎮壓之時能好好利用。

隨著中午接近，時間變得越來越沉重。秒針吃力地從六往上舉，開始最後一次往上爬。她得到清楚的指示：等五分鐘。這是與人聯絡時的最短時間。她只能為了這次會面短暫露臉，之後就得聽命離去。會面必須精準，否則就不會發生。如果今天沒能會面，明天就再來一次。

門豁然打開，一片日光滑過地板。法蘭西斯．蘇提爾一拐一拐進入酒吧。他總是準時[4]。他兩隻大耳間掛著勇敢的笑容，藍眼睛掃視房間，瞄一眼他的夥伴。他看起來夠法國，頭髮整齊分邊，穿著高腰褲，西裝外套不會邋遢，也不比已進入戰爭三年的任何巴黎人精緻。但他發疼的腳還是引來不必要的注意。許多法國人因戰爭而負傷行走，但是在停戰協議前的舊傷。法蘭西斯因為新的傷而皺眉。

他在安德莉對面的位置坐下。

「哪裡找得到汽油？」[5]她認真地問。

一九四二年的巴黎，這是個不痛不癢的請求；汽油是徵用給德軍的。多數汽車已經改造成燃煤氣化引擎。要去哪裡找到黑市買石油？

「你是說燃料？」法蘭西斯回答。

確認暗語之後，巴黎網絡就開始運作了。昌盛幹員（Agent Prosper）幾天前才到，只是過程並不平安，還丟失了行李。法蘭西斯盲目降落，沒有人接應。他在霧中跳下、重落地，膝蓋從球窩關節撞出，軟骨撕裂，實在是出師不利。他很痛，但已經習慣了；他小時候罹患過小兒痲痺，康復過程自行練體操，吃了不少苦，他可以如法炮製。在重落地之後，他先服用飛行裝裡醫藥包的止痛藥，並把那一大捆絲質傘收起來。這絲質傘沒能讓他如預期那樣，軟降落在法國，反而讓他跌倒、喊叫。他跌跌撞撞穿過原野，扛著他以為是小行李箱的東西。但不是。他扛著的其實藏著無線電傳輸器的皮箱。他不知道這是要給哪個間諜的，安德莉也不知道。在這次會面之後，她要派個訊息到貝克街詢問。

巴黎的領導者得開始工作。法蘭西斯寫了需求清單——包括他失去的手提箱——並搭配羅亞爾附近空地的座標。安德莉親自把這封信悄悄帶去給無線電操作者，他悄悄編碼，把這信函與其他組織者的請求傳到倫敦，倫敦不久就送回訊息：恭喜，昌盛。另外，保留無線電。倫敦說巴黎網絡可能用得上。

在貝克街給的回應中，已為一項代號為「猴謎樹三號」的行動設好參數。倫敦指派了一項英國廣播公司的訊息，以確認空降成功——「小龍蝦斜著走」[6]——並確認登陸地點的地址。

至於法蘭西斯遺失的行李，他得到的則是和世界上所有飛機乘客一樣的確認：行李搞混了。這手提箱就像要登陸歐洲的盟軍，已經在路上。

整個法國都有許多反抗的小動作。學童拒絕與納粹軍人四目相交。學生則默默地遊行抗議。在黑暗的電影院中播放德國新聞時，就會有人開始咳嗽。在牆壁與門道上，偶爾有粉筆寫下代表勝利（victory）的「V」和代表通敵（Kollaboration）的「K」，當作是小小的反抗與譴責。工廠裡的工人會刻意算錯滾珠軸承的尺寸。有人會把祕密報紙塞進門縫下。地鐵牆上的維琪文宣會被撕掉。有時候，神職人員會去關懷遭到拘留的猶太人。那都是微小的抗議。同盟國必須利用這些零零星星、鬼鬼祟祟的活動。

一九四二年的秋天，倫敦的指揮官與戰爭規劃者有點時運不濟。他們找不出明顯的辦法，統整占領區與非占領區的游擊隊整體活動。沒有人可成為反抗分子的首領，指揮各種缺乏清楚組織的反德國派系。就像維琪無法成為兩個法國之間唯一的有效治理機構，游擊隊也缺乏一個機構發布命令、授與軍階，規劃攻擊行動。戴高樂將軍沒有辦法主導反抗分子，畢竟他只是廣播中遙遠的聲音，已流亡多年，不太清楚家鄉情況。他在法國沒有控制權。英國人想，得有個人來統籌現場的軍人，但應該找誰？怎麼統籌？安德莉的職掌範圍是成立組織，把武器交給北方的游擊者，那裡的人民每天與德國軍人面對面，顛覆活動風險較高，勢必規模較小、也較隱密。貝克街授權在占領區「出擊」，也就是進行小規模蓄意破壞的行動。其他女性間諜，例如山桑將來到分界線南邊的維琪區域，那裡的政策則是「不出擊」。相對地，間諜要集中在招募、宣傳、偵察、為彈藥與人員布局，協助有政治效益的盟友及降落失敗的飛行員逃脫。

一九四二年秋天，間諜一個個陸續到來，空投接連發生，反抗者網絡的領導者來到法國，每一次滿月，槍枝都從天而降，逐漸累積。這是進攻行動的前進鼓聲。安德莉得到命令，要接收武器與訓練祕密軍人。每一個月，月光逐漸明亮時，行動就會增加。一旦月圓，安德莉白天就會搭火車到鄉間，晚上睡在寒冷的田野，把裝著槍、防水炸藥與茶的金屬空投筒，推進同情與熱心的農人家乾草頂閣。不過，沒有多少網絡已經建立完成，可靠的聯絡人也不多，因此在動員各個地下網絡的元素時，仍缺乏著眼於盟軍即將於春天登陸的整體規劃。

在閃電戰之後的頭幾年，沒有足夠的法國人願為解放法國的理想犧牲，也沒有人相信情況可以改變。但是在遭到占領近三年後，憤怒的反抗活動雖然鬆散，卻越來越頻繁，此時來到臨界點。工廠工人、知識分子、前軍人、鐵路職員、工會成員、猶太人、共濟會員、農人、社會主義、共產主義、貴族與資產階級都想反抗。現在，英國給了這些人槍枝。

對巴黎的地下成員來說，幾年來遭到占領的怨懟，與希望融合起來。安德莉與法蘭西斯的存在鼓舞了當地的異議分子，他們渴望反抗，卻不知從何做起，或沒有信心能得到同盟國的幫助。「昌盛抵達之後，我們終於感覺到自己有點用，實在興奮，」一名巴黎人在戰後多年回憶道，「我們不光是為抵抗運動努力，更有努力目標，有日期、有理由；這是個軍事目標——進攻。」[7]

到了萬聖節，滿月逐漸進入虧期。安德莉在十月的月亮盈缺第一次行動。沒幾天，月光就不夠明亮，無法空投容器或間諜。在寒冷陰暗的十一月前夕，鄉下田野只剩殘梗，冬天的麥子已儲藏，空氣充滿糞味。

在整個法國的田野，已有禮物從天而降：武器、炸藥、腳踏車胎、收音機、無線電操控器、無線電操作員、遺失的行李。

在德軍占領區有兩大網絡：巴黎有法蘭西斯的「醫師」網絡，波爾多則有莉絲・德巴薩克的弟弟克勞德所率領的「科學家」網絡。（法國網絡的命名政策依照職業來命名，例如砌磚工、捕鼠人、拳擊手。）

依照指示，每個網絡和間諜要各自獨立行動，避免橫向溝通或交叉污染。但由於資源稀少，迎接新間諜的任務仍需要各個網絡合作。

一九四二年十月三十一日黎明前的深夜，一群快樂的英國間諜在阿瓦賴（Avaray）的羅亞爾河谷聚集，喝當地的酒，迎接新間諜，慶祝成就。「我們這群年輕人在一起冒險，因為危險而更刺激，」[8]一名剛登陸的無線電操作員回憶道。

參加派對的包括「公司」最早派到法國的三位女性：安德莉、莉絲，以及接應她們的間諜——伊芳．魯達雷特。魯達雷特是第一位為女子軍團派來支援戰鬥的成員。安德莉和莉絲不到一個月前才在月光下跳傘，現在已熟稔迎接新間諜上任的工作。一名網絡的中尉回憶道，在祕密網絡中，「能很快學會間諜的經驗」[9]。

兩名間諜剛降落，安德莉尤其受到一位吸引：吉爾伯特．諾曼（Gilbert Norman），一個瀟灑的無線電操作員。他長得英俊，有雙灰眼睛，皮膚黝黑，留著八字鬍，相當能幹，堪稱是組織最理想的招募範例。訓練者說二十七歲的他「各方面都完美，有絕佳的領導特質與體能耐力」[10]。他個子不高，卻是天生的運動好手，會曲棍球、網球、足球，「非常健康有活力」。在盟軍降落的日子逼近之際，他就是法國需要的人，一個「受大家歡迎的人」。女人都喜歡他，他似乎也知道這一點；安德莉注意到他上流社會的背景與卓越的社交能力，他夏日會在上流階層雲集的比亞里茨（Biarritz）度過。他在巴黎外長大，父親在戰前是英國商會的副會長。他大可以使用故事臥底，說自己很有錢，不需要工作，而身體也無法達到法國軍隊服役的要求；他有醫療文件證明，指稱他在一九三六年開始罹患梅毒，但已經緩解，而他的信用基金足以讓他舒舒服服養病。他有富家子弟不虞匱乏的自信，出生就是人生勝利組，和寒酸、「平凡」的安德莉形成赤裸卻吸引人的對比。

這小組只在一起幾天。莉絲要護送第二位無線電操作員到波爾多，加入克勞德的網絡。吉爾伯特會和安德莉道別，穿越界線，前往南邊的科西嘉（Corsica），協助非占領區的蔚藍海岸（Riviera）網絡，擔任無線電操作員，距離巴黎很遠很遠。

波薩爾德夫婦很溫暖，能鼓舞士氣，安德莉和莉絲在登陸時就和這對夫婦見過面，現在他們又接待間諜，大方提供農業區的食物以及安慰[11]。法國各地都有像他們這樣的夫婦，為來自他方的反抗分子擔任好主人。一名間諜回憶道：「他們認為，這是他們能提供貢獻的最佳方式，大家都很樂於做些事。」[12]

派對的參加者都是個性強烈的人，他們在烽火連天的國家享受熱鬧的一晚。反抗分子不知道彼此的名字，也沒時間培養緊密的交情。但女人之間能很快鞏固關係，締結堅定的友誼。女子軍團從來就不只是一份工作而已。在敵線後方，她們仍維持母親、姊妹、女友、妻子（或前妻）的身分。

一九四二年，「公司」認為這種「陰柔」特質是祕密諜報技術的資產。特務人員彼此之間就算不會立刻產生同理心（畢竟曾受過殺人的訓練），但第一批來到戰場的間諜對募集到的游擊隊展現溫暖，傾聽反抗分子的需求[13]，以換取合作[14]。這是任務中很重要的部分。反抗成員是來自法國邊陲、心有不滿的人口，而照顧他們是反抗工作中的重要核心。

「大家都很友善，我應該也要有強烈的同袍情誼，」[15]羅傑．蘭茲（Roger Landes）說，他是當晚到來的第二位無線電員。這裡的氣氛融洽，但房間太舒適，資訊自由流動，感覺太不安全，令他很不自在。

農舍氣氛舒適，大夥兒熱絡聊天，還有充足的美酒可飲用。伊芳是一名要角，也是這晚空降的接應員。伊芳屬於鄉下的反抗分子基層組織，是法蘭西斯巴黎醫師網絡的衛星組織。這是她第一次當空投的領導者；她是班上第一個被派到法國的，也是第一位迎接祕密空投的女性領導者。

與同事相比，伊芳年紀更長、輕浮與嬌小。她在鄉間完全變成另一副模樣；她的權威地位促進了她的間諜能力。法蘭西斯說：「她在晚上騎著腳踏車到處去，帶著塑性炸彈，很懂得如何炸掉東西。」[16]

「這杯敬英國國王，這是他付的。」[17]伊芳和游擊隊在一起的晚上這樣嘻笑道，舉杯敬酒，間諜到了法國之後，彼此的情感發展恐怕是倫敦方面始料未及。安德莉與吉爾伯特之間擦出的火花，令貝克街相當擔憂。（「我們必須很謹慎挑選團隊成員，讓他們能好好相處，」巴克說，「但也不能太好，以免組織領袖整天想和信差上床。」[18]）伊芳的年紀是安德莉的兩倍，早已過了青少年異性相吸的階段，高階軍官因而舒了口氣。

伊芳的外貌看起來像「老小姐」[19]；她已經四十四歲，苦日子「在她前額劃下皺紋，肩膀也疲憊下垂。」但她是法國本地人，公司需要能說法語的人，這項需求勝過了他們在直覺上對她年齡與性別的反對。伊芳得到任命後恢復活力。她在比尤利的訓練者曾說：

乍看之下，她給人軟弱無力的印象，但這完全是誤導人。她天真的氣質和急於討好人的焦慮，可成為最珍貴的「掩護」。她做任何事時都是徹底且誠懇，頗具恆心毅力，做事一定有始有終。

女人過了某個年齡之後就不再引人目光，這對伊芳而言是專業上的優勢。她有一頭蓬亂的白髮，眼窩深，顴骨高，從來就不算美。她的下顎如鉛筆一樣尖，鼻子勉強算得上好看，到了中年更是完全不起眼的婦女。伊芳最值得注意的特質，就是她的平凡：越培養、越適合她的工作。她的訓練過程強調平凡與熟悉：「要隱密，祕訣在於自然。行為要自然。」[20]

就算伊芳不再有生育力，仍以女性身分來當掩護。她和本地招募的游擊者皮耶・庫里歐里（Pierre Culioli）合作，扮演他的「妻子」。婚姻是祕密活動絕佳的藉口。「她和庫里歐里婚後，一起住在小木屋——就像附近認識他們的人所見，這對夫婦是從遭轟炸的地區前來此地避難的，」[21]法蘭西斯寫道。

伊芳和皮耶兩人都相當調皮，喜歡開愚蠢的玩笑；這對搭檔在身心與實務上都很搭。皮耶之後會稱這分支團體為阿道夫（ADOLPHE），揶揄元首本人。（他還留牙刷狀的鬍子，更加諷刺。）「和一名女子在一起，到處行動容易得多了，」皮耶說，「我們像夫婦般過日子，沒有人會多看一眼。」[22]

伊芳和安德莉在比尤利時是同班同學，七月已先來到法國，那時安德莉因為杜福爾越獄的突發事件而耽擱。伊芳年紀太大，無法接受傘訓，因此從直布羅陀搭船來到法國。

身為第一個要被派駐到法國的女子軍團成員，伊芳的出發對貝克街而言又是新的管理困境：傑普森的同事多半無法以平常心簽署命令，要把一名女性送到敵線後方是難以負荷的重擔，也是無法撤回的步驟。無論哪一國的政府都有偉大的傳統——男人會閃躲從事新事物的責任。訓練女性已是重大步驟，更沒有人想當把伊芳送上戰場的那個人。這個決定還是交給更資深、更重要的長官去做吧。

一九四二年夏天，第一海務大臣、帝國總參謀長及空軍參謀長，都在思索這個問題：該不該把伊芳送到法國？戰時首領與外交部官員常坐在白廳的深色木桌周圍開會，他們叼著雪茄，討論機密與策略。最資深的英國將領對列強之間的全球性戰爭運籌帷幄，討論許多事情：希特勒在史達林格勒、甘地在印度被捕，而納粹將三十萬名猶太人從華沙放逐；隆美爾將軍和克勞德・奧津萊克（Claude Auchinleck）將軍，使沙漠戰役陷入僵局。

這些大人物有短暫時間停下來思考，是否要繼續實行傑普森上尉的激進想法。「這會是我們第一次派出女人[23]，話說回來，也沒有什麼好反對——除了她的年紀，可能還有體力？」——巴克如此說道。

問題並非伊芳身為女性；首相邱吉爾已簽署通過招募女性的規定。軍隊將領最擔心的是，伊芳年紀大到可當祖母了。她在解釋塑性炸彈與機關槍給十幾歲的男孩聽時，對方會認真以待嗎？「我們在想，如果要她當個指導者，那些難搞的反抗鬥士會作何反應，」[24]一名特別行動處的政治聯絡人說。伊芳已經中年，並非渾身是勁。她或許會被嘲笑，只好離開法國。法國人看見她出任務時，「會不會當成笑話，說『英國一定很慘，竟然派個糟老太婆過來！』」

伊芳是在幫所有女性間諜訓練者試水溫。「若一切如期盼中順利，之後其他人就能出發。」兩個月後，安德莉和莉絲從天空跳傘降落。

滿月是接應降落傘的時機。新月時整個天空陰陰暗暗，只有黯淡星光，這時則適合蓄意破壞。

入冬之際，伊芳和一小群人前往謝爾河畔的小村蒙特里沙爾（Montrichard）[25]。她個子嬌小，墊起腳尖也不到一百六十公分，練過瑜伽，也是個素食者，體重僅僅三十六公斤。但是只有她，能在那一夜完成同盟國需要的任務。

伊芳靠著降落傘挽具吊起，拉索延伸四倍長，吊在鐵路上方，同時搜尋地面。她的手電筒光束穿過呼吸的霧氣。那是夜裡一片漆黑的法國鐵路隧道，在她燈光範圍之外什麼都沒有。隧道兩邊的洞口沒有光照進來，也沒有任何聲音，只有水不斷從某個地方滴落。

她的手又冷又黏，聞起來有杏仁味，是塑性炸藥的化學物質殘留下來的。她衣服破舊，一直穿同一條褲裙，一條內褲也是每天晚上洗完擰乾。她看起來骯髒憔悴，但不知為何，卻比去年年輕多了。最可能的理由是，戰爭讓伊芳的人生少了許多歲。「她看起來年輕了十五歲，絕對是因為找到自己如魚得水的地方。」[26]

她的手電筒燈光照向底下的軌道，陰影中，有一條像是拉鍊的東西出現——這條拉鍊橫過法國的接縫。

接著她筆直投下炸藥。如果炸藥從上方的豎井落下，是不會有任何障礙物阻擋。通往軌道的細長空間空蕩蕩的。

蒙特里沙爾是個睡意濃濃的地方：有大教堂、城堡遺跡、市政廳，而麵包烘焙坊與肉鋪子在狹窄石板街道的兩邊對望。村民彼此熟識，但鮮少見面，偶爾聚集起來跳舞，或是在洗禮、葬禮時見面，但私底下的生活多有葡萄園、森林與果園分隔。這裡的農夫默默驅趕著牲口，一派淡定、逆來順受——永恆的法國。

有個人像鐘擺來回擺盪，標示著無月之夜的時間。伊芳就在這座小村子上方的山丘蕩著。在謝爾河（Cher）北岸有三座較大的城市布洛瓦（Blois）、維耶爾宗（Vierzon）與圖爾（Tours），這條鐵路通過三座城市形成的三角形中央，而謝爾河剛好是希特勒劃分占領區的實體分界線。冬天已降臨此地，伊芳靠著一條繩索，在歐洲風暴的中央晃蕩。

戰爭期間，這座河濱城市在夜裡實施宵禁，完全封閉。將近三年來，這裡條靜悄悄的交叉路口是人為暴力與國際災難的必經之處：納粹部隊、槍枝、貨運與食物；這小村莊是個節點，可連接到柏林的鐵路網，通往已降服的廣袤大陸，也可通往大西洋戰場。這是一條供應線，直接連接起德國和納粹海軍戰艦與潛艇之間，那些艦艇猶如一群狼，搜獵著同盟國的船隊。

鐵路也是德國讓法國失血的命脈。希特勒在一九四〇年入侵時，取得的附庸經濟體幾乎和德國一樣大，還要求法國支付占領債務，其金額高達法國財政支出的一半。法國豐富的農產橫貫過歐洲，送到位於東部前線的德軍手中——他們受困在冰天雪地，與史達林的紅軍打個你死我活。法國的賠款動用到百分之五十的法國鐵礦、百分之九十九的水泥，及百分之七十六的列車[27]。整體而言，全國稅收的百分之五十五是用來支付給占領者[28]。德國副總理赫爾曼．戈林（Hermann Göring）告訴同僚：「叫他們把能送來的都送來，直到沒東西可送。」[29]法國的確這麼做。

在戰爭期間的法國，火車依然照時刻表運行，只是班次較少。愛國的鐵路職員會記錄下軍用車次，並把消息傳遞到沿途各地。伊芳在黑暗中的鞦韆上晃蕩時，知道不會有火車頭駛過。隧道裡是空的。

伊芳朝著繫繩處的男子打信號，表示她已經掌握所需資訊：清楚看見隧道中央，以及斜坡下的軌道深度與坡度。她被快速精準抬起：多虧她個子嬌小與身段有彈性，她是唯一能蠕動過鐵道通風豎井的人。她也是唯一受過教育、具有權威，能執行這偵察，領導法國游擊者炸掉鐵路隧道的人。她說：「畢竟，我是唯一受過特別訓練的人。」[30]

地下爆炸時，這群蓄意破壞的人早已遠離。隧道出現的微小閃光就像閃電。火花綻放成火焰，黑煙瀰漫在隧道內。爆破就像動物一樣會搏動、會呼吸，明亮的白色星光與溫暖的黃色營火交替出現。火焰越來越大，直到隧道氧氣消耗殆盡。震波撞擊拱圈，粉碎牆體。石頭、磚塊與碎片崩落，散落在隧道上。

伊芳不必靠近村子，就能追蹤到蒙特里沙爾的爆炸之舞如何編排：火焰、打擊、元素混亂成一團的熟悉交響曲，怒吼聲好像上千個鐵罐同時被壓扁，嘶嘶與爆破聲久久迴盪不去。

她太清楚了。一九四一年四月十六日晚上，她在倫敦的家中[31]。那時戈林發動了他最猛烈的夜間大轟炸。到一九四一年春天，他的目標已經從攻擊港口、工廠等策略性的軍事地點，變成打擊英國士氣——他發動恐怖攻擊（Terrorangriffe）。倫敦大轟炸期間[32]，共遭到五萬噸強力炸藥與十一萬噸燃燒彈的攻擊，後者的設計就是要對城市縱火。

在其中一晚精準的轟炸中，納粹德國空軍損毀了聖保羅大教堂、國會、海軍部、法院、國家藝廊。納粹指揮官稱之為「貝爾德克轟炸」，宣稱「我們應該出去，轟炸英國每一棟貝爾德克旅遊指南標示為三星的英國建築物。」[33]他們也摧毀了伊芳位於皮姆利科（Pimlico）的住家，那一代居住的多是勞工階級。

在維多利亞車站附近的沃里克路（Warwick Way），兩枚傘投地雷與三枚強力炸藥同時爆炸，烈焰燒毀整排房舍。伊芳家的頂樓被夷平。她在這棟房子把女兒養到成年，也看著一樁婚姻崩毀；她在這裡學儒家哲學，練習冥想；她在這裡當住宿家庭的母親，接待過偶然集結的波希米亞人、離經叛道的人，還有瘋狂之人；現在差不多毀於一旦。天花板垮到地上，煙囪獨自屹立，和周圍脫離、煤氣總管爆炸、下水道從水管冒出水，烈焰燃燒到黎明。等到天亮，這一帶全是焦黑的木材、磚石灰塵與腐敗的氣味。她的愛德華樣式住宅已被宣告無法居住。

大家都活著，除了家裡養的貓波恩斯。

「就是這件事，」伊芳說到貓生不逢時之死，「讓我忍無可忍，決心反擊。」

注釋

1 Guerne interview, in Vader, *Prosper Double-Cross*, 72.

2 Andrée Borrel, HS 9/183, National Archives, Kew.

3 作者翻譯。取自一九四三年十月九日「法國人對法國人說話」廣播，由佩希斯（Jacques Pessis）編輯，並有克萊米爾・畢拉科（Jean-Louis Crémieux-Brilhac）的評論(Paris: Omnibus, 2010), 2:1487. 安德莉與法蘭西斯的這次會面，可能是在一九四三年十月三日到五日之間發生。

4 Claude de Baissac, HS 9/75 and 9/76, National Archives, Kew.

5 原文是「Où peut-on avoir de l'essence a briquette?」Borrel, HS 9/183, National Archives, Kew.

6 「Les écrevisses marchent de travers」，引自：Suttill, *Shadows in the Fog,* ebook. 這是參考每個法國學童都會背的拉封丹（La Fontaine）寓言。

7 Jacques Bureau, interview with Robert Marshall, Feb. 24, 1986, in *All the King's Men* (London: Bloomsbury, 2012), ebook.

8 Roger Landes, interview in King, Jacqueline, 238. 羅傑・藍迪斯（Roger Landes）的代號名稱為「行動者」（Actor），是克勞德・德巴薩克在波爾多的科學家網路無線電操作員。

9 Guerne, in Vader, Prosper Double-Cross, 58.

10 Gilbert Norman, HS 9/110/5, National Archives,Kew.

11 「大致而言，法國人（尤其是巴黎以外的地區）都很能挺得住風暴。他們彼此幫忙，除了油脂之外，他們有所需要的蛋、家禽、肉與蔬菜。」間諜法蘭斯・安特姆（France Antelme）說。HS 9/43, National Archives, Kew.

12 Harry Ree, "Experiences of an SOE Agent in France, Henri Raymond, Alias César" (courtesy of Steven Kippax).

13 蘇提爾、克勞德・德巴薩克等組織領導者提供的實地報告都提到這一點，彼德・邱吉爾也提到許多法國同事的需求與情感。

14 Shane Harris, "Do Women Make Better Spies? CIA Director John Brennan Is Considering Whether to Put a Woman in Charge of the National Clandestine Service," *Washingtonian*, April 2, 2013.

15 King, Jacqueline, 238.

16 Pierre Culioli, HS 9/379/8, National Archives, Kew.

17 Here's to the King": King, Jacqueline, 273.

18 Buckmaster interview, Imperial WarMuseum, London.

19 Buckmaster, "They Went by Parachute."

20 Training Lectures and Statistics, HS 8/371,National Archives, Kew.

21 PROSPER's Lieutenants, report May 18, 1943, in Culioli, HS 9/379/8, National Archives, Kew.

22 King, Jacqueline, 281.

23 出處同前，79。巴克梅斯特似乎忘了維吉妮亞・霍爾也在戰場。維吉妮亞是美國人，從一九四一年就以記者身分在法國臥底。當時她似乎在法國部門有特殊地位，不被認為和女子軍團受訓的間諜同一個類別。

24 出處同前，160.

25 皮耶・庫里歐里和史黛拉・金（Stella King）進行訪談時，並未給與這次行動的確切日期，只知是一九四二到四三年的冬天，而伊芳將成為第一位戰爭中的女性蓄意破壞間諜。四月與五月的昌盛報告說，伊芳「透過親身參與蓄意破壞，成為和莫妮克一樣的爆破專家」。April 18, 1943. In J. Agazarian, HS 9/11/1, National Archives, Kew. And "Suzanne has become a first class demolition expert." May 18, 1943. In Culioli, HS 9/379/8, National Archives, Kew.

26 Culioli, HS 9/379/8, National Archives, Kew.

27 Filippo Occhino, Kim Oosterlinck, andEugene N. White, "How Much Can a Victor Force the Vanquished to Pay? France Under the Nazi Boot," *Journal of Economic History* 68, no. 1 (March 2008).

28 Jonathan Fenby, *France: A Modern History from the Revolution to the War with Terror* (New York: St. Martin's Press, 2016), ebook.

29 Ian Ousby, *Occupation: The Ordeal of France, 1940– 1944* (New York: Cooper Square Press, 2000), 103.

30 King, Jacqueline, 282.

31 "Major Attack on London," *Times* (London), April 17,1941; "Germans Gloat over London Raid," *Times* (London), April 18, 1941.

32　Moore, "Blitz Spirit–75 Years On!"

33　據說德國外交部的一名發言人古斯塔夫・布隆・馮・斯圖姆（Gustav Braun von Stumm）男爵在一九四二年四月二十四日說了這段話。

第九章

孑然一身

普瓦捷

普瓦捷是座山城，有仿羅馬式教堂與中世紀大學。城裡蜿蜒而上的街道、鋪著石板的廣場、引水道、城垛都可追溯到查理曼帝國、十字軍東征，以及神聖羅馬帝國。這裡的堡壘曾歷經西哥德王國與凱薩的戰爭。而在一九四二年、四三年之際的寒冬，這城市四處潛伏著恐慌。

莉絲・德巴薩克跟著難民潮，從海岸前往法國中部。她認為普瓦捷會是容易融入的地方。在這裡不太需要住進飯店，況且許多夜班經理會把住客名單交給當地的納粹指揮官。在古老的大學城，學生租私人房間與公寓很常見。對外，她是寡婦伊蓮・布里瑟女士，來到這裡學習關於亞奎丹的艾莉諾（Eleanor of Aquitaine）*與獅心王理查（Richard the Lionheart）†的知識[1]。而對

---

* 譯註：一一二二—一二〇四，曾嫁給法國國王路易七世，後來又嫁給英格蘭國王亨利二世，而普瓦捷是古代亞奎丹的重要都市。

† 譯註：一一五七—一一九九，即是中世紀英格蘭國王理查一世，亞奎丹的艾莉諾之子，驍勇善戰，曾率領十字軍東征，擊敗穆斯林軍隊。

「公司」來說，她是「聯繫間諜」，負責與空降到曠野的間諜會面，協助取得聯繫與避難處，並安排引導者，跨越分隔法國的軍事邊界。

莉絲需要自己的公寓來行動。她只和一個人聯絡，那人是拍賣者，也是波薩爾德夫婦的朋友，他知道哪裡最適合——一間位於一樓的公寓，屋主是要前往北非逃離戰亂的婦女。這棟石造建築在一條通往車站的熱鬧斜坡街道上，沒有愛管閒事的門房；空間寬敞、像家一樣自在，甚至稱得上豪華，很適合款待他人。莉絲終於安頓進來，「彷彿我一輩子都要住在普瓦捷。」[2]

莉絲家就住在蓋世太保總部隔壁，這位置反而是絕佳的掩護。哪有英國間諜會這麼粗率，住在納粹隔壁？沒有人會懷疑隔鄰的寡婦。「我只是個普通人，他們根本不在乎我在不在。」[3]由於緊鄰敵方，莉絲保持警覺，但是冷淡以對。「要道早安的話，只有他說早安，我才說早安，就這樣。」[4]她研究那些要奪她性命的男人行為。「德國軍隊有嚴格命令，要對人民有禮貌，整體而言，他們的行為算是尊重。從來不會有人看見他們在街上醉醺醺的。如果他們在市區行為不檢，有時隔天早上就被槍殺。」[5]（莉絲警告貝克街，如果英國軍隊在進攻時抵達了，也一定要注意行為，要和那些抬頭挺胸、踢正步的納粹一樣，否則法國人「準備對英國人投懷送抱」。）

恐外與恐英的當地人，就和納粹鄰居一樣，對莉絲來說也是潛在的威脅。他們讚揚貝當（Philippe Pétain）的復仇主義理想*，懷念過去純粹、有天主教風情的法國。但沒有人認同維琪政府能夠掌權的前提：法國慘敗給希特勒。派駐在普瓦捷的納粹都「擔心在街頭被殺。他們從來不會單獨行動。」[6]

隨著戰事拖延，這地區越來越缺少人情味，甚至殘酷無情。莉絲或任何海岸來的流亡者根本無法仰賴法國農民。他們提防著陌生人，有時候出於怨恨，還會舉報給蓋世太保，獲取獎金。當地人腹肚空空，只管有沒有足夠的東西吃[7]。舉報的情況相當猖獗。通敵的報紙刊登詳細步驟，說明如何提出適當的指控、向哪個機構舉報任何有反維琪政府嫌疑的人，或更嚴重的——猶太人。這樣的舉報大致上是匿名的，署名總是「忠實的法國人」或「貝當萬歲」。時機不好，用名字換取金錢簡直是不勞而獲。德國人和法國人都一樣，為了取得基本溫飽，得在黑市付出暴漲的價格。莉絲說：「人民的主要顧慮是自己活得好不好，只要能為個人帶來好處，他們什麼都會支持。」[8]

然而這座小山丘頂上的城市還是找得到良善，只是在法令之下變得沉默。這裡有大量的教會與修道院網絡，代表神父與修女的集結。許多法國神職人員支持維琪政府的天主教信仰，從狹窄的窗口，憐憫看著占領區。（梵蒂岡本身在戰爭中保持中立，並未代替受迫者介入[9]。）但是在普瓦捷這一帶，有些教會成員卻秉持決心，默默發揮勇氣：在鄉間，據說高級教士在尋找猶太孤

＊ 譯註：復仇主義向另一國家收復失去的領土。法國在一八七一年的普法戰爭戰敗，割讓亞爾薩斯—洛林給德國，而在新成立的法蘭西第三共和國，就有政治人物主張雪恥、收復失地。

兒，讓他們躲進修道院，給他們上學，尋找寄養家庭，提供食物與金援。還有人寫下假的受洗證明，予猶太人新身分。一名耶穌會神父每天到普瓦捷附近的拘留營帶消息進去[10]，帶著孩子出來。他和拉比合作，進入拘留營至少兩百次。後來拉比遭到逮捕之後，這位神父成為猶太社群的領導顧問，拯救上百位猶太人，並提供協助給約一千名猶太人。

這也都在納粹的眼下發生。

法國排擠猶太人的情況在希特勒入侵之前就已存在，但是第三共和國的落敗，卻成了反猶太的大好機會。貝當掌權後，馬上「自動自發」[11]寫下法律，模仿納粹對猶太人的種族法令。維琪政府呼籲完全根除猶太文化、驅逐外國猶太人、剝奪外國出生的猶太人國籍，並隔離與排擠法國出生的猶太人，同時要求「混血」猶太人歸化。在法國的德國占領區與非占領區，貝當都積極執行「最終解決方案」。在北方，他自願把猶太人當成對付的目標，當作是在德國管理區主張法國主權的方式。在南方，維琪政府與蓋世太保合作，打造「無猶太人區」，將一萬名猶太人送到希特勒手中。

根除法國猶太人的行動來得非常突然。一九四〇年十月，《猶太人第一條款》（First Statute on Jews）剝奪猶太人的公民權，其規定甚至比德意志帝國的紐倫堡法律還嚴格。之後陸續出現幾條法律條款。猶太人被逐出軍隊與公職、不准經商，也不能當律師或醫師。收音機、電話、腳踏車與汽車全數沒收，學生也不准上學。之後是宵禁、拘留、驅逐出境。如果法國自行發展反猶太情緒還不夠狠毒，納粹又火上添油。在一九四一年十月，六座巴黎猶太會堂遭到炸毀，第七處的炸彈沒引爆，這事件雖然看似恐怖攻擊，背後的策劃者其實是德國軍官，他們想讓巴黎重演「碎玻璃之夜」（Kristallnacht）*。到一九四二年新年，巴黎開始圍捕猶太人：醫師、律師、銀行家、學者、商人、科學家都被送德朗西（Drancy）的拘留營。同年三月開始，法國猶太人被遣送出境到德國。五月時，第八條款宣布：所有猶太人都要戴上黃色星星。在一九四二年七月巴士底日後不久，巴黎約有一萬三千名猶太人遭到圍捕，被拘留在體育場好幾天，其中包括至少四千名兒童。這場冬賽館（Vélodrome d'Hiver）悲劇在世界各地遭到撻伐；英國廣播公司也把這樁慘劇的細節在法國播放。不到兩歲的寶寶遭到囚禁，沒水沒食物，最後與父母分離，用運牲畜的車送到奧斯威辛集中營。

倫敦貝克街上，黑色窗戶內的法國部門總部也面臨猶太問題。海蓮．亞倫是個有法律學位的嬌小法國人，曾加入比尤利的特務訓練學校。

＊譯註：發生在一九三八年十一月九日到十日，納粹黨襲擊德國全境的猶太人，對猶太人聚集的會堂、商店縱火與毀損，一般認為是有組織地屠殺猶太人的起點。

特別行動處約有一萬三千名雇員，其中大約兩千名為女性。戰時的倫敦在瘋狂與沮喪、誇耀與無奈、傳統與面對現實之間拉扯，這些女子卻異軍突起，在男性的世界中勇往直前。她們擔任翻譯、無線電操作員、祕書、司機，或是使出美人計。在一九四二年夏天，只有八名被派到法國當間諜[12]，她們是特別行動處訓練出的第一批女性，其中包括安德莉，她在巴黎與蘇提爾一起行動。莉絲在普瓦捷，「小老太太」魯達雷特在羅亞爾河谷。身為三名女兒之母的山桑，以及學富五車的語言專家赫伯都要前往蔚藍海岸。只有海蓮．亞倫還在等待命令。

對於仍在草創時期、初次嘗試派出女性的祕密間諜機構來說，海蓮是個難題。她已在夏天於比尤利完成訓練課程[13]，現在會用隱形墨水寫密碼訊息，在火車車廂下裝設炸藥，還能一擊撂倒健壯的成年男子，悄悄宰了他。她和大家上一樣的課，被賦予相同的期待——也和同學一樣，收到令人沮喪的成績單[14]。她也被簡短告知過，在未來盟軍進攻時，要在敵營和祕密軍隊引爆炸彈的計畫。她也掌握「最機密」等級的行動情報。就和班上的許多人一樣，她「想無所不用其極，盡量多宰一些德國人」[15]。但和她同學不一樣的是，法國部門領導者與比尤利訓練者認為，海蓮可能是敵營的間諜。因為種族與宗教背景，她成了可疑人物。

在全國上下的心理投射行為下，英國陷入了間諜恐慌。這島嶼國家向來比歐洲其他國家更有強烈的不可侵犯之感，每一個世代都經歷過領土戰爭。但是希特勒的密友與《我的奮鬥》共同作者魯道夫・赫斯（Rudolf Hess）在一九四一年跳傘空降蘇格蘭，單槍匹馬來談和之時，英國飽受驚嚇。這事件使得間諜的謠言甚囂塵上：數以百計的德國傘兵準備要登陸，裝扮成神職人員，教士長袍下藏有折疊腳踏車。蘇格蘭赫布里底群島（Hebrides）的小島依林默爾（Eilean Mor）因為祕密敵方的操作，有六頭牛驚嚇狂奔。弗利特街（Fleet Street）*充滿軸心國間諜滲透的傳言[16]：「副領事是納粹間諜」、「德國間諜在倫敦塔遭到射殺」、「我先生絕非間諜」。

在擔心間諜滲透、第五縱隊成為茶餘飯後話題的恐慌氣氛下，猶太人成為眾矢之的。據說倫敦的猶太商人從黑市商人那邊獲得利潤，靠著倫敦大轟炸發財。猶太人如果沒被派到歐陸，對抗拘留猶太人的納粹，會被稱為逃兵者。

公司裡反猶太的風氣不比英國的其他地區嚴重。海蓮得到的對待和多數猶太難民，以及許多猶太裔英國人在反猶太年代時一樣：介於懷疑與明顯的種族主義之間，整體而言，法國部門對海蓮不太舒服。間諜常抱怨以色列人加入他們的行列。「在我看來，像現在那樣派出那麼多猶太人是不智的，因為法國人不喜歡他們，」[17]一名間諜說。女性受訓者也表示，「不了解為什麼組織要招募看起來顯然是猶太人的女孩。」[18]猶太血統未必是不利間諜人選的污點：貝克街確實雇用幾名猶太間諜[19]，在巴黎也建立了全由猶太人組成的網絡[20]。有些猶太雇員會動整容手術，修正一

* 譯註：位於倫敦，與司法界和媒體界深有淵源。

般認為的種族缺陷，例如大鼻子，這麼一來他們可以到敵線後方，不太讓人注意到他們的猶太血統。[21]

在敵營執行祕密任務時，政府必須提高警覺。法國部門主管巴克梅斯特下令，要軍情五處完整調查海蓮的真誠度。「沒有過度暗示她是維琪政府的間諜，而是指出她前來的情況很特別。」[22]海蓮的情況就像從歐洲德國占領區來的任何移民一樣。一來到英國，就由皇家維多利亞愛國學校（Royal Victoria Patriotic School）審查。她在入境時得到「NT」的評語，意思是「沒有痕跡」（No Trace），表示她沒有和敵方政府有關聯的痕跡。不過巴克說，篩選檢查過程太快，根本不足夠。她在法律上和其他比尤利的訓練者一樣是英國人——父親是英國人，母親是法國人——不過她的效忠令他不自在。對海蓮的潛在雇主來說，會逃到英國本身就值得質疑。

調查者說，法國對海蓮來說沒有這麼糟糕。她是富人的女兒，英國籍的父親是個奢侈品大盤商，因此她並未受到法國的反猶太主義波及。只是，就算她有上層資產階級的身分，無論她如何同化，在貝當的政體下就是沒辦法「過關」；她的姓氏「亞倫」就是說明了一切，表示她父親的祖先是摩西的兄長亞倫（Aaron），而她父親的系譜還可追溯到古代的利未族祭司菁英。她被做了記號。不過，組織還是忽略了任何對於海蓮的威脅。「她沒有遭到納粹騷擾，只是在巴黎人口普查上得登記成猶太女人。」一九四〇年十月，海蓮因為父親的關係得到英國護照，但那時尚未認真考慮使用，直到戰爭爆發，不得不用。「至少，這可能是因為身為講究實際的法國女性，她開始考慮麵包哪一邊有塗奶油。」(調查者暗示她很狡猾，正如猶太人給人的印象。)在巴黎，海蓮的紙上作業花了一整年處理。她被排定在一九四二年離開前往英國，但四月出發的前幾天，她造訪一名分界線附近的鄉間女性友人時，兩人被一名納粹軍人搭話，當天晚上被帶回守衛室，他「罰款」海蓮之後就放了她。問到這徵收款到哪去的時候，調查者寫道，「這筆錢顯然落入他自己的口袋。」[23]雖然紀錄上沒有多寫，但暗示海蓮可能遭到侵犯。她跨越分界線，在里昂取得緊急離境文件，到馬賽與母親吻別，之後就從葡萄牙逃往英國。

猶太教污染了公司對海蓮的評估。傑普森上尉相信她是絕佳的人選，但也提到「他唯一能找到不利她的因素，就是她是猶太女子」。對比尤利的訓練者來說，她起初看起來「聰明，有善於組織的腦袋」，並有語言和政治學學位，但訓練後，教官的結論卻是「遲緩且愚蠢」。她剛到新森林時是「瘦巴巴」的。學校為了增進祕密軍人的體能表現，提供學員豐盛餐點，而幾個星期下來，她填飽肚子，彌補戰爭時期巴黎的匱乏。「她告訴我，她現在享受一天豐盛的三餐！」[24]調查者說道。

巴克無法擺脫海蓮帶給他的不安。「我知道自己在這件事上，純靠著直覺反應並不合理，但我的直覺有其他人的支持。只有確認她是清白，我才會滿意。」法國部的女當家維拉．艾特金斯也努力隱藏自己的猶太血統，看不出為海蓮辯護什麼。

海蓮的猶太信仰、女性身分，加上間諜的特殊性質，因此被視為資格不符。公司決定不讓她去法國。「她對我國參戰恐無幫助。」[25]這些軍官不僅宣布海蓮不能派駐，甚至說她根本不能為英國帶來好處。調查者說，「我認為，亞倫小姐不該獲准來此，應遣送回法國，那才是她的歸屬之處，只盼有人能有足夠的心理力量與精力，處理此個案。」[26]

現在貝克街面臨了一個問題：既然海蓮已經受過訓練，若不上戰場，該拿她怎麼辦？組織為未能進入比尤利「養成學校」的招募者找個家。雖然並非每個學生都能通過特訓，但只要能來到新森林，就算至少可上戰場。比尤利是最終的試煉：若特務已經通過課程，但有瑕疵、魯莽、放蕩、好色、不穩定、酒醉及因為任何因素而無法派上用場，就會被送到蘇格蘭的六號工作學校，這裡又被稱為「冷宮」，或是「遺忘的學校」[27]。

因弗萊爾獵場小舍（Inverlair Lodge）位於寒冷遙遠的蘇格蘭高地，專門收容無用之人。沒通過的訓練者會被送到獵場，遠離戰事，直到他們掌握的機密已過時，長滿灰塵，不再被認為會造成安全上的威脅。這棟給無用間諜的豪宅，是用來隔離討厭鬼和無趣者的地方。

把不合格的人送到冷宮是標準程序。不過，組織常為法國部門女人重寫政策。海蓮的個案值不值得再看一眼？把她送到冷宮，她就成為那裡唯一的女子，這樣做是否妥當？那營地並非為女性設計，無法提供她可使用的設施、房間、工作或活動。貝克街部分人士質疑起政府的道德——竟把一名女子送到蘇格蘭的窮鄉僻壤，只因為她不幸生為猶太人。

官僚乾脆什麼都不做。他們推論，海蓮或許不會構成安全風險，畢竟她只是個女人。第一批女性受的訓練沒有男性招募者嚴格，他們在其他祕密學校，深入學習軍事科目。對女性的期待就是比較低。

比尤利不贊同冷處理。「她只上過這個學校，並不表示她在這裡得知的事情較不構成危險，」訓練主管說。

如果少了冷宮這個選項，政府有責任為海蓮找個合適的地方。因此貝克街成為海蓮．亞倫的新雇用機構；這是唯一能盯著她一舉一動的辦法。要是她成為敵方，那麼政府有權力檢查海蓮。不過，她是英國人——她的公民身分只被質疑過，從來沒被取消——而在自由公民社會的邏輯下，政府不該監視自己的人民[28]。有人提議，戴高樂的自由法國或許能幫海蓮找到用處，因為她曾經接受過特殊訓練[29]。就讓戴高樂的人馬為她的猶太身分傷腦筋[30]吧！

海蓮就和之前的安德莉一樣，被戴高樂的特務調查，盤問關於比尤利學校的資訊。她沒有回答。她已簽了官方機密法，說出自己得知的事是違法的：

> 我宣布，絕不向任何人揭露我參與這部門時，從中已得知或將得知的任何事物，除非揭露這事實是我為部門工作時所必須。

如果海蓮向戰鬥法國透露任何事情，會被處以兩年的徒刑，「可能服勞役，也可能沒有勞役。」

「她拒絕透露自己所做的事，」調查者肯定，「她不願意交易。」

戴高樂拒絕給與海蓮工作。

這次失敗的工作面試，鼓舞了原本對她懷有戒心的英國人。即使她是猶太人，仍值得信賴，於是給了她新方案：應該辭去急救護士隊（FANY, First Aid Nursing Yeomanry）的軍職，轉任至空軍婦女輔助隊（Women's Auxiliary Air Force，簡稱WAAF）。空軍婦女輔助隊提供行政支援給皇家空軍，負責文書、餐飲與開車。也有和空軍有關、比較刺激的工作。航空運輸輔助隊（Air Transport Auxiliary）會訓練女飛行員，運送戰鬥機到飛行場。

不過，海蓮喜歡急救護士隊的工作勝過空軍婦女輔助隊。急救護士隊是由上流社會的女子組成的志工團體，為特別行動處提供大量的支援職員。（每個女性輔助機構都有小小的暱稱；例如急救護士隊的暱稱為「芬妮」；如果「芬妮」還不夠有暗示性，那麼她還有另一個暱稱「First ANYwheres」，意思是處處搶第一，什麼都能影射。）傑普森上尉決定招募女性特務之後，就與芬妮的指揮官見面，希望為他的菁英女子軍團借將。這些「亞馬遜女戰士」[31]有制服：卡其色、有腰帶、直筒裙，只講究實用，幾乎可說難看；但參與這個團體，等於是給特別行動處的女特務掩護：她們所愛的人不能知道關於破解保險箱、閱讀地圖的課程；他們或許以為女孩們是在學開車、聽寫與打字。其他女子輔助機構都隸屬於軍隊，例如女子輔助服務團（Auxiliary Territorial

Service）、皇家海軍女子服務團（Women's Royal Naval Service），戰鬥角色會較為明顯違反國際公約[32]。急救護士隊是獨立的志工人民團體——形式上也和軍隊不同——因此在國際間禁止女性在戰區戰鬥的模糊地帶，合法地踩下煞車。

海蓮崇尚自由，不滿意空軍婦女輔助隊的編制。「芬妮」在公司裡是不用強致敬禮的。要把她從一個附屬機構調到另一個，冒犯了她的自尊[33]。

「我被骯髒的把戲玩弄，」海蓮說。

國王陛下政府則說，她說不定當個老百姓會快樂一些。

於是她得到退役令。一名安全官員嘆道：「我懷疑，她認為自己遭到排拒只是因為猶太出身。她沒想到的是，她的猶太出身可能在戰場上危及她的性命。」

如果海蓮是班上的佼佼者，在一九四二年末，她可能無法到法國。那時候，歐洲猶太人的命運已舉世皆知。在柏林，戈林宣稱：「這場戰役並不是第二次世界大戰，而是種族之間的戰役。」[34]希特勒在一場知名演講中喊道：「會滅絕的不會是亞利安民族，而是猶太人[35]。」猶太人的未來就是送到猶太人隔離區、勞動營、藥物實驗，以及集體滅絕。公司在為海蓮的職位傷腦筋時，一名波蘭反抗分子悄悄溜進華沙猶太隔離區，並告訴倫敦在圍牆後方與臨時難民營發生的情況。於是，《泰晤士報》寫下「波蘭的德國人紀實：酷刑與謀殺」[36]。自從一九三九年希特勒進攻之後，有超過兩百五十萬人消失，其中多數為猶太人，至少有五十五萬人已遭殺害——驚人的數字超出英國人的理解能力，畢竟這國家的人口也不過四千五百萬。

盟軍的最高指揮層從一九四一年就知道德國下令屠殺猶太人[37]。在一項代號為「超級」（Ultra）的情報中，布萊切利園的女子解碼出祕密通信[38]，裡面詳述希特勒在歐洲的殘酷暴行：公開處決與有系統殺害「次等人類」（die Untermenschen）——猶太人。

以海蓮·亞倫的例子來說，猶太人在歐洲遭到種族屠殺，等於給了「公司」完全不該得到的道德藉口。亞倫的猶太身分讓官員看不順眼，於是機構搬出理由把她踢出去，說是為她好。她回到「老百姓街道」，到牛津圓環的彼得羅賓森（Peter Robinson）百貨公司工作。她是法學學者，商店店員的工作就連不識字的青少年也能做，根本配不上她。但她能在民主自由的國家活著，而歐洲的猶太人則風雨飄搖。

一旦希特勒的「最終解決方案」廣為人知，同盟國決定共同發表宣言，譴責德國。一九四二年十二月十七日，華盛頓特區、莫斯科與倫敦宣讀了一項公告：

> 在所有遭到占領的國家，猶太人在令人驚駭的恐怖與殘酷環境下，被送到東歐。波蘭被打造成納粹的主要屠宰場，德國入侵者建立的猶太人隔離區被有系統清空，只有少數具有高度技能的工人留下，供戰爭工業使用。那些被帶走的人從此失去音訊。身體尚稱健壯者，就在勞動營裡慢慢工作到死。病弱者就自生自滅，飢餓到死，或是遭到刻意為之的大型處決殺

害。這血腥暴行的罹難人數，據信以數十萬計，死者皆是無辜的男女老少。[39]

美國眾議院起立默哀一分鐘，那是一個象徵性的時刻，雖然是無能為力。唯一能阻止猶太人遭到屠殺的方式，就是打贏這場戰爭。

一九四二年底，海蓮得到新工作[40]：戴高樂將軍的戰鬥法國終於願意聘雇她，雖然她的血統並不討喜。海蓮新工作的性質並未出現在特別行動處的紀錄中。公司就這樣結束了海蓮的案子。這位猶太亞馬遜女戰士的問題，就交給戴高樂的處理吧。法國部門得把焦點放在敵線後方的女特務。

莉絲．德巴薩克被分派到法國中部，協助影子軍隊，而不是自行建立軍隊。普瓦捷不是反抗運動的中心。在戰爭初期，那裡曾有過反抗希特勒與貝當的活動，但在莉絲抵達前的幾個月，游擊隊已被擊潰。「部分成員遭到射殺，剩下的進了大牢。」[41]

莉絲對於安安靜靜的狀況感到苦惱。日子一天天過去，倫敦已經好幾個星期沒有捎來訊息。要能好好完成任務，表示不能被逮、不能引起注意，而不是為苦難的國家執行日常平凡的任務，傳送物資、訊息與人員，讓蓋世太保搜尋她及每一個她說過話的人。至少莉絲是這樣期盼。但是，她覺得無聊。

她可以鎮日觀察隔壁的納粹，但這不足以讓莉絲忙碌。她上西班牙文和打字課，畢竟戰後會需要找工作，得先做點打算。大學的課程與戰爭寡婦無所事事的日常作息，很難讓人打起精神。她經常舉辦晚餐派對，想多交點朋友。「目標是讓許多人來來去去，這麼一來，登門拜訪的間諜就不會引起鄰居或路人注意，」[42]倫敦的報告提到。（此外，她在普瓦捷找不到什麼好餐廳。）久而久之，她和西班牙文教授越走越近，對方只知道她是個熱心的中年學生。「我得對某些事情保持熱忱，」她說，「你知道，時間很漫長。」[43]

最重要的是，間諜的工作很孤單。「你的證件是假的；從來沒有人打電話來，也沒有人寫信，」[44]莉絲感嘆道。「我來到普瓦捷，半個人都不認識！」[45]她沒有自己的無線電，如果需要收發訊息，得到巴黎去找安德莉。其他時候，她會往海岸方向的波爾多，找她的弟弟克勞德（他的特務代號是「大衛」）。姊弟相聚時，時光彷彿倒流回溫暖安全的舊日，回到有人陪伴的時候。「好吧，能知道在某個地方還有我認識的人，感覺很好。若非如此，你在世上就孑然一身。」

克勞德正招募由一萬五千名游擊隊組成的反抗軍[46]，雖然大家都討厭這英國人。莉絲的語言專家同學赫伯分派到與克勞德合作，擔任他的信差。克勞德說喜歡和女人合作。「和他原本預期的相反，女人比男人更能勝任兩地間的信差之職，以及處理無線電報與物資。她們熱心，話不像男人那麼多，也比較容易控制，」[47]一份報告寫道。瑪麗幫克勞德安排會面，因為他只和網絡的成員面對面說話，從不用書面訊息或祕密通信處——無論祕密通信處有沒有生命。他不採用以假文字替代正確用字的暗語來報告，在緊要關頭也不用電話或電報。他遵守最嚴格的安全規定，謹慎程度超出比尤利的要求。他常搬家，莉絲根本不知道要上哪兒找他，只知道他每天會在固定時間出現在貝傳咖啡館（Café Bertrand）；她只能等。有時候，他不會出現。如果能再見到他，總是一場團圓。「兩個朋友見面，就這樣。只是平凡的人生！」[48]

公司認為克勞德「非常法國、變化無常」[49]，但他很快成為戰場上最優秀的組織領袖之一。克勞德和姊姊一樣，有熱帶人的急性子。「他是個很重要，喜歡感官享受的男人，」[50]家人回憶道。戰爭對於德巴薩克姊弟這種固執己見的人來說是好的；優柔寡斷的人會聽令，乖乖待在自己的圈子。莉絲和克勞德聰明有趣，又有決心，內心裡存放著只有他們才看得見的指北針，指引著方向。克勞德的訓練者說：「他一絲不苟、工作認真，但容易杞人憂天。」[51]就是這樣的謹慎、實際又有理想，讓莉絲與克勞德能生存下來。

「我們在家裡就像這樣。想做什麼就做什麼，」莉絲說，「我們就是這樣長大的。」[52]

莉絲對戰時法國的了解，比倫敦工作人員還豐富。在投降後的恐怖統治時期，她相信被占領的法國可為自己的自由而戰，是較好的夥伴。她逕自拓展原本的任務命令：「我認為光是接收空降的特務、送他們上路並不夠，」她說，「所以我開始多做一些行動。」[53]

莉絲開始探索鄉間，像平凡女子那樣騎著單車，但實際上是在偵察降落地點。她尋找隱密的原野中央，周圍大部分要有樹木遮掩，遠離主要道路，且要有同情他們的農夫或是不在家的地主。她把座標送到倫敦。透過無線電管道，她等倫敦核可她勘查的農地及地圖。然而等待這相關消息的過程相當漫長：「他們會同意，或不同意。」[54]這對她來說還不夠。

戰時的普瓦捷冬天很沉悶，莉絲有雄心壯志，卻也引來更多危險與更多詳細檢視。她開始建立自己的反抗者網絡，招募殯儀工人、醫師，還有一個年輕的家庭，這家庭裡有個十幾歲的女兒，可以當成莉絲的旅伴。她去打聽有沒有人出於私人理由，願意承擔風險，展現公民不服從，反抗國家及絕大多數的法國社會。他們會收集配給卡、火車票與衣物，提供避風港給剛抵達的間諜或穿越分界線的人。他們非常清楚，就算是簡單的跑腿任務也可能惹來殺身之禍。「他們知道自己在做什麼，」莉絲說，「知道自己承擔什麼。」[55]他們是資產。莉絲稱他們為「幫手」。

莉絲總是在納粹眼下的視線範圍內，不認為自己越來越強的抱負是勇敢，而是合理之舉。「船到橋頭自然直，」她說，「我不悲觀。」[56]

注釋

1 Lise, Real Charlotte Grays interview.「這裡有很多可看，例如古物之類的東西，而我也對考古和建築很有興趣。」

2 出處同前。

3 出處同前。

4 Lise, Legasee interview.

5 Claude de Baissac, HS 9/75, National Archives, Kew.

6 出處同前。

7 原文為Tout pour la bouche（一切都要放到嘴裡）。出處同前。

8 出處同前。

9 在一九四二年的聖誕文告中，教宗庇護十二世宣布歐洲社會應該「回歸到神聖法不能撼動的引力中心」。他沒有直接道出猶太人的名稱，而是主張「對數十萬本身沒有犯錯，有時只因為國籍或種族，就遭殺害或逐漸滅絕者而言，人類並未依照這誓言。」在戰爭過程中，這是梵蒂岡對希特勒最終解決方案最直接的說法。

10 以色列猶太大屠殺紀念館（Yad Vashem）將讓．富勒希（Jean Fleury）神父提名為「國際義人」（Righteous Gentile）。

11 Henry du Moulin de Labarthète testimony, Oct. 26, 1946, 引自 Michael Curtis, *Verdict on Vichy* (New York: Arcade, 2002), 111, 引述自 Robert Satloff, *Among the Righteous* (New York: PublicAffairs, 2006), 31.

12 這名單包括瑪麗—泰瑞絲．勒千（Marie-Thérèse Le Chêne）、安德莉．波瑞爾、布蘭琪．夏雷（Blanche Charlet）、伊芳．魯達雷特、莉絲．德巴薩克、歐黛特．山桑、瑪麗．赫伯與維吉妮亞．霍爾。賈克琳．尼恩雖然和莉絲、歐黛特與瑪麗一起受訓，但是要到一九四三年才派駐。

13 二十七號女性訓練課程分成兩個部分。最早的學員包括魯達雷特與波瑞爾，訓練是在一九四二年六月進行。第二部分是在一九四二年八月舉行，成員有山桑、德巴薩克、赫伯、尼恩與亞倫。

14 比尤利的教官評語可能相當尖刻，例如「智力遲緩，不太聰明」。海蓮與莉絲同學的尼恩收到了這樣的評估，旁邊還有鉛筆寫的回應：「好吧，我認為她是我們招收的最佳成員。」

15 Hélène B. Aron, HS 9/55/6, National Archives, Kew.

16 “Espionage in U.S.,” Times (London), Oct. 19,1940; “German Spy Shot at the Tower,” *Times* (London), Aug. 16, 1941;“My Husband Never Was a Spy,” *Times* (London), July 31, 1940.

17 這裡得稱讚巴克梅斯特，因為法國部門的回應是以鉛筆在下面畫兩條線，並加上兩個驚嘆號，寫著：「胡說八道!!」Aug. 1942, in Charles Hayes, HS 9/681/3, National Archives, Kew.

18 Yvonne Baseden, Pattinson interview.

19 後來在戰爭中，貝克街確實雇用了其他女性猶太人。特別行動處派去支援法國的女性中，丹尼絲．布洛西（Denise Bloch）與穆瑞兒．拜克（Muriel Byck）都是猶太人，兩人也都殉職。

20 羅賓／雜耍人（ROBIN/JUGGLER）網絡。

21 在戰爭中，公司持續招募猶太間諜，但是在一九四二年是個分水嶺，因為維琪政府圍捕猶太人。一九四二年十一月，希特勒接管整個法國之後，猶太人被驅逐出境的情況就比較少了。

22 Aron, HS 9/55/6, National Archives, Kew.

23 任何遭到納粹監禁的間諜在獲釋或者逃脫之後，會一律被當成「脫離者」。但在這情況下，海蓮是平民。特別行動處並未提出她可能和其他曾遭監禁的間諜一樣變成雙面間諜：克勞德．德巴薩克與法蘭克．皮克斯基都越獄過，之後移民英國，加入特別行動處。

24 換言之，她貪婪——這是猶太人經常被貼上的標籤。

25 Aron, HS 9/55/6, National Archives, Kew.

26 出處同前。當時這會被判死刑。參見“Jews’ Plight in France,” *Times* (London), Aug. 22, 1942; “More Deportations of French Jews,” *Times* (London), Sept. 9, 1942; “Vichy’s Jewish Victims,” *Times* (London), Sept. 7, 1942; “Round-Up of Jews in

France," *Times* (London), Sept. 1, 1942.

27 Peter Churchill, *Of Their Own Choice* (London: Hodder & Stoughton, 1953), 32.

28 因為這個原因，祕密機構與自由文明會牴觸，至少在和平時期如此。

29 雖然戴高樂的運動已正式更名，但在文件裡仍稱為自由法國。

30 傷腦筋（struggle）在英文中有掙扎與奮鬥的意思，而希特勒的《Mein Kamp》，意思就是《我的奮鬥》。

31 在海蓮的個人檔案中，這個訓練班稱為亞馬遜女戰士。

32 在戰爭期間與戰後，特別行動處的女性一直有戰鬥與非戰鬥身分的爭議，這會影響到戰爭時期的表現與戰後命運。在女子軍團招募之時，蘇聯也開始派女性軍人上東線，且具有戰士身分。Campbell, "Women in Combat."

33 Aron, HS 9/55/6, National Archives, Kew.

34 Pessis, *Les Français parlent aux Français,* 2:1459.

35 Hitler, Berlin Sportpalast speech, Sept. 30,1942, 引自Robert S. Wistrich, A *Lethal Obsession: Anti-Semitism fromAntiquity to the Global Jihad* (New York: Random House, 2010).

36 *Times* (London), July 10, 1942.

37 Robert Louis Benson, "SIGINT and the Holocaust," *Cryptologic Quarterly,* www.nsa.gov, released by FOIA in 2010. 亦參考Robert J. Hanyok, "Eavesdropping on Hell: Historical Guide to Western Communications Intelligence and the Holocaust, 1939–1945," Center for Cryptologic History, National Security Agency, 2005.

38 布萊切利園的工作力絕大多數為女性，約占百分之七十五。

39 Persecution of the Jews: Allied Declaration, House of Lords debate, Dec. 17, 1942, read by the lord chancellor, Viscount John Simon.

40 戴高樂究竟雇用她從事何種工作並不得而知，只知道不是以間諜身分滲透到法國。

41 Claude de Baissac, HS 9/75, National Archives, Kew.

42 Lise de Baissac, HS 9/77/1, National Archives, Kew.

43 Lise, Pattinson interview.

44 Liane Jones, *A Quiet Courage: Heart-Stopping Accounts of Those Brave Women Agents Who Risked Their Lives in Nazi-Occupied France* (London: Corgi Books, 1990), 75.

45 Lise, Pattinson interview.

46 Lise de Baissac, HS 9/77/1, National Archives,Kew.

47 Circuit and Mission Reports — B, Baissac, HS 6/567, National Archives, Kew.

48 Lise, *Real Charlotte Grays* interview.

49 Claude de Baissac, HS 9/76, National Archives, Kew.

50 Claudine Pappe interview with author, Sept. 15, 2017.

51 Claude de Baissac, HS 9/76, National Archives, Kew.

52 Lise, Pattinson interview.

53 Lise, *Real Charlotte Grays* interview.

54 Lise, Legasee interview.

55 Lise, Real Charlotte Grays interview.

56 Lise, Pattinson interview.她的完整說法是：「我認為一切最後都會沒問題，我不是悲觀者。」這裡以精簡方式訴說。

第十章
羅伯來了
維琪法國

清朗的十一月天，一班從馬賽前往巴黎的列車疾速前進，穿過稀薄的罌粟花田，還有太陽曬得枯黃的葡萄園。隨著地勢起伏的長排葡萄藤架已採收完成，修剪過冬。

這班擁擠的列車上，有一名在出任務的高瘦男子。他是法國前幾大游擊網絡的信差，要從自由區前往占領區。間諜無法使用郵件（會被審查）、電話（警察會監聽）或拍電報（所有電報的副本都會要送交蓋世太保）。相反地，他帶著一本地址簿、可信任的關係人名單、他們的住家地址、暗號、避難所與祕密通訊處[1]，還有整個法國的聯絡人。這是反抗分子的大禮，有兩百位官員的目錄，沒有加密，是反抗軍的點名錄。

這信差很幸運，在二等車箱有座位可坐。他把公事包放在腳邊，難得休息一會兒；他很少休息，但這時需要喘口氣。他天生容易緊張，而這件任務也令人害怕，他是盡責的異議分子。他沒有錢，也沒有工作，因此幫地下網絡工作，在黑暗中參加集團會議，白天則混入群眾中，以免法國警方盤查他的身分。貝當一簽下停戰協定，把法國的未來交給希特勒的坦克之時，這位信差就在國家穿梭，盼有一天能解放這個國家。火車是他的家，也是他的床。

一九四二年十一月三日是無月的秋夜，一艘四十呎的漁船環繞卡布勒岬（Cap Câble）尖端，駛進深入馬賽與卡西斯（Cassis）的地中海岸中央一處狹窄海灣。馬達的低沉轟隆聲打破靜謐，成為黑暗中唯一的聲響。「海狗號」（Seadog）關掉引擎、伸出鏈子，放下鉤子。這艘二桅小帆船似乎剛捕撈沙丁魚，但附近其實沒有魚群。海狗號像典型的兩頭漁船，底部狹窄，有短桅杆與三角帆，以舵柄引導。不過海狗裝了新引擎，才能跑得比納粹砲艇快。就像它載運的貨，海狗善於偽裝：船首代表法國的紅白藍色，是兩天前通過伊維薩（Ibiza）與馬約卡島（Mallorca）後改裝的，在這之前，她的樣貌歌頌著佛朗哥的西班牙：黃色與紅色。

歐黛特．山桑回抵達法國時滿腹牢騷；她在受訓時，從沒學到會如此狼狽返鄉[2]。她和其他五名間諜走下海狗號，進入聞起來滿是沙丁魚和海水味的小艇。這趟旅程長達一個月，她已四晚沒睡；幾天下來，除了罐頭食物之外什麼都沒吃；船上沒有廁所[3]。海狗的波蘭船長髒話不離口，在船頭藏了軟軟黏黏的東西，他告訴乘客，那是「一打德國人的包皮」[4]。

上岸後，一名說法文的英國人扶穩這幾個下船的特務，包括歐黛特與同學赫伯。跟在他們後面走上岸的，是一名中年發福的婦女和三名男子。最後一名特務抓住男人的手腕，抬眼與自己兄弟的四目相交：一人完成初次任務，準備返回倫敦家鄉，另一人才要展開第一次任務。兩人很震驚，但並未逗留，雖然他們此生可能無法再見。他們無法得知未來幾天或幾年會發生什麼事。到戰爭結束時，其中一人會成為拷打者，另一名則是叛國者。

歐黛特的服裝是帆布袋配袖孔，只求實用[5]，無法顧及美感。（防毒氣攻擊的標準配備相當防水。）歐黛特並不想以這種方式回到法國：她把女兒們送進修院學校，讓一名阿姨照料，原本的計畫是在九月月圓時飛到法國，和安德莉與莉絲差不多。不過歐黛特在一次跳傘訓練時撞到頭，引發腦震盪。之後她就被安排搭飛機，從威斯蘭萊桑德偵察聯絡機（Westland Lysander）的梯子爬下來，直接登陸占領區。但每一次飛機排好時間之後，就會出問題：天氣惡劣、引擎故障、墜機。最後，歐黛特與瑪麗搭驅逐艦來到直布羅陀[6]，小心穿過部署U型潛艇的海洋。最後，他們來到法國蔚藍海岸，趁漲潮時鬼鬼祟祟登陸，讓海潮沖去他們的腳印。

在法國南部，公司還在尋找領導者。邱吉爾不喜歡戴高樂，羅斯福不信賴戴高樂，因此貝克街認為，找個替代的反抗分子指揮是政治上的必要之舉。理想的領導者必須有確實在法國的優勢，且不像戴高樂那麼粗魯無禮。

在蔚藍海岸的網絡，有個具有魅力的反抗分子異軍突起。他是活力旺盛的藝術家，自封為首領——安德烈．吉拉德（André Girard）*。有些人是天生領袖；吉拉德能讓大家同仇敵愾，全心投入。他富有個人魅力、具強烈的理想色彩，引來三十萬名支持者。他有遠見，且和他的筆記本內容一樣，充滿戲劇性與情感。他說話快速精準，能為自己的理念加上大膽的色彩，爆發性的對比，化成如夢境般令人目眩的漩渦。「在德國力量強大的軍隊周圍，家家戶戶都有看不見的恨意，在土壤中耐心等待。」吉拉德聲稱，「某一天，令人膽怯的覺醒或許就會冒出。」[7]

占領期間，法國藝術圈也黑暗無光；藝廊裡，只有勾結敵人的藝術家之作；法國城堡中過去的大師之作已遭洗劫，納粹軍官從猶太交易商手中，竊取世紀末的寶藏。在戰前，畫家可以靠著政治漫畫謀生，但在希特勒與貝當的統治下已一律禁絕。在法西斯的陰影下，法國已不是藝術的故鄉。吉拉德是喬治．魯奧（Georges Rouault）†與皮耶．波納爾（Pierre Bonnard）‡的學生，若不是戰爭，應會成為承襲表現主義美學的藝術家。但他把創作力發揮在仇恨，規劃新的宣傳廣播電台「祖國電台」（Radio Patrie），盼與英國廣播公司的法語廣播和美國國家廣播公司（NBC）分庭抗禮。這電台會是人民自己的產物，是真正活在希特勒統治下受苦的人民所發出的聲音。他的目標是與德國控制的巴黎廣播電台互別苗頭，對抗其散發出的納粹氣息。

邱吉爾的軍事情報受到吉拉德的吸引，支持祖國電台。吉拉德向貝克街保證，他和法國與北非的反抗勢力有連結。他說他能聯絡維琪政府停戰協議軍隊的高層成員，他們或許會願意和同盟國合作，破壞希特勒的勢力。

一份貝克街內部的備忘錄寫道，吉拉德「致力將社會的每個階層團結起來，包容不同意見。他的網絡有充分的知識，且相當堅強」[8]。他招募的範圍遍及法國，吸引了法國退役軍人，及從西班牙內戰流亡的游擊隊，成為祕密軍隊的中堅分子。吉拉德的朋友——藝術家、詩人、爵士樂手與知識分子——見識廣、四海一家，明白極權主義如何摧殘靈魂。希特勒把目標瞄準史達林，共產黨員就起身反對德國占領；健壯的年輕人一被徵召到德國當奴工，農民也起身反抗。命在旦夕的猶太人更是一開始就加入反抗的成員。這位在列車上睡覺的信差，只是愛國志士構成的龐大軍隊中的一員，他們準備追隨吉拉德。他的祕密成員規模之大，似乎可成為特別行動處計畫中現成的延伸網絡，深入法國核心。

歐黛特與瑪麗登陸蔚藍海岸時，法國已進入戰爭兩年，吉拉德正是反抗分子權力如日中天的領袖[9]。多數地下網絡缺乏槍枝與彈藥，只能從倫敦得到極少數的配給，但吉拉德的網絡則可得

---

*　譯註：一九〇一—一九六八。

†　譯註：一八七一—一九五八，法國表現派與野獸派畫家。

‡　譯註：一八六七—一九四七，法國畫家與版畫家。

到好幾船的材料及數百萬法郎，供應他的隱形軍隊。他在「權力的頂端，發揮彷彿天生擁有的力量。和希特勒不同的是，他相當有魅力，說服力強過語無倫次的瘋子，能知性地傳達想法，」英國組織者說，他早早就讚賞吉拉德的高超技藝。

吉拉德如此訴說他所深愛的法國：「她永遠不死！」[10]他提供自家人馬食物，以現金獎勵反抗之舉。法國人向來重視吃，但在戰爭中，連乳酪、蛋、奶油、肉、油與馬鈴薯也失去。蔚藍海岸日照強烈、土壤貧瘠，只有柑橘、橄欖與葡萄等單一耕作作物。這不足以支撐戰爭時期的人口，更何況這一區還湧入大量難民，又欠德國一屁股債務。對吉拉德的反抗軍來說，英國空投的罐頭上有英國標籤，這是納粹讓法國人挨餓時，提醒法國人有誰在遠方支援著他們；每個小細節都在拉攏這不太信賴英國的國度，趁機宣傳支持英國。（「我現在感覺到帝國過往的力量，」[11]英國領導者寫信給總部，感謝送來茶與餅乾時寫道。）對於冒著性命危險傳送違禁品的游擊隊，還有特別獎賞，例如巧克力、口香糖與香菸。「這是進步之舉，如神之雷霆，讓人對這部門很驕傲。」

倫敦領導者覬覦吉拉德的祕密軍隊，可惜游擊隊成員不夠能幹。得到英國的支持後，吉拉德行動竟然淪為無能搞笑，甚至成為引發災難的大錯誤。比方說，一九四二年秋天在法國外海的一處黑暗港口，五名年輕反抗分子在一艘小船上裝了「二千磅的危險」[12]（炸藥）與無線電發射器，並划船到海上，要把載送的東西繫到浮筒藏起。這些火力足以封鎖港口、炸掉碼頭或是炸沉戰艦。反抗分子的船隻由於過載與不平衡，到了海上就翻覆。那實在是大失敗。十幾歲的反抗分子大聲喊叫，鬼哭神嚎，吵醒了整個港村，「就像在放銀行假期的群眾，來到了死對頭球隊的賽事上。」[13]在這次意外之後，法國青年團（Chantiers de la jeunesse française）——貝當版本的希特勒青年團——打撈運河裡的炸藥，標示出確切的地點。（這是法國的悲劇[14]：年紀輕輕的男孩在遊戲中對打，但用的是真槍實彈。）

等到維琪政府的警察找到沉沒於水中的軍火之後，海岸沿線的住屋都被搜索，這本來是珍貴的登陸海灘，可供地下反抗者在黑暗中來來去去，不必在敵方前掩飾。港務管理者看著抱怨道：「我對英國人在我眼底下做的事情睜一隻眼閉一隻眼[15]，但聖母啊，他們為什麼不幫幫我，不幫幫他們自己？」

無能的業餘網絡無法在戰爭中對抗專業的納粹間諜搜尋者。吉拉德的代號是卡特（Carte）；反抗組織通常以領導者的名字來命名，因此他的廣大網絡也稱為卡特。這個字的意思包括名片、地圖、圖表或菜單。吉拉德還個不幸的幼稚喜好：喜歡列出名單，填寫單子（cartes）。

歐黛特與瑪麗濕淋淋上岸之後，到卡西斯的藏身處過夜，再搭火車前往坎城。接下來迎接她們的是餅乾、酒與當地的英國組織領導——彼德．邱吉爾（Peter Churchill）上尉。

「你們一定又餓又累，」彼德微笑道，迎接間諜到棕櫚園邊的隱密公寓，「或許很想要洗個澡。」

歐黛特抬起頭。經過海上這段路程的折騰，她抬起睫毛長長的疲憊雙眼，望著這位英俊、戴眼鏡的男子。那人高䠷纖瘦，思緒敏捷，「像長鬍子的問號。」[16]他似乎覺得自己的話很好笑，雖然並不是在說笑。

彼德是英國現代間諜的模範。就讀劍橋的時候是明星曲棍球員，有鷹勾鼻，天生擅長說故事，耀眼、大而化之，像任何在巔峰期的上流社會運動員一樣威風。他會讓酒杯保持滿滿的。像彼德這樣的人正在打一場「好戰爭」。在他從軍之前，他不勞而獲的態度使他成為一個失敗者。他換過無數工作——「公關、冶金、飼養銀狐、英國領事服務」[17]——沒什麼成就，也沒太努力，但還是有快樂的時光。他在令人害怕的世界中保有若無其事的幸福感，對於達蒙・魯尼恩（Damon Runyon）*和雷蒙・錢德勒（Raymond Chandler）†的文學作品有虛無的愛，在荒謬的戰爭中成了資產。他以魯尼恩式的密碼來寫訊息。彼德有公司重視的關鍵技巧：英法雙語流利，西班牙語、義大利語和德語也不錯。戰爭會讓彼德這樣的男子有專注的重心，逍遙浪子變成了領導者。彼德馬上能專注於每一種語言。在公司這臨時構成的架構中，他自作聰明的姿態在一群怪胎之間倒是相當專業，彼德的傲慢讓法國人惱怒（的確如此），他自認在剛從沙丁魚船上下來的三個女人中，至少有兩人會對他一見鍾情：年輕的瑪麗與歐黛特。

彼德在法國南部有許多任務：聯絡倫敦、和卡特協調，接收空投物、幫助戰俘離開——他還要迎接前來的間諜，幫他們進入一輩子最艱鉅的工作：不危急到其他人。剛到戰區的頭幾天，可能會有一種「陌生與不確定的特質，每個人都在霧中摸索著工作」[18]。

午餐地點是在許多陌生人的咖啡館，有法國警察，也有德國入侵後逃到南方的猶太人——他們原是德國公民，有足夠的錢去黑市買馬肉，卻運氣不夠好，買不到離開法國的文件。在挨餓的國度裡，蔚藍海岸又是最飢餓的地區（當地人都說，「我們靠觀光業賺錢，其他仰賴進口」[19]。）每個人得到的食物消費配給額度不多，但彼德卻能持續得到源源不絕的配給券，「剛發放的，還熱騰騰的」[20]。

這位資深的組織者沒停過笑容，開始打量起這群他掌管的女人。她們是青澀緊張的新手。幾個月以來，彼德和單腳的美國特務霍爾一起工作，她能幹、溫暖，自信。相較之下，這些女人似乎都過於柔弱、需要幫助。

赫伯聰明，能言善道，看上去不到四十歲的實際年齡。她是一名准將的女兒，對環境很謹慎小心，沉默寡言。彼德懷疑她怎麼能算得上間諜，後來發現她其實「深藏不露」[21]，令他大吃一驚。

---

* 譯註：一八八〇—一九四六，美國短篇小說家。

† 譯註：一八八八—一九五九，美國偵探小說家。

歐黛特吸引了他。她有一頭蓬亂的棕髮，眼睛像是打蠟過的木頭一樣發亮，他發現目光離不開她身上。歐黛特已習慣男人的眼光，甚至會培養，知道那有實用價值。彼德看她舉起酒杯，啜飲一口，這是她在將近三年的封鎖之後，第一次嘗到法國的滋味。歐黛特上一次吃法國午餐，彷彿是上輩子的事——桌上有麵包，酒裝在酒壺裡，日光從平板玻璃窗流瀉。不疾不徐地享用豐盛的食物，對她來說已是陌生，且得大費周章的經驗。倫敦濃霧、英國人吃的灰色布丁與貧瘠的配給品，與蔚藍海岸有如天壤之別。

彼德還賦予歐黛特她尚未發展出的性格，以為她什麼都不怕、有洞察力，是個挑戰。在這頓飯期間，他開始迷戀她，落入她手中。「我觀察拇指與食指之間透露的訊息，代表奢侈、大方、急躁，」[22]他說，凝視的模樣彷彿園遊會中看手相的人，或者情人。彼德覺得歐黛特指節多麼撩人，就像維多利亞時代的人看見露出的腳踝。「食指透露出抱負；食指與中指之間的空隙異常寬大，彷彿會獨立性思考，但無名指和小指之間的山谷，也同樣大聲聲張獨立的行動。」他在尋找她的婚戒，或是如鬼魅般的婚戒痕跡。他有特務注意細節的眼光：歐黛特的婚戒在倫敦已鋸除，以有新雕刻的戒指取代，訴說新的背景故事：她沒有父親，年紀輕輕就嫁給一個老法國人，但這個法國人突然死於支氣管炎。這樁沒有愛的婚姻，也沒有孩子。

「這次接待很棒，就和我預期的一樣，」[23]歐黛特告訴彼德，帶著厭煩之情，「但我急著想趕快做正事。」

她的工作和莉絲．德巴薩克差不多：建立間諜行動時所需的藏身處。但歐黛特要自己行動，而不是網絡的信差。她要住在法國，當法國人；若另有通知，則會擔任英國管家與軍需官。她要被派到法國中央的歐塞爾（Auxerre）。可惜彼德告訴她令人失望的消息：位於勃艮第的歐塞爾和坎城之間有分界線相隔，無法前往，這條分界線是兩個法國間的強大前線。要在德國占領區與非占領區之間行動可能會威脅性命，而且他也沒辦法帶她穿越。她來法國卻來錯邊，雖然不能怪她。

他說，歐黛特需要找個知道怎麼繞過分隔線軍事檢查點的走私者幫忙。她也需要假造的旅行證，並解釋她為何離家鄉那麼遠。每一項細節都能透過卡特網絡安排，但是法國領導者吉拉德與英國指揮官彼德．邱吉爾，正在搶奪蔚藍海岸反抗分子的控制權。

彼德得面臨燙手山芋，而滿足這位新來女人的需求——無論她手指多美——重要性都比不過控制這個慷慨激昂的畫家。「公司」和卡特的合作分崩離析。這兩年來，卡特沒能達到多少成就：吉拉德根本沒能讓英國特務與高階維琪政府領導者聯繫起來。祖國電台是個夢想。倫敦催進度，要求要拿出看得見的成果，卻傷害吉拉德的自尊，導致他變得蠻橫無理。

歐黛特抵達時，吉拉德與彼德已不共戴天。他們沒有對付德國人，反而攻擊彼此。「這裡的安全蕩然無存，」[24]彼德談到武器翻覆之類的混亂時，氣惱說道。彼德稱吉拉德是「封建領主」，詆毀他無能的手下「盡是金玉其外、行事浮誇的傢伙」[25]。卡特成員在見面時太像沙龍，「在公園長椅上，無憂無慮碰面……五、六個當地最高層級的反抗分子坐在一起，在眾目睽睽之下，草草寫出命令。」[26]彼德終於在給倫敦的報告中，建議應切斷公司與卡特的連結，雖然他們原本抱著很高的期望，投入大量資源。至於和卡特合作的正面效果，彼德寫道：「看你們有沒有辦法在服了藥用安非他命之後，舀出滿是肉汁的蚊子肚臍。」[27]

倫敦很快發無線電，召回吉拉德說明。

歐黛特的任務就出師不利。她請吉拉德幫忙，找人帶她去歐塞爾；他拒絕了。他說，他聽命於倫敦，而不是在法國的英國間諜；除非貝克街的無線電傳訊息，在這之前，他拒絕幫忙彼德．邱吉爾的朋友。「他對我相當無禮，」[28]歐黛特在報告中沮喪地說。

「你不如先從好好休息開始，」彼德建議。

「我完全不需要休息，謝謝。」[29]

歐黛特無法跨越分界線。瑪麗在塔布（Tarbes）有聯絡人，會安排她進入占領區。她很快就會離開，並和克勞德．德巴薩克會面，加入他波爾多的科學家網絡。但歐黛特必須留在彼德這裡。她很不高興無事可做，因此要求讓她工作。彼德給她一輛腳踏車，派她去坎城送訊息。

不出幾分鐘，彼德聽見一聲尖叫，聽到金屬撞擊石板的聲音，接下來則是一名女人尖聲罵道，說她膝蓋流血與長襪破掉。

她想趕快邊騎邊學，邊踩踏板邊平衡。彼德納悶，為什麼歐黛特沒告訴他說自己不會？「因為你似乎理所當然認為……每個人都和你一樣能幹。真叫人火大。為什麼我要承認自己無知，讓你得意？」[30]歐黛特說。

彼德判斷，歐黛特是「炸彈」[31]。

一九四二年十一月八日，英國廣播公司晚間的法國廣播和平常一樣，以貝多芬第五號交響曲揭開序幕。

得得得登。

歐黛特和彼德在藏身處，聽法文的晚間新聞：在埃及，軸心國的軍隊潰逃，阿萊曼戰役（El Alamein offensive）是「大獲全勝」[32]。在美國，羅斯福總統的民主黨在國會期中選舉，維持小幅領先的多數黨地位。蘇聯將慶祝二十五週年，蘇維埃軍人在史達林格勒街道上牽制德意志國防軍，四千萬朵虞美人花將在國殤紀念日販售。

在節目最後，開始播放私人訊息時，有條訊息重複宣布：

注意，羅伯來了！注意，羅伯來了！

這簡單的句子傳遍整個法國，傳到地中海岸與直布羅陀，深入摩洛哥的沙漠綠洲，與阿爾及利亞的沙丘。整個法語系的歐洲與北非都聽見這呼喊。

盟軍認得這個採取行動的警示[33]。那天晚上，英美聯軍進攻北非。在英國於埃及打勝仗之後，法國殖民地上場了。這是盟軍第一次主要攻勢，也是美軍部隊第一次在國外登陸。在日本侵襲珍珠港之後僅僅一年，美國已加入世界大戰，部隊在沙漠對抗納粹，稱為「火炬行動」（Operation Torch）。

這場北非的戰役目的是拿下地中海的控制權。若控制這平靜的海域，就能抵擋住希特勒在南歐的霸權。同樣重要的是，這也是法國人心靈的代理人戰爭。

奪回歐洲的戰爭從一九四二年十一月八日展開，這時歐黛特與瑪麗才登陸法國南岸五天而已。三萬三千名部隊準備登陸卡薩布蘭加，另外三萬九千部隊準備前往阿爾及爾，三萬五千名則是要往奧蘭。他們搭三百五十艘戰艦與五百架運輸機穿越大西洋[34]。美軍勢力從沒有經過考驗，德國將軍堅強又老謀深算，法國軍隊領導權則是處於混亂。但這場戰役可能反轉戰局：如果盟軍能切割北方殖民地與維琪政府，就能送信號給法國人民，告訴他們與帝國結合並無法延續千年。（法國記者說：「女武神（Valkyries）得回到洞穴，像華格納歌劇寫的那樣死去。」）[35]

「現在還沒結束，」邱吉爾首相在一場演說中警告，「甚至還沒開始進入結局。但或許開頭就要結束了。」[36]

羅伯來了！

羅伯來了，希特勒復仇了。

一九四二年十一月十一日的國殤紀念日[37]，歐洲與美國紀念一次大戰的陣亡者。這時，希特勒再度進攻法國。德意志國防軍穿越分界線，湧入自由區，占領里昂、利摩日、亞仁、馬賽與維琪。德意志國併吞自由法國，結束了附庸國貝當政府的這場鬧劇。停火協議失效，停火軍隊解散。

兩個法國合而為一。法國已完全被德意志國占領，雖然分界線還在，用來管控人口移動。希特勒告訴貝當元帥，接管是為他好，可幫法國抵擋來自南邊的攻擊，以防目前在北非戰鬥的盟軍攻來。

德國控制的巴黎廣播電台中，元首向法國人民演說，讓他們知道他「是出於友誼而採取行動」[38]。他說這行動不會造成傷害；他已下令「盡量不打擾人民生活」[39]。

同盟國則以譏諷的韻文塞滿空中電波：

巴黎電台說謊，那是德國電台。

從史特拉斯堡到比亞里茨，

電台都在德軍掌握中。[40]

納粹第二次進攻法國之後引起全球動盪；歐洲必須重新安排棋子布局。法國苟且偏安的幻想已然破碎。希特勒的坦克車開進分界線之後，又提高法國的占領費用[41]，原本每日三億法郎已令人喘不過去，現更提升到五億。這又是一次合法的掠奪，貝當只無動於衷地同意。隨著德國的洗劫金額提升，法國也更加渴望自由。

溫斯頓．邱吉爾看見了特別行動處的契機。目前在法國自由區的反抗餘燼似乎沉睡著，應該馬上煽風點火，使之冒出烈焰。「最重要的應該是強化德國新占領區的行動，讓遲鈍的法國人與德國進攻者的關係越差越好。」[42]

蓄意破壞的出擊行動就要展開。

在希特勒入侵之時，蔚藍海岸的英國特務望出窗外，看見墨索里尼軍隊的軍用卡車揚起沙塵[43]，從義大利逼近，拿取閃亮的濱海項鍊。坎城被墨索里尼併吞，成為義大利領土。

倫敦在原本非占領區的政策，每天都在變。少了停戰軍，吉拉德原本承諾要引介的高層聯絡人，這時根本無用武之地。歐黛特剛來到戰場才一個多星期，沒能抵達指定的目的地。她就在陰錯陽差之下，變成彼德・邱吉爾的網絡，成為他的信差。

彼德留在花園公寓，地點在驕陽下的十字大道濱海步道旁。（彼德說：「是漂亮的房子、有床，什麼都有。」[44]）歐黛特加入他。

來到戰場才幾天，歐黛特在新的床、原本的國家，看著打開窗戶前輕飄飄的窗簾入睡。她思考新的自己、新的身分，上次她住在法國時是歐黛特・布雷利小姐（Odette Brailly），是天真無邪的少女。到了英國，她曾是歐黛特・山桑太太，是個不滿足的妻子，得養育三個孩子。現在在戰場上，她成為間諜，以歐黛特・梅塔耶女士（Madame Odette Metayer）的身分生活：守寡、沒有孩子、美豔動人。

歐黛特不知道，彼德看著她沉睡的臉，就像研究她手指時那麼專注。「她微笑，」他說，「臉上像孩子那樣的寧靜。」[45]

一九四二年十一月十一日上午十一點，歐洲與美國默哀一次大戰陣亡者時，希特勒把法國剩下的部分納為己有。那一刻，歐黛特與彼德已經以「夫妻」的身分一起生活[46]。

卡特網絡的信差安德烈・馬薩克（André Marsac）在座位上沉睡，燒著煤的火車正在煙霧中爬上山，穿越法國。列車來回搖晃，好像嬰兒搖籃。他很累。他已經習慣馬不停蹄地移動，是精力旺盛、生龍活虎的男子，投入於祕密軍人的工作。

列車催眠了馬薩克。他累得瘦骨嶙峋，骨頭、膝蓋與手肘都很明顯。他眼皮沉重，下巴抵到胸口。他的呼吸緩慢平穩，並隨著引擎的主輪機晃動，進入夢鄉。

他醒來時，裝著卡特名單的公事包已消失無蹤。

注釋

1 英文原文為postbox，法文則為Boîtes aux lettres。

2 本書提到的女間諜主角當中，只有歐黛特的完整訓練成績報告沒列出。為了公平起見（以及閱讀樂趣），以下列出歐黛特在比尤利訓練者對她的看法：

有熱誠，似乎對於課堂上所教的事物都能吸收。但是衝動，急著判斷，缺乏顛覆活動時理想的清晰心智。她似乎對外界的經驗不多。雖然有決心，但容易激動、喜怒無常。

個性討喜，與多數人相處融洽。

她主要的優點是愛國，以及為法國做些事情的熱忱。缺點則是完全不肯承認自己可能是錯的。(Odette Hallowes, HS 9/648/4, National Archives, Kew.)

3 男女都直接往海洋排泄。

4 King, Jacqueline, 198.

5 Foot, SOE in France, ebook.

6 M.-T. Le Chêne, HS 9/304/1, National Archives,Kew.

7 André Girard, *Bataille secrète en France* (Paris:Brentano's, 1944), 292, 由作者翻譯。

8 Nicholas Bodington report, Sept. 1942, France-Missions-Carte, HS 6/382, National Archives, Kew.

9 Peter Churchill, *Duel of Wits* (New York:G. P. Putnam's Sons, 1955), 206.

10 法文原文為*Elle ne mourra pas!* Girard, *Bataille secrète en France*,292.

11 Peter Churchill, HS 9/314, National Archives, Kew.

12 出處同前。

13 P. Churchill, *Duel of Wits*, 196.

14 占領時期是手足相殘的時代。

15 P. Churchill, *Duel of Wits*, 197.

16 Marks, *Between Silk and Cyanide*, 17.

17 P. Churchill, *Duel of Wits*, 書封文案。

18 間諜喬治・席勒（George Hiller），引述自Max Hastings, *Das Reich: The March of the 2nd SS Panzer Division ThroughFrance, June 1944* (Minneapolis: Zenith Press, 2013), ebook.

19 Janet Flanner, "Guinea Pigs and the Mona Lisa," A Reporter at Large, *New Yorker*, Oct. 31, 1942.

20 Peter Churchill, HS 9/314, National Archives, Kew.

21 P. Churchill, *Duel of Wits*, 225.

22 出處同前。

23 出處同前，226.

24 出處同前，188.

25 Peter Churchill, HS 9/314, National Archives, Kew.

26 P. Churchill, *Duel of Wits,* 238. 這份引言幾乎可確定是來自邱吉爾的人員檔案中。他在一九四二年十一月三十日的筆記上寫著：「你記得那些在公園長椅上，無憂無慮碰面……五、六個當地最高層級的抵抗分子坐在一起，用鉛筆和紙草草寫出命令。」這句子可看出，彼德在寫回憶錄時可以取得人事檔案，讓他書中的敘述有更高可信度。

27 Peter Churchill, HS 9/314, National Archives, Kew.

28 Hallowes, HS 9/648/4, National Archives, Kew.

29 P. Churchill, *Duel of Wits*, ebook.

30 Tickell, *Odette*, 175.（刪節號為原文即有。）

31 P. Churchill, *Duel of Wits,* 229.

32 *Times* (London), Nov. 7, 1942.

33 莉絲說她聽到這警示時，不知道那警示是什麼。這句話說了許多次，然而英國廣播公司的個人訊息警示會在兩次廣播播放，而不是重複兩次。

34 "Operation Torch: Invasion of North Africa,8–16 November 1942," Naval History and Heritage Command, www .history.navy.mil, 引自 Robert J. Cressman, *The Official Chronology of the U.S. Navy in World War II* (Annapolis, Md./Washington, D.C.: U.S. Naval Institute Press/Naval Historical Center, 1999); Samuel Eliot Morison, History of United States Naval Operations in World War II, vol. 2, Operations in North African Waters, October 1942–June 1943 (Boston: Little, Brown, 1947).

35 Benoîte Groult and Flora Groult, *Journal à quatre mains* (Paris: Livre de Poche, 1962), translated in Drake, Paris at War, 292.

36 Winston Churchill, Lord Mayor's Luncheon, Mansion House, Nov. 10, 1942.

37 "40,000,000 Poppies for Remembrance Day," *Times* (London), Nov. 5, 1942.

38 "German Troops Occupy Vichy France," *Times* (London), Nov. 12, 1942.

39 在同一篇演說中，希特勒威脅道：「在盲目的狂熱主義或英國支持的間諜對抗我們的部隊時，我們會以力量作出決定。」

40 Pessis, *Les Français parlent aux Français,* 1:viii.

41 "Plunderers of Europe," *Times*(London), April 28, 1943; "Hitler Turns the Screw," *Times* (London),Feb. 9, 1943.

42 溫斯頓・邱吉爾對賽爾班（Selborne，經濟戰爭部長）說話，一九四二年十一月十三日，CAB 120/827, 引自Mark Seaman, Special Operations Executive: A New Instrument of War (London: Routledge, 2013), ebook.

43 一九四二年十一月十一日義大利進攻時，瑪麗・赫伯仍在坎城。「不過，義大利人抵達時，她在坎城，而她覺得人們似乎很擔心在遭到占領之後，生活條件會出現變化。」Circuit and Mission Reports—B, HS 6/567, National Archives, Kew.

44 Peter Churchill, HS 9/314, National Archives, Kew.

45 P. Churchill, *Duel of Wits,* 227.

46 Hallowes, HS 9/648/4, National Archives, Kew.

第十一章
撒哈拉的巴黎

摩洛哥

溫斯頓．邱吉爾是熱情的業餘畫家，至少在英國捲入希特勒戰爭、他銜命擔任政府領袖之前是如此。油畫能幫他抵擋所謂的「黑狗」，也就是憂鬱症。戰爭結束後，邱吉爾爵士會有時間再度坐在畫架前，但在擔任首相與國防部長時，他只完成一幅油畫：一九四三年一月在摩洛哥的馬拉喀什畫的。「那裡是世上最適合度過一個下午的好地方。」

摩洛哥的一月天氣涼爽，此時剛解放，也是邱吉爾決定英美軍事領袖「高峰會」話題的好地方[1]。珍珠港事變過了一年多，該為一九四三年的戰爭做規劃了。

邱吉爾深深喜愛摩洛哥，這裡有「算命仙、弄蛇人、大量的飲食，以及非洲大陸上最大、組織最繁複的妓院」[2]。

這些妓院倒是可以聲稱自己「歹竹出好筍」，因為在卡薩布蘭加，有間裝飾藝術風格的飯店，袖口與領子上有金色穗帶的軍事將領與外交官，就在這裡待了十天，坐在會議桌與地圖周圍吞雲吐霧，鎮日討論世界的軍事衝突與擴張前景。其中兩國會成為夥伴，共同擬定全球軍事策略。在摩洛哥，英國和美國一同寫下D日計畫。

「當你看見亞特拉斯山脈的日落時，我一定和你在一起，」英國首相向美國總統懇求道。他也把那一刻畫在畫布上。

那是一幅樂觀的圖：庫圖比亞清真寺（Koutoubia）鮮豔的粉紅色尖塔，依著灰紫色的山脈，還有淡藍如知更鳥的天空。三角形的影子，籠罩在穿束腰長袍、進入清真寺晚禱的民眾。邱吉爾畫出太陽變成橘色的時刻，宣禮人朝著飛翔的麻雀、雪的山峰與崇拜者呼喚。如果他在戰爭時期的心情是陰鬱瘋狂，這段在法國殖民地度過的日子倒是相當甜蜜，充滿色彩，因一望無際的寧靜景色而明亮。

「你來到北非，不能不去馬喀拉什看看，」[3]邱吉爾告訴羅斯福，他稱這裡為「撒哈拉的巴黎」。美國佬確實大有進展：日本轟炸美國海軍的大西洋艦隊，也不過是一年前的事情。美國軍人年紀很輕，殺戮對他們來說是新概念，似乎是發生在遙遠海岸或其他國家的事。美國戰爭機器才剛上線，便派出B-17轟炸機與戰艦，抱著活力與精誠精神，讓美國一舉成為世上絕無僅有的偉大戰力。

同盟國高峰會結束，邱吉爾在綠洲畫出亞特拉斯山脈的山峰。他站在山頂，將世界的命運扛在肩上。

在一張如同牆一樣大的地圖上，軍事將領以圖釘來挪動軍隊與艦隊，使之往同盟國的方向移動。登陸北非的火炬行動成功了。同盟國控制地中海口；英國和美國、邱吉爾和羅斯福，頭一次認為對德國的戰爭勝券在握。

他們堅持，一九四三年要打開第二戰線。沙漠行動在策略與士氣都是重大勝利，美軍也從中獲得必要的戰爭經驗。掌握中東港口，就能運用南邊的航線，為紅軍提供補給。能進出蘇伊士運河，就得到前進亞洲戰場的捷徑；在亞洲，日本正對英屬印度形成威脅。如果同盟國能控制地中海，就能先發制人，在全球形成箝制，阻止希特勒與東條英機在中東碰面，呵成一氣[4]。要是軸心國的勢力掌握阿拉伯半島的油井，戰事恐將拖個好幾年。

火炬行動對法國來說，也是三年來頭一次嘗到勝利的滋味。北非殖民地的光復[5]，等於是告訴法國人民應該反對維琪政權的投降之舉。「我國國旗唯一仍自由飄揚的地方，是法屬非洲。那裡的陸軍有武器、海軍可掛著旗幟，空軍能展翼飛翔，」[6]一名法國海軍上將在盟軍登陸地中海時說。

同盟國的部隊此刻投入非洲，似乎將發動大型攻勢。眼前的問題是，該從哪裡發動攻勢：太平洋？南歐？法國？戰爭規劃者在一月深吸一口氣。他們已經有堅定的立場，要累積兵力、槍枝與船，並研究地圖、月相、潮汐，運籌帷幄，結束德意志國。

但另一場冬季大屠殺就在眼前，史達林大聲要求同盟國給與協助；他需要在歐洲有第二戰線。現在就要。

集結在卡薩布蘭加的同盟國司令意見相當分歧，很可能一事無成。對英國而言，戰事已進入第四年，雖撐過敦克爾克大撤退、經歷倫敦大轟炸，但失去了新加坡、香港、緬甸，之後又贏回埃及和北非。英國軍隊已身經百戰，疲憊不堪，和年輕力盛的美軍已在不同立足點；英國的軍官資深老練，而且保守。

美國高級將領急著想在來年，直接拿下希特勒。德懷特·艾森豪將軍（General Dwight D. Eisenhowe）呼籲直接從法國回歐洲，之後推向萊茵河。他的計畫稱為圍捕行動（Operation Roundup），只要天氣許可，就必須在歐陸明快進攻。若同盟國不盡速進攻法國，元首又會多得到一年，用奴工鞏固大西洋壁壘。強大的進攻可分散德意志國對蘇聯的注意力，順利的話可望再度鞏固歐洲的民主。

高峰會討論跨海岸的進攻行動細節。這行動需要在英國累積大量軍力；同盟國必須打擊集結於大西洋的U型艦艇，讓美國兵力能前進；此外要對德國空襲，癱瘓其作戰能力、打擊國民士氣。最後兵力將集結在攻擊歐洲海灘，邱吉爾會稱為「這是我們嘗試過最偉大的事」[7]。

美國人則爭論該從法國哪裡開始進攻：加來海峽省（Pas-de-Calais）？科唐坦半島？沿著大西洋岸，在比斯開灣下的布雷斯特？或是從南邊的地中海往上？

英國首領對於一九四三年進攻法國不怎麼熱衷。他們堅持，現在不是對歐陸發動全面戰爭的好時機。盟軍在領導者、規劃、訓練、人力與設備上都尚未達到需求水準。現代軍隊尚未面對過後援與國際關係整合的挑戰。隆美爾還在挖壕溝，取得沙漠資源，預備供跨海峽推進時使用。邱吉爾的戰爭規劃者堅持，由於美軍才剛進入戰場，英國人又已經過度疲憊，因此應該採取較為溫和的權宜之計，不是全面進攻歐洲。

首相很擔心。他不希望失去羅斯福對歐洲的注意。如果美軍不在一九四三年投入反希特勒，自然會把注意力轉移到太平洋戰場。羅斯福可能放棄「德國第一」的策略，反而著眼於全球戰爭。

羅斯福也擔心，疲憊的英國可能在擊潰希特勒之後就抽離戰爭，留下美國獨自奪回太平洋。美國首領認為，在進攻西北歐洲若攻擊不夠完整，就是只能稱為「附屬活動」。

同時間，史達林可先為了大家對付德國。俄羅斯軍隊的軍令如山，訓練嚴格，軍人不屈不撓；俄羅斯要傷兵「打起精神，準備好戰鬥，即使你只剩半條命，只剩下一條手臂，還是可以殺敵」[8]。他們已經讓德意志國防軍在東戰線陷入泥淖幾乎兩年。

「難道我們真以為，一九四三整年就這樣按兵不動，讓希特勒對俄國發動第三大攻擊，俄羅斯會開心嗎？」[9]邱吉爾逼問他的顧問。他說，一九四三年勢必要在歐洲有大型登陸。首相甚至把理想的目標日期命名為D日。那是仲夏的滿月之夜：一九四三年七月十二日[10]。

這些高級軍事將領執行詳細盤點。力量平衡傾向大英帝國這邊[11]：美國在地中海有十五萬現役軍人，英國則有四十五萬。要在一九四三年進攻，同盟國可靠四個法國師、九個美國師，以及二十七個英國師。除非希特勒因為自己的仇恨與自不量力而崩潰，失去歐洲，否則一九四三年就會以英國攻勢為主——溫和且謹慎。

「我們來了，傾聽，卻要克制，」[12]一名美國將領提到在卡薩布蘭加擬定的計畫說。

邱吉爾的畫作中是陽光普照，但現在陽光尚未照耀大英帝國。羅斯福總統在記者會臨時說出想法，修正戰爭最後階段的策略，邱吉爾聽了驚訝萬分，那策略是先前尚未達成協議。羅斯福說，這場戰爭不會結束，除非軸心國「無條件投降」。任何形式的停火協商（例如艾森豪和維琪政府的海軍上將幾週前談定的）已不在考量中。從卡薩布蘭加會議之後，將不再與希特勒談和，對方只能完全服從。

就這幾個字：「無條件投降」[13]。這幾個字透露出卡薩布蘭加會議背後更大的實情：隨著美國軍力增強，英國的力量會被侵蝕。在戰爭的頭幾年，英國獨自代替歐洲而戰；這個故事展現著國家的自尊，也是殖民強權最後的燦爛花朵。但在檀香山一個惡名昭彰的日子發生之後，美國參戰了，世界天秤往西傾斜。

卡薩布蘭加代表英國人最後一次坐在桌邊，主導整個大陸的未來。大英帝國的漫長歷史與英國在全球的霸權，畫下了句點。之後，英國就不再是強大的合作夥伴。地緣政治策略將會是美國的舞台。

但在一九四三年，這舞台仍屬於英國。而在摩洛哥的這幾天，一切依然美麗。

注釋

1 史達林未參加卡薩布蘭卡會議，因為他正發動對抗希特勒的冬季戰役。史達林寫信回絕邱吉爾的邀約時提到：「前線事務讓我無法參加，我需要時時在我們的部隊附近出現。」W. Churchill, *Hinge of Fate*, 667.

2 出處同前，694.

3 出處同前。

4 東條英機是日本首相，曾下令攻擊珍珠港。在戰後被判戰爭罪，於一九四八年處以絞刑。

5 還要等上許多年，才會回歸到北非的人民。

6 "Darlan in Algiers," *Times* (London), Nov. 28,1942.

7 Churchill to FDR, telegram, Oct. 23, 1943.「我親愛的朋友，這是我們嘗試過最偉大的事。」Roosevelt Papers, U.S. Department of State, Office of the Historian.

8 Jochen Hellbeck, ed., *Stalingrad: The City That Defeated the Third Reich* (New York: PublicAffairs, 2015), ebook.

9 W. Churchill, Hinge of Fate, 649–50.

10 Discussion of dates, summer 1943. W. Churchill, *Hingeof Fate,* 648–52; and Churchill minute to Chiefs of Staff, Nov. 29, 1942, Churchill Archives, CHAR 20/67/9, 引自Hastings, *Winston's War,* 283.

11 Hastings, *Winston's War,* 289.

12 General Albert Wedemeyer, U.S. Army, 引述自John Keegan, The Second World War (New York: Basic Books, 2017), ebook.

13 W. Churchill, *Hinge of Fate*, discuttion begins on 685.

第十二章
我們的機會
巴黎

安德莉．波瑞爾住在一個她不認得的城市。戰爭時期的巴黎無足輕重，破敗不堪。一九四三年，冬日比以往更冷了些，煤炭很稀少。女人更瘦了；食物都是配給的。人民變得愚蠢，把書本當柴燒，報紙悉數是賣國賊的胡說八道。巴黎過去不知匱乏的滋味，現在淪為遭到掠奪的城市。街燈、夜店招牌、電影院跑馬燈早在宵禁前已關閉。這裡好暗，安德莉在廣場上繞過移動防空裝置時，幾乎伸手不見五指。她木製的「停火鞋」踩在石板路，聲音在空蕩蕩的街道上迴盪。

在最慘淡的冬日，安德莉把一份訊息交給無線電操作員。這份訊息是間諜昌盛[1]法蘭西斯在波爾多和大衛（莉絲的弟弟克勞德）一起撰寫的。

一九四三年二月一日

FROM DAVID AND PROSPER. UNITED OPINION OF THE ONLY TWO ACTIVE RECRUITS
OF YOUR SECTION THAT QUOTE
NOS POSSIBILITES PRATIQUEMENT ILLIMITEES SONT EN FONCTION DE L'AIDE QUE
VOUS NOUS APPORTEZ UNQUOTE[2]

有你們的幫助，我們的能力近乎無限。

這封信加上了密碼，再透過電子的點與畫於空中脈動，送到英格蘭，之後會由位於豪邸地面的巨大天線接收。位於白金漢郡的五十三號無線電台曾是過去的葛雷登廳（Grendon Hall）[3]，如今則是德國占領區與倫敦通信的重鎮。

在聞起來有「滑石粉和乾腐味」的房間[4]，有二十名左右的「芬妮」。她們穿卡其窄裙，髮型毫不花俏，弓著背坐在一排無線電收發器前，「傾聽」來自歐洲的訊息。牆上的黑板寫著間諜的名字，例如青花菜、斗篷與肉販。在名字旁邊，有粉筆寫下間諜預定傳送訊息的時間，以及應用哪個波長傳送。他們傳來的訊息看似一大批隨機出現的字母，其實是加密的文字。附近一間房間的芬妮會負責解開傳來的訊息：這密碼很繁複，每個代碼上還各有兩次不同加密，這個過程稱為雙重換位（double transposition）。等到字母經過演算法處理，就會出現意義和語法。

五十三號無線電台的芬妮[5]是歐洲反抗運動和貝克街間諜主管之間的聯繫。她們每天會收到數以百計來自戰地的密碼訊息——包括挪威、荷蘭、波蘭、南斯拉夫、義大利和法國。最先收到訊息的都是女人。她們和每天聯絡的外派者多半從未見面。這些夾著黑髮夾、穿平底鞋的女孩，必須要等到戰後才會知道對方的身分。比方說，她們不會知道肉販是個二十七歲的英俊男子吉爾伯特．諾曼，現藏身在巴黎。

吉爾伯特原本要派駐的目的地是科西嘉島，卻沒抵達到那裡過。他的任務範圍在抵達之前就已經消失。他跳傘進入法國之後，希特勒馬上入侵了非占領區，墨索里尼則為義大利奪走蔚藍海岸和科西嘉島，而卡特的網絡太過招搖，因此組織得重整。先前卡特網絡的領導者吉拉德被召回倫敦，他成千上萬想像中的愛國人士，都回去過平凡的日子。吉爾伯特後來改前往巴黎，成為無線電操作員，加入安德莉與法蘭西斯的行列。

芬妮的無線電操作員對吉爾伯特相當溫柔，彷彿對方是遠方的祕密筆友一樣。她們對他瞭若指掌，甚至知道劃與點節拍之間的停頓。每個無線電操作員都有獨特的風格，稱為個人的「手跡」，就像指紋一樣。坐在桌前、戴耳機的女子，光靠著間諜傳訊的節奏，就能認得出他來。這是摩斯電碼的親密特質。

操作無線電是最冒著生命危險的任務。巴黎是北方反抗分子的匯集點，也是地下活動的傳訊瓶頸。這區的無線電操作員不多，吉爾伯特是其中一個。他為自己的組織、其他次要網絡、戴高樂的法蘭西共和部門，以及逃出路線傳訊。有時候，他好像整天都在空中，時間長到能讓尋找方向的廂型車，透過三角測量，找到他的信號發射點。「每次傳送無線電報都是輸血，」[6]訊號長官對芬妮們說。無線電操作員在敵線後方的生命不到六個星期。吉爾伯特把發報器藏在十一個不同的地方，並在這麼多地方之間移動，每天更換頻道，不停改變每日排程，讓德國佬去猜。貝克街認為，他能擔負起這項任務，「是極少數在現場編碼時，表現得比練習時還優秀的人。」[7]

在電傳打字電報機、無線接收器、防竊聽電話的嘈雜響聲之間，五十三號無線電台的氣氛是年輕、令人目眩的。長官提醒芬妮「隨時表現得像淑女」[8]，但她們可能自稱「女孩」[9]。她們多是二十幾歲[10]的單身女子，而在一九四三年，芬妮們多半是新召募來的成員，是志願加入的平民，隨時可以不幹這份工作。雇用她們並不是著眼於美貌成熟；最能幹的專精於謎語、音樂與外語。她們的對話有點愚蠢，甚至是口無遮攔，相當淫穢，但工作卻無比嚴肅——要保住間諜的性命。

芬妮們若是發現在敵線後方工作的間諜也是女性，想必會很訝異。第一批比尤利結業的間諜，在一九四三年已在敵後工作——安德莉、莉絲、歐黛特、伊芳與瑪麗。敵線後方的女性比在五十三號無線電台敲打電報鍵盤的，經歷到戰爭更刺激的一面，但是就成果來說，兩者的重要性不相上下。布萊切利園的幾名女性破解了德國的「恩尼格瑪」（Enigma）加密機，而特別行動處的芬妮幫間諜的訊息解碼，並做出新的密碼編纂基礎，以愚弄納粹。密碼越來越複雜，芬妮甚至要寫出有創意的詩，當作是間諜編碼的基礎；這些詩歌成為謎題的平台，幫訊息加密。

芬妮想出的其中一則小詩是這樣：

Is de Gaulle’s prick
Twelve inches thick
Can it rise
To the size
Of a proud flag-pole
And does the sun shine
From his arse-hole?

（戴高樂的那話兒／十二吋粗嗎？／舉起來／會不會像／驕傲的旗杆、那麼大／陽光會從／他的屁眼照耀嗎？）[11]

一九四三年的冬天，倫敦與法國之間的通訊暴增。由於新一批的法國特務已找到據點，可帶來新貢獻，因此貝克街希望二月到三月的月亮盈缺週期，活動要增加到前所未見地活躍，部署更多特務，並發送好幾噸的槍枝、炸藥、軍需品與配給品。

同盟國正強化對抗希特勒的恐怖戰爭。法國部門拚命招募、準備軍武裝備與訓練法國人。不過巴黎的醫師網絡在一九四三年冬天卻進展緩慢。這個網絡通常稱為「昌盛」——以法蘭西斯的代號為名——實際上卻不是那麼昌盛。空投並未照計畫執行，總部無法部署夠多的無線電操作員，而次網絡缺乏武器，難以削弱納粹能力，無法正常運作。這導致戰場上的特務越來越挫折：每個月在黑暗中，安德莉都會招募與訓練年輕反叛分子，負責蓄意破壞與接應；等月圓之後，他們就會分散到鄉間，站在寒冷的原野盯著天空，等待引擎轟隆聲，及絲質降落傘張開，但最後只能垂頭喪氣的回家。月光沒有帶來成果。一九四三年以來共有十五次的空投嘗試，只有兩次成功[12]。兩次共投下七個容器，每個大小和棺木差不多。這樣的武器不足以供應一支祕密軍隊。

二月二十一日，一九四三年

這是非常熱情的一組新人馬如果本月能運送將會大有幫助[13]

一九四三年會是法國反抗者的分水嶺。在福煦大道，波美伯格少校與他的同事注意到，突然間，「法國過去沒有的恐德情緒」[14]出乎意料白熱化。

在賣國求榮與反抗之間，還有中間地帶：法國國民絕大部分屬於這個類別。暴力抵抗得不到多少支持是可以理解的；森林裡躲著的那些年輕人沒有工作、沒有家人，吵吵鬧鬧拿著槍復仇，這樣的行為沒多少人能夠苟同。正常人怎麼會支持無法無天，拿著炸彈的青少年呢？

在巴黎遭到占領的最初三年，多數抵抗行動是小規模，缺乏統整的。但所謂反德意志國的恐怖攻擊，在一九四三年急速增加。雖然安德莉和法蘭斯西無法得到足夠槍枝，但有槍的人會馬上拿起來使用。「在巴黎街頭，每天都有德國人遭到殺害，」[15]一名那年春天從法國到倫敦的最高機密回報，「這些攻擊行動中，有九成所使用的武器是由我們所提供，例如共產黨的武器就是來自我方。」

在法國淪陷之後，對納粹的攻擊不夠純熟專業，憤怒與蓄意破壞的目標可能會是軍人，而不是策略性攻擊沿海設施或軍需品工廠。殺害軍人會引起連鎖反應，導致復仇與反抗的地獄之火都越燒越旺。一名德意志國防軍在一九四一年於巴黎街頭遭到殺害時，德國就處決了三名法國人質，作為報復。希特勒從德國譴責他的法國指揮官，堅稱死亡人數應該更高，三比一的懲罰遠遠不夠。一條德國人的性命，價值遠超過三名法國恐怖分子。希特勒堅持祭出「最嚴厲的手段」，一名德國人死亡就至少要處決五十名以上的法國人質，搜捕與監禁三百名法國人。你來我往必須呈幾何倍數增加。希特勒說，接下來若有攻擊德軍的事件，就要處決一百人，以此類推，直到法國人明白元首的怒火威力。維琪政府為了表演爭取主權，還堅持擬定人質名單——然而這些受害者多是無辜的。

法國行刑隊的報告在法國迴盪。

在巴黎，有粗大黑框的黃色納粹宣傳海報上，列出近期遭處決的恐怖分子姓名。在公園與地鐵的布告欄，都張貼著這樣的布告：

> 任何對德軍施暴者將槍決。
>
> 所有十八歲以上的男性近親會一併槍決。
>
> 所有女性親屬送去勞動。
>
> 所有十七歲以下孩童，無論男女都由國家監護。[16]

每個德國軍人死去都會引起連坐罰；法國的母親、妻子與孩童都得為行凶者付出代價。

謀殺促使反抗運動在法國生根。德意志國的懲罰規則為反抗火上添油，引來更多憤怒攻擊，更多德國的復仇，之後又更多抵抗，及更多納粹的憤怒；雙方冤冤相報，血債血償。只是，就連最無情的納粹黨員，也不願捲入這樣的死亡漩渦。一名在法國的軍事指揮官奧托·馮·司徒那傑（Otto von Stülpnagel），在下令處決九十五名法國人質之後辭職。

謀殺案暴增，對於派駐法國的希特勒指揮官而言很棘手。柏林熱衷於復仇，讓波美伯格的間諜搜查者疲於奔命，危及德意志國的治理。復仇政策使得與維琪政府的關係緊張，鬆動兩政體的「功能性合作」與緩和關係，維琪政府幾乎不可能再把志工送到德國兵工廠。

國民一向對於占領者沒有好感，而不成比例的血洗政策，更導致關係降到冰點。這報復命令成為安德莉地下軍隊的絕佳招募工具，正如邱吉爾向他的顧問指出：「殉教者的血是教會的種子。」[17]

最後，維琪政府與德意志國為元首偏執的嗜血慾找到政治性的解答：有系統處決「猶太布爾什維克分子」。在一九四三年，許多猶太人已不再是法國公民；維琪政府已註銷他們的護照。這些猶太人原本就會被捕與驅逐出境，現在恰好當成回應希特勒瘋狂反恐政策的新答案，變成法國最終解決方案中的一部分。

戰爭的漫漫長冬，也侵蝕人民對維琪政權的信心。占領維持得越久，越讓法國工人（小老百姓）不自在。民眾很難承受占領的壓力，自從德國人大舉進入法國之後，通貨膨脹率高達百分之五十[18]。食物短缺，為了必需品排上好幾個小時，導致婦女暴動。巴黎在全歐洲的配給率最低[19]。有人開始在杜樂麗花園種菜；巴黎人一個月得到三．二盎司的油、二盎司的人造奶油[20]，肉的配給更少，據說可用地鐵票包起來——除非票已打洞，因為晚餐可能從洞裡滑出[21]。饑荒讓法國更瘦弱，在戰爭期間出生的孩子有三分之一生長遲緩[22]，出生時體重只有三磅的新生兒屢見不鮮，只有五分之一出生的體重正常[23]。女人越來越憔悴，月經很少來，或者根本不來；就算來了，女人會開玩笑說，英國人終於來了——「紅外套」終於登陸[24]*。

希特勒並非一舉擊潰法國，而是花了好幾年。一九四二年，維琪政府開始實行「自願」到德國勞動的政策——稱為「救濟」（la relève）——承諾用三個高大健壯的法國工人，換回一名受傷的法國戰俘，但這承諾從沒有兌現。「救濟」之後就是實施強制徵召。強迫勞動服務局（*Service du Travail Obligatoire, STO*）成立，迅速把六十五萬法國男人送到德國工廠[25]，此舉更加鞏固反抗情緒的基礎。一旦有哪個母親的孩子可能被放逐、到國外當奴工，反抗活動會從小小的知識分子圈與都會活動，擴展成大眾運動。強迫勞動服務把戰爭帶到每個教區[26]，進入每個家庭的客廳。如果官員希望透過徵召，把遊手好閒的男孩派到德國，藉以清除潛在的恐怖分子，那麼恐怕是犯下致命的錯誤；這樣只會創造更多反抗者。

國際事件也刺激了法國。一九四一年，德國進攻蘇聯，法國共產黨得到史達林的命令，要幫俄國復仇，於是起身抵抗納粹，那股恨意散發著革命的意識形態。一九四三年，盟軍在法屬北非反抗貝當的停戰協議，他的軍隊也被解散。法國主權的託辭已經不存在，這位元帥更像是毫無作為的走狗，只管掏空法國口袋，送給希特勒。一九四三年二月，來自俄羅斯的消息指出，希特勒的軍隊在史達林格勒潰敗。

在遭到占領三年之後，戰爭的鐘擺朝著同盟國盪去。在巴黎，對於勝利的期待開始生根。

如果有槍的話就好了。

一九四三年三月二日

民眾感到失望他們花時間與風險與石油卻一無所獲相當失望何必報告為何不早點嘗試這是糟糕的宣傳與外交。[27]

從倫敦的眼光來看，巴黎網絡（丹妮絲、昌盛與阿尚博〔Archambaud〕——安德莉、法蘭西斯與吉爾伯特）是好團隊。這鐵三角彼此欣賞，是「形影不離」的好友[28]，鮮少有這樣事業與軍事的好組合，「大致而言，這三人總是在一起，」[29]一名巴黎的特務回憶道。「蘇提爾就像吉爾伯特的父親，吉爾伯特總是崇敬這位領導者，使命必達，」一名同事說，「在危險且面臨重重考驗的情況中，會締結堅強的友誼，欣賞彼此的工作。」[30]

由於缺乏火力，無法展開蓄意破壞，因此這網絡在無月的夜晚會到熱爵士俱樂部（Hot Club），這是隱密的爵士俱樂部，以吉普賽音樂聞名——是金格．萊恩哈特（Django Reinhardt）[31]的大本營。安德莉與法蘭西斯走進俱樂部，和招募來的志士開會時，「大家會覺得神現身。」[32]在豎笛與薩克斯風的伴奏之下，倫敦特務教巴黎人如何組裝機關槍、子彈上膛，之後他們要把子彈藏在書

---

* 譯註：「紅外套」是英國陸軍的「綽號」，因其傳統軍服為紅色。

櫃底下的挖空底部。有一天，當同盟國的物資和月亮一樣那麼規律地送抵之後，這些課程將會發揮愛國用途。無怪乎維琪政權認為爵士樂會威脅法治與秩序；安德莉的俱樂部夥伴正打算要為德意志國惹出大麻煩。

法蘭西斯說安德莉「有完整的安全概念，又冷靜沉著」[33]。她把帽子拉低到眼前，圍巾打個結，豎起毛領拉緊，就這樣消失在巴黎街頭。在傳統戰場上，對手是認得出來的：身穿制服，他是敵人，「我們」與「他們」之間是你來我往的。不過在被占領的城市，國家屈服於征服者；國民會和他們所鄙視的人交友、相互支持、一起工作，甚至變成原本所鄙視的人。對於參與臥底行動的任何女人來說，敵人可能是每一個人。「你沒辦法坦然信賴第一個你看見的人，」[34]一名女間諜說。

一九四三年冬天，安德莉的力量強大，又展現出有別以往的美。她在偽裝時，髮色比以前還金黃，梳得較高；她把頭髮梳到耳後，在額頭堆得高高的，好像光靠著地心引力和髮夾，就足以挑戰納粹冷酷的瞪視。時裝品牌香奈爾與迪奧靠著德國小姐與賣國分子賺錢，但安德莉和許多巴黎人一樣，扮演著扎祖女孩（zazou）[35]。這時巴黎的服裝流行正經歷一場戰時青年運動：「扎祖」一族風起雲湧，他們靠著爵士樂來表達拒絕服從的態度。當時衣料短缺，同盟國封鎖海港，法國生產的衣料都送去做德意志國防軍的降落傘與制服，國產羊毛在紡織時就加了百分之三十的木纖維，據說每當下雨，手工編織的毛衣裡面會有白蟻飛出來。但是對巴黎女人來說，在戰爭物資匱乏之時保持美麗是值得驕傲的。她們仍舊透過服裝來發言，穿起誘人的低胸洋裝，對抗貝當提倡的天主教，故意和他呼籲全國保持樸素風格唱反調，甚至穿起更緊身的襯衫，說這樣有助於解決布料短缺。在歐洲有史以來最寒冷的冬天，女人穿著特大的兔毛大衣，那是從養殖來食用的兔子剝下的皮毛製作（天竺鼠也是食物與皮毛的來源）[36]。為了方便騎單車，她們穿上男友的長褲，裙子也越來越短。戰前服裝時髦帥氣的男人，也開始走扎祖路線，穿鬆垮、肩膀寬的外套，頭髮留得太長，並往後梳，在身上展現對社會的反抗與發自良知的抗議。

安德莉會避開德國人的理由顯而易見，不僅如此，她痛恨德國人。他們裹著黑色皮革風衣、穿長靴、戴大盤帽、穿灰綠色羊毛衣，用鍊子掛著勳章。那些金髮、眼神空洞的男人似乎穿得暖、吃得飽。納粹說的法文有難聽的喉音，再怎麼努力，聽起來仍像犬吠。多數軍人來自德國鄉下，是從來沒離開過家庭農場的土包子；巴黎則是成熟美麗，發出耀眼光芒。城市是他們的戰利品，是充滿獎賞與樂趣的樂園——有歌劇院、餐廳與妓女。德國人大吃大喝，擔心隨時可能命令一來，就把他們派到亞利安弟兄的行列，死在俄國前線。有些軍人被派來巴黎養傷，這是在冬天從史達林戰場撐下來的獎賞。這城市對德國佬來說很便宜：他們拿的薪水是帝國馬克，花的是貶值的法郎。鮮少哪個納粹軍人從巴黎返家時，不是裝滿一整行李箱的奢侈品：巧克力、香水、亞瑪邑白蘭地（Armagnac）。戰爭變成了輸出的歷程。一名同事回憶道，這一切讓安德莉反感。「對於敵人，她完全看不起。」[37]

其他女人倒是和德國人相安無事。巴黎珍惜自己的文化、熱愛音樂和文學，是條頓人理想中的歐洲，因此巴黎成為他們的學習中心；占領者與從屬者之間有相似點，雙方有交集與驕傲。德意志國防軍的軍官想拿多少真正的咖啡與溫暖的衣裳就拿多少，但法國公民卻求之不得，因此討好軍人似乎成了合理的決定。反正巴黎沒有剩多少適婚年齡的法國男子，這種結合被稱為「水平通敵」。到了一九四三年，共有八萬名法國母親生下德國軍人的孩子[38]。女人通敵的時候，是性別的；男人通敵的時候，卻被稱為是政治的。敵人一樣，標準卻不同。

如果占領的意思就和字面一樣，是指一個地方被接管，那麼一九四三年冬天的巴黎就是令人心痛的實例：街道標誌寫德文，勾十字旗在寒風中飄揚；空了的公寓裡住著德國部隊。法國人為自己的流離失所找出一個新字「dépaysement」*——覺得自己不在家。他們沒了國家。

安德莉想把法國要回來。她不想屈服；她精神沒有動搖。法蘭西斯說：「她是我們最厲害的一員。」[39]

一九四三年三月八日，安德莉很晚回家。她回到小馬廄路五十一號的房子時，門房告訴她壞消息。在這可疑的城市，先付錢給門房是標準作法，先給他們好處，讓他們在不太對勁的互動或軍官上門盤問之前早早提出警告。間諜是不會忽略這項工作的。

安德莉帶著這令她不敢喘氣的消息，登上樓梯，來到她的公寓：那天下午大約五點，她不在家的時候，警察來搜她房間。

第十區算是容易躲藏的地方，這裡龍蛇雜處，不容易追蹤，房東通常不會要求房客文件證明，因此想躲避強迫勞動的男子青睞這裡。那裡的人遊手好閒，女人則可買賣。這裡吸引社會的渣滓，不過安德莉早在受訓殺人之前，就學會在任何暗巷中自保。

在她房子的一樓有間小咖啡館，就像小櫃子隱身在街上。這條街原本足以讓馬車通過，現在只有腳踏車的蹤影。她臥房下的咖啡館客人暢飲美酒，抽真正的菸草，直到深夜。

所謂的卡林格（Carlingue）是惡名昭彰的波尼拉豐（Bonny-Lafont）†手下的幫派[40]，他們會搜尋咖啡館。他們是群貪污的前警員，和納粹一起合作，因此稱為法國蓋世太保。這群有黑道背景的成員是從地下犯罪網絡大量召募而來，並從法國弗雷納監獄（Fresnes Prison）找殺手與走私者。組織總部在羅里斯通路（Rue Lauriston），是光鮮亮麗的十六區，成員隨時會突襲住家、綁架家庭，之後對每個人施予酷刑，直到他們交出珠寶、繪畫、古董、現金。幫派把他們搶來的東西堆藏在第十區，理由和安德莉一樣：這裡很容易掩人耳目。這一帶以檯面下的贓物和黃金交易馳名。他們會安排非法購買，抵達會合點之後又自稱警察，於是奪走搶奪戰利品，把共犯交給納

---

* 譯註：意思是不在家而產生的茫然困惑，或新鮮感。

† 譯註：指皮耶・波尼（Pierre Bonny）和亨利・拉豐（Henri Lafont）為首的犯罪幫派，在戰前就已經存在。

粹，換取豐厚的手續費。這種詐騙手法可以賺來大把金錢。

安德莉有好幾晚待在熱俱樂部和前往鄉下接應空投，回到公寓時，那些啜飲白蘭地、打算在逮捕或殺害她之後大肆慶祝的人根本近在咫尺——他們活捉或殺她。

安德莉進了房間。她的物品還在，衣服沒被翻過。她的公寓也是其他女性間諜的核心：赫伯有鑰匙、莉絲要收發訊息時會找她，伊芳常來市區。安德莉環顧小小的公寓，看看有沒有任何線索，會洩露反抗分子的訊息給窮追不捨的警方視察者。有用過的火車票嗎？米其林地圖、假造配給卡、地下人生的漂流片段？實在是千鈞一髮。

安德莉臨危不亂。她向法蘭西斯報告警察來過，並說要是那些人回來找她麻煩，那麼她準備好「虛張聲勢」。剛才的千鈞一髮，讓安德莉要把納粹趕出巴黎的決心加倍堅定。「沒有什麼事會讓她對任務分心。」[41]

當晚警察沒再回來，安德莉鬆了口氣。不過黑道仍經常造訪樓下的咖啡館，在巴黎橫行，殺害無辜、突擊住家、操縱黑市、搜查剩下的猶太人，以皮手套和希特勒野蠻的安全國家合作。

依照貝克街的規定，納粹突然登門表示安德莉應該走入暗處，讓自己消聲匿跡。然而她目前處境危險，可以日後再回來。不過，安德莉可不願避風頭。時間不夠了，倫敦催促巴黎的間諜為進攻做準備，要快速擴大網絡——即使在槍枝到來之前。

接下來，安德莉更常在別人家過夜，沒留在自己的公寓。她選擇和一名帥氣男子：無線電操作員吉爾伯特。一九四三年冬天，安德莉的日子就是白天發送訊息、遞送槍枝與金錢中度過。到了夜晚，則和吉爾伯特在一起。

一九四三年三月九日

來自昌盛的信，明文，透過信差傳送

會在三月十日攻擊尚吉（Chaingy），四或五天後攻擊謝維利（Chevilly）。會透過我的人寄送此事的報告。

……我想重複一遍。阿尚博（吉爾伯特）和莫妮卡（安德莉）做得很好。加速登陸，我們三人都需要稍微放假。[42]

一九四三年三月十二日

德國人忙著在進攻之前掃蕩全法國。在本月加速你們的任務。[43]

一九四三年三月十九日

老天加速任務為何如此延遲。[44]

一九四三年三月二十一日

星期六晚上仍無訊息無行動怎麼回事天氣好我們都沒耐心風險很高勿浪費時間命運眷顧勇者（LA FORTUNE EST AUX AUDACIOUS）。[45]

命運眷顧勇者。

雖然缺乏武器，反抗分子的勢力與規模仍在增長。強制服勞役的人與大量青少年，前仆後繼加入游擊隊，這時該如何集中整合，成了迫切的任務。為了把個別派系組織成單一的力量，戴高樂將軍透過法蘭西共和部（和特別行動處是平行機構），派出個人特使。（安德莉與法蘭西斯在巴黎，準備啟動反抗運動，並給與反抗人士武器，這過程中，他們並不考量政治角力。然而法蘭西共和部則是致力培養由戴高樂領導的反抗勢力。）

尚・穆蘭（Jean Moulin）*的任務是要整合反抗團體，將學生、勞工、社會主義派、共產黨員、前軍人、警察、猶太人、地下報紙與逃脫路線參與者，全都整合到戴高樂的旗旄之下。穆蘭特別有資格擔負起這工作。他曾是維琪政府的政治人物，被納粹逮捕刑求時是省長。他在牢房裡感到絕望，怕自己在壓力下崩潰，於是誦唸哈姆雷特的獨白——活著，或是死去——甚至想自刎。一名守衛及時阻止。這瘋狂的舉動使他獲釋。他的特色是聲音沙啞刺耳，永遠圍著圍巾，展現他反希特勒的功績。

穆林在一九四三年代表戴高樂飛往法國時，他統整了反抗勢力，其他反抗勢力領袖大多讓賢。到那年冬天，約有八萬名準軍隊成員統整起來行動[46]，安排蓄意破壞，幫助盟軍飛行員回到英國，護送猶太人穿越西班牙邊界，偽造證件，發送游擊隊報紙，釋放拘留營的戰俘，藏武器，並訓練青少年射殺納粹，或引爆即將前來的火車。

法國部與法蘭西共和國這兩個部門，在那冬天會統整好如何指揮、整合與策略。游擊隊熱衷於行動，而組織領袖相當積極，不滿足於單純的招募任務，他們還要武器。但是巧克力與手榴彈的運送並不規則，皇家空軍的飛機沒能空投足夠的間諜或容器，滿足新興祕密軍隊的需求。

反抗運動才剛要成長，卻已洩氣。游擊隊集結，卻沒有戰鬥可打，那麼解放的任務似乎徒勞

* 譯註：一八九九—一九四三，法國反抗運動成員。

無功，而戰爭似乎沒有希望。德意志國占領法國，彷彿會比一千年長個十倍。

抵抗運動必須有所作為。

一九四三年三月二十二日

變得越來越不受歡迎因為英國顯然被動無法協助他們解放。我認為士氣低落人員不願認真蓄意破壞。人員不願離開若您持續供應武器食物與金錢可展開游擊攻勢。請建議。[47]

一九四三年三月二十三日

本月行動不是沒耐性而是不悅。[48]

一九四三年三月二十四日

告知我方天氣因素未執行任務因而我方缺乏槍枝炸藥，但實際原因我不敢猜。[49]

一九四三年三月二十八日

全員急需物資。昌盛。[50]

一九四三年三月二十八日

因二三月無接應行動團隊安全與士氣快速崩落。諾曼第戰場因德國總部故四月可能無法使用。進一步行動須視三月接應而定。無法再度仰賴德國停滯。仰賴你們馬上合作。失望。昌盛。[51]

注釋

1 「昌盛」指蘇提爾的代號，只有開頭字為大寫；若是指他的網絡醫生／昌盛（PHYSICIAN/PROSPER），則每個字都大寫。

2 Annex of Telegrams, HS 6/338, National Archives, Kew. 本章的電報文都來自同一份文件，但未必是昌盛網絡所發出的。

3 就在同一年內，這個電台會變成五十三A，因為當局另外建立一個接收處，處理特別行動處的流量。

4 Marks, *Between Silk and Cyanide,* 138.

5 女性解密者與無線電操作員，會以「女密碼員」（cypherene）一詞來表示。

6 Agents Ciphers, HS 7/45, National Archives, Kew.

7 Marks, Between *Silk and Cyanide*, 326.

8 Brigadier Gammell，出處同前，37.

9 特別行動處女性編碼者也常稱為女孩，不僅是間諜而已：

派蒂．史普羅爾（PADDY SPROULE，馬辛姆[MASSINGHAM]行動女編碼員，提及克莉絲汀．葛蘭維爾[CHRISTINE GRANVILLE]）

她很厲害……我只教她如何製作特殊代號，她非常聰明，不需要教太久。我想頂多半天吧，她只是經歷過馬辛姆的其中一名特務。她應該是從卜利達（Blida，位於阿爾及利亞北部）……進入法國……但我想她是我印象中唯一的女間諜，也是唯一有關係的，不過——她是個很棒的女孩，非常討人喜歡。

……在馬辛姆，有不少「郵局女孩」……因為她們知道無線電與電纜之類的事情。她們是特別招募的，來自各行各業。

貝蒂．諾頓（BETTY NORTON，馬辛姆行動女編碼員）

安斯蒂上校（Colonel Anstey）給我這個訊息，我則編碼，當然我是交給訊號室，之後我們會得到亞維農回傳的訊號，其中一個解碼的女孩會說：「嘿這是給你的。」

（引言由祕密二戰學習網 [Secret WW2 Learning Network, www.secret-ww2.net.] 創辦人馬丁．考克斯提供。）

戰爭時期女子輔助隊的文獻還有不少例子，是肯定「女孩」這個字。參見瓊恩・米勒（Joan Miller）的回憶錄*One Girl's War: Personal Exploits in MI5's Most Secret Station* (Dingle, Ire.: Brandon, 1986)，亦參見Dorothy Brewer Kerr, *The Girls Behind the Guns: With the ATS in World War II* (London: Robert Hale, 1990)。

10 這個工作場合出現的女子，對訊號部門的許多年輕男子來說是一項挑戰。里奧・馬克思（Leo Marks）中士說，他無法理解諸如此類的事：為什麼他最好的編碼員每隔一段時間就會變得不可靠，解碼的精準度會準時分崩離析。他說，他被拉到一旁，學習女性身體的運作，發現密碼編碼員的表現是因為月經週期而異常。他說，芬妮每個月精準度下滑時，就指派她較輕鬆的任務。

11 Marks, *Between Silk and Cyanide,* 38.

12 Suttill, *Shadows in the Fog*, ebook.

13 Annex of Telegrams, HS 6/338, National Archives, Kew.

14 Allan Mitchell, *Nazi Paris: TheHistory of an Occupation, 1940–1944* (New York: Berghahn Books, 2008), 94–95, 引述自Drake, Paris at War, 294.

15 J. A. F. Antelme, HS 9/43, National Archives, Kew.

16 布告海報可在尚皮尼國家抵抗運動博物館（Musée de la Résistance Nationale, Champigny）的網站找到。

17 引述自Foot, SOE in France, ebook.

18 Drake, *Paris at War,* 288.

19 出處同前，332.

20 Virginia d'Albert-Lake, *An American Heroine inthe French Resistance: The Diary and Memoir of Virginia d'Albert-Lake*, ed. Judy Barrett Litoff (New York: Fordham University Press, 2006), ebook.

21 Larry Collins and Dominique Lapierre, *Is ParisBurning?*(New York: Warner Books, 1991).

22 Hanna Diamond, *Women and the Second WorldWar in France, 1939–1948: Choices and Constraints* (London: Routledge,1999), 156.

23 Flanner, "Guinea Pigs and the Mona Lisa."

24 法文為 Les anglais sont débarqués.

25 這是一般接受的數字，經常出現。參見 Stenton, *Radio London and Resistance in Occupied Europe.*

26 在一九四三年的一月到三月之間，有二十五萬法國男人被送到德國，光是巴黎就有七萬人，另外二十二萬人要在六月前送去。(Drake, Paris at War, 303.) "Pas un homme pour l'Allemagne!" 英國廣播公司的播音員呼喊道，意思是不要把男人送到德國！(Jan. 23, 1943, Jean-Louis Crémieux-Brilhac, Ici Londres, 1940–1944: La voix de la liberté, 5 vols. [Paris: Documentation Français, 1975], 3:81.)

27 Annex of Telegrams, HS 6/338, National Archives, Kew.

28 Guerne interview, in Vader, Prosper Double-Cross, 99.

29 J. Agazarian, HS 9/11/1, National Archives, Kew.

30 Guerne 引述自 Vader, *Prosper Double-Cross,* 100.

31 萊恩哈特（1910–1953）是個吉普賽（羅姆人）裔的法國吉他手，是二十世紀最偉大的音樂家之一，也是歐洲首屈一指的爵士作曲家。

32 Guerne 引述自 Vader, *Prosper Double-Cross,* 50.

33 Andrée Borrell, HS 9/183, National Archives, Kew.

34 Sonya d'Artois, Pattinson interview.

35 扎祖一詞源自於凱伯．凱洛威（Cab Calloway）的歌曲〈Zah, Zuh Zaz〉，一九三四年錄製。

36 食物非常缺乏，就連兔子也難以大量繁殖。天竺鼠也成了自家的動物性蛋白質來源。「感謝老天，天竺鼠的油脂非常多，」一名美國老饕寫到，「多數的貓，就連喜愛的貓都被吃了。如果你還有寵物狗，馬賽的屠夫會賣給你用其他寵物做成的狗糧。」Flanner, "Guinea Pigs and the Mona Lisa."

37 Mme. Guepin, quoted in Nicholas, *Death Be Not Proud*, 171.

38 Diamond, *Women and the Second World War in France*, 83.

39 Borrel, HS 9/183, National Archives, Kew.

40 J. O. Fuller, The German Penetration of SOE(London: Kimber, 1975), 61.

41 Mme. Guepin 引述自Nicholas, *DeathBe Not Proud*, 171.

42 Borrell, HS 9/183, National Archives, Kew.

43 Annex of Telegrams, HS 6/338, National Archives, Kew.

44 出處同前。

45 出處同前。

46 Foot, *SOE in France*, ebook.

47 Annex of Telegrams, HS 6/338, National Archives, Kew.

48 出處同前。

49 出處同前。

50 出處同前。

51 出處同前。

第十三章
爆破不許失敗
尚吉

一九四三年初春的某一天，安德莉·波瑞爾在鄉間騎著腳踏車[1]。空氣中飄著新鮮泥土與燒柴味。原野陰陰暗暗，上一季的殘梗已翻入整齊犁好的成排種子下方。泥土下的生命正在萌芽，等待夏天漫長的白晝。

山丘並不陡峭，鄉間景色宜人。新月時，天空沒有光源，無法進行空中任務，因此這時是打地面戰的時機。安德莉精神抖擻，迎接實際行動的日子，和戰前到巴黎郊外出遊的假日無異。

尚吉是策略性目標。在一連串的轟炸之後，英國皇家空軍設法轟炸這一帶的電力交換設施，目的是癱瘓鐵路。盟軍轟炸機成功從空中切斷幾條電力線路，但在攻擊中，也「失去三、四架飛機」。之後，納粹發現降落的飛行員，處理方式像是法國大革命之後鮮少出現的公眾審判。「飛行員遺體（在廣場上）曝屍四天，在這一帶引發眾怒。」[2]

吉爾伯特．諾曼籌劃了精準演習過的回應。如果尚吉的變電設施垮了，將引起龐大的連鎖反應。法國南北向鐵路列車仍使用燃煤引擎，但從大西洋岸到阿爾卑斯山的橫貫鐵路已電力化，容易遭到波及。兩千哩高壓電鐵道對公司而言，是破壞行動的不二之選[3]。這計畫是用一連串發電所爆炸，從源頭切斷電力。

切斷電力線路的破壞效果是短暫的，通常不到一天即可恢復，但可以打亂從巴黎與大西洋岸，到希特勒歐洲占領區的東西向人力與重型設備運輸安排。納粹戰爭的飛機、引擎與卡車，都依賴法國北部工業區的供給。吐著煤灰的老式燃煤火車，仍可把糧食從北方送到南方，餵養這飢餓的國度；反抗運動才剛萌芽，避免傷害平民百姓很重要。吉爾伯特規劃了出入路線，計算爆炸比例。他「負責搜尋，並製作小比例模型，上頭標示出實際放炸藥的布局」[4]。等到第一個沒有月光的春夜，就是吉爾伯特將計畫付諸行動的時候了。

安德莉踩著腳踏車，優雅輕鬆行經小農場。她背包裝得滿滿的，裡頭是炸藥磚塊。「她就這樣提起扛到背上，彷彿那只是一根羽毛，」[5]她姊姊說。三塊塑性炸藥磚就足以炸毀一輛卡車。安德莉麻布袋裡的分量可炸掉三輛卡車，或至少幾座電塔。「她滿不在乎地帶著炸藥到巴黎以外，不在乎重量，也不在乎危險。她熱愛工作……找到了自己的天職。」

安德莉在光天化日之下，於樹木林立的路上騎車。法蘭西斯說她是「完美的中尉，是優秀的組織成員，會分攤所有危險」[6]。

一名同事和安德莉一起騎車。他是個子矮又話多的男子，兩人假扮成「情侶」[7]。吉爾伯特現在已經取代杜福爾，成了她的男友，但在保守的天主教國家，和男子獨處時最好有合理的理由，因此她又找了另一個情人，至少表面上看起來如此。安德莉在受訓時學到，「在我們這一行，一定要懂得臨場發揮。」[8]

和安德莉一起騎單車的夥伴是尚・沃姆斯（Jean Worms），他原本屬於卡特的南方網絡，後來「公司」雇用他，讓他在英國受訓。沃姆斯因為「百分之百的猶太人」[9]而遭判死刑，遂以嶄新的身分回到法國。沃姆斯現在只有外貌像猶太人——個子小、深色頭髮、戴眼鏡——他的假身分證絲毫沒有猶太痕跡。他在巴黎領導一個全猶太人的網絡，與法蘭西斯的昌盛網絡是平行組織。組織在訓練猶太人的政策仍不一致：猶太人可能是對抗希特勒的獵物，但也可能是戰場上的負擔，亞倫就是一例。「公司」認為尚適合投資。他人脈很廣，和銀行與貨幣市場有很深的聯繫。他就像流浪貓，逃過許多九死一生的劫難。安德莉與尚又要一起試試運氣。

在遠離城鎮的空曠田野裡，安德莉把腳踏車藏在長長的草叢。猶太特務不是天生身材健壯的人，既不是運動好手，也不像法蘭西斯與吉爾伯特那般神氣。不過安德莉與尚仍有許多共同點，例如對德國佬恨之入骨。尚的訓練者寫道：「他的人生似乎只有一個目標：復仇。」[10]他們像情侶般走著，不慌不忙，不特別謹慎，朝著田野上的三座電塔前進。這巨大的金屬格網塔有高壓電流通過。

安德莉在一座金屬塔下面放下背包，拿出一塊塊炸藥，上面寫著「手不要碰觸太久，以免頭痛。」[11]她和沃姆斯的炸藥「共有二十個左右」[12]。標準炸藥是個半磅的塊狀體，像可以拗折的橡膠，裡頭裝著一管引爆物。揮發性強的炸藥裝在橡膠纖維，之後引爆導火線沿著長度綁好。一塊炸藥就是巨大毀滅鏈上的小圓珠。安德莉把炸藥貼到高壓電塔基部的每根腳柱，沿著鋼架的寬度貼滿，這樣才能炸斷金屬。微風中帶有濃重杏仁與潤滑油的化學臭味。

在蓄意破壞的行動中，課本與課堂上會反覆警告間諜：

爆破不許失敗[13]

此時整個區域還有其他七組團隊（包括法蘭西斯與吉爾伯特）[14]，都在執行相同的行動，目標是其他二十四座電塔，每座都有三十萬伏特。游擊隊員也在附近鐵路沿線發動攻擊[15]。

安德莉在高壓電塔下裝好炸藥之後，就從包包裡拿出鉗子，壓碎細而空的金屬管，那金屬管就裝在炸藥裡，不比鉛筆大。安德莉在受訓時，這步驟已經滾瓜爛熟：擠壓銅圓柱，搖晃。之後在第二根圓柱重複。這些是延時炸藥（稱為定時筆），會啟動炸藥反應。等到管子末端碎了，酸就會流出；這腐蝕性的液體會侵蝕裝在彈簧上的鉛線，而這條鉛線連接到撞針。一旦安德莉拉開拉著撞針的保險片，時鐘就會開始倒數。如果第一個裝置沒發揮功用，第二個也會定時器啟動了。

酸液流到管線，腐蝕保險絲時，這對「愛侶」[16]已騎著腳踏車，回到路上。

安德莉騎不到兩哩路，還能看見高壓電塔時，定時筆斷了。撞針一掉，撞到火帽，旋即開始引爆。

原野在怒吼，白色火光朝天空飛去，就像閃電之指從電塔往上伸。那速度超出眼睛的處理能力；爆炸的速度可增加到每秒兩萬呎。含氮分子往四處飛去，只剩下水蒸氣擴張成雲朵。二氧化碳與一氧化碳以各種比例混合擴張[17]，釋放出過多的氧分子。原本黏黏的磚塊釋放出能量，爆發出的火比安德莉的包包大一萬五千倍。黑煙包覆著電塔的底部，從裡面發光，就像堵塞煙囪裡的火焰。氣體擴張之後再退縮，捲入中央爆炸處。接著，第二次爆炸發生。

安德莉傾聽撞擊聲，騎車離去，回頭張望的模樣像個去野餐的女孩一樣平靜。第一座高壓電塔坍塌了，把電線也扯下來。第二座電塔旋即應聲倒下，把高壓電線拉扯到地上，「迸發出藍色火焰」[18]，直到電力切斷。

但是第三次爆炸呢？安德莉與沃姆斯炸了三座高塔，卻只有兩次爆炸、兩次氣體球、兩團黑煙雲。他們得到的警告是，「爆炸不完整，意味著毀滅不完全。」[19]

爆破不許失敗。

最後一次爆破似乎沒有引爆。有點不對勁，但絕不能掉頭檢查恐怖行為。

安德莉繼續踩踏板，她的背包輕盈空蕩。她看見田野另一頭有輛雪鐵龍在疾駛，朝著她的「犯罪現場」前進。

她繼續騎向安全之處，騎向不在場證明，直朝著典型的法國小村莊去，「那裡有騎腳踏車的神父、穿黑色連身服的小孩及麵包的香氣。」[20]

據說[21]第三次爆炸是過了一段時間才發生，那時安德莉已回到藏身處。三名納粹人馬下了雪鐵龍，檢查電塔扭曲變形的底部。他們站在滾燙的廢墟時，延遲的炸彈爆炸了。這三個人中的首領被炸成「碎片」[22]，其他兩名德國人則受傷。

死亡人數通常會誇大，以鼓動百姓對反德抵抗運動的情緒。安德莉的爆破事蹟被反覆訴說[23]，還有希望自己在場的中尉渲染。不過還有一項核心事實：一九四三年春天，法國整合且有策略的攻擊明顯增加。

對法國人來說，「等待期間」就快結束了。這是第一次，安德莉與法蘭西斯開始覺得歐洲要步步走向自由，只要突擊隊能穩定獲得武器與炸藥。可惜金屬空投筒一投到陰暗田野，空投物資就幾乎耗盡。「突擊隊大有可為，但這邊（倫敦）的協助卻很小（尤其是供給）。顯然（賭注）太大，只盼接下來幾個月能充分供應，以彌補落差，以免為時已晚，」[24]一份內部備忘錄寫道。

現在唯一的限制因素就是能否進行蓄意破壞。

貝克街命令組織者至少保留一些武器，供即將在夏季的進攻使用。

在福煦大道，親衛隊突擊隊大隊領袖波美伯格注意到了。納粹監督但不攔截「恐怖分子」的策略是令人緊張的算計。在戰爭初期，蓋世太保觀察等待的策略缺點不多。抵抗勢力零星且缺乏組織，沒什麼能耐，造成的傷害局限於地方，且是可以遏止。但是一九四三年這年，危害的規模倍增，且遍及法國南北。到了那年春天，總共有四百名抵抗分子和昌盛網絡有關，此外尚有多達兩萬名民兵成員準備起義[25]。

在一九四二年十二月與一九四三年一月，有兩百八十二名德國軍官在游擊活動中死亡、十四班列車失事、九十四座火車頭與四百三十六節車廂毀損、炸毀四座橋、毀壞二十六輛卡車；十二處戰略要地失火，及一千噸食物與燃料遭毀[26]。

抵抗分子終於開始有重大的勝利。「一班載著糧食（小麥、乾草等等）到德國的列車，離開巴黎時遭縱火，」[27]組織者報告。十名法國籍的「線民」遭到「壓制」。

消息甚至登上國際性的報紙。《泰晤士報》指出，一班軍隊列車以最高速往東通過沙隆（Châlons）時，在尚吉被炸毀出軌——安德莉進行爆破的區域——導致兩百五十多名德軍喪生[28]。同盟國向全世界廣播，在法國國內對抗希特勒的行動大有斬獲，且得歸功於戴高樂的團結合作。

等春天一到，安德莉、英國皇家空軍、貝克街就會發揮集體力量。轟炸機會在夜裡突襲，以數千噸的強力炸藥，攻擊為納粹工作的法國工廠：在雷恩、盧昂（Rouen）、布洛涅比揚古（Boulogne-Billancourt）。皇家空軍特勤隊以前所未見的效率，卸下間諜與空投筒到法國；有了槍，靠著戴高樂號召整合的祕密軍隊總算得到了盟軍的武器支應。「他們決定立刻展開破壞行動，規模盡量龐大。」[29]

到了四月，和巴黎相關的網絡從事六十三件蓄意破壞。在布洛瓦，也就是魯達雷特與庫里歐里活動的地方，爆破團隊炸毀三列軍隊火車，共有四十三名德國人喪生、一百一十名受傷[30]。根據貝克街報告，「蓄意破壞的『密度』大幅增加，如今我們每天從某區得到報告。」[31]

終於，安德莉和同事接連為法國而戰。

西部戰線可能在幾週的時間內打開。

串連而起攻擊使得納粹付出越來越高昂的代價。這時，波美伯格少校開始更仔細注意安德莉，以及昌盛網絡。

注釋

1 在尚吉的電力交換設施至少發生過兩次攻擊事件，而謝維利則有一次。特別行動處的檔案上說明了三月與四月初的日期。有充分的證據顯示，安德莉參加了她網絡的蓄意破壞行動。（可參考一九四三年四月二十六日給特別行動處執行委員的進展報告，以及一九四三年六月二十三日阿加札里安的報告。昌盛在電報中提到，安德莉參與了近期的破壞行動：她「出生入死」。National Archives, Kew.）本章的場景是來自《穿細條紋裝的破壞者：英國間諜與法國抵抗運動領袖「羅賓」的故事》（*Pin-Stripe Saboteur: The Story of "Robin," British Agent and French Resistance Leader* [London: Odhams, 1959]）作者為查爾斯·懷頓（Charles Wighton），這可能是賈克·維爾（Jacques Weil）的筆名，他是巴黎羅賓／雜耍人網絡的成員，隸屬於安德莉的醫師網絡。特別行動處的官方歷史學家麥克·理查德·丹尼爾·福特（M. R. D. Foot）說《穿細條紋裝的破壞者》「包含想像的重構」，懷疑賈克·維爾的記憶是否真實。維爾是猶太裔的瑞士商人，從戰爭中存活下來，曾資助抵抗運動，也因為這服務而獲頒勳章，但他的書在戰後十五年出版時，是事實與雕琢的混合體。維爾省略了自己在網絡中扮演的角色，沒提到組織者尚·沃姆斯（特別行動處在比尤利訓練的間諜與法裔猶太人），在弗洛森比爾格[Flossenbürg]被處決。維爾提到這次攻擊地點在奧爾良附近，同時間，南特（Nantes）南邊的尚日在一九四三與四四年間也發生了攻擊。我們知道這些攻擊發生過，而且安德莉也參與其中。我無法確認沃姆斯在哪次行動中是她的夥伴，是這次，或是三月或四月的行動，也不知是在謝維利或尚吉發生——或者他們看見什麼——這些資料在戰後已經軼失。《穿細條紋裝的破壞者》出版時，關於特別行動處的資料尚未解密，因此運用筆名以小說化的敘述訴說，是遊走於法律邊緣，因為英國有嚴格的誹謗與祕密法。我偶爾會採用《穿細條紋裝的破壞者》當作來源，但如果無法與其他同時期的敘述對照佐證時，會加以註記。但我無法完全否定維爾的記憶。無論《穿細條紋裝的破壞者》多麼有趣，依然是間諜的個人故事。

2 J. A. F. Antelme, HS 9/43, National Archives, Kew.

3 Foot, SOE in France, ebook.
4 Antelme, HS 9/43, National Archives, Kew.
5 Leone Arend, 原姓氏為Borrel，引自Nicholas, *Death BeNot Proud,* 176.
6 Andrée Borrel, HS 9/183, National Archives, Kew; 摘自昌盛的信。
7 Wighton, *Pin-Stripe Saboteur,* 158.
8 Training Lectures & Statistics, HS 8/371, NationalArchives, Kew.
9 Circuit and Mission Reports: Carte, HS 6/382, NationalArchives, Kew.
10 Jean Worms, HS 9/1621/4, National Archives, Kew.
11 Pierre Lorain, *Secret Warfare: The Arms and Techniques of the Resistance*, adapted by David Kahn (London: Orbis, 1983), 154.
12 Antelme, HS 9/43, National Archives, Kew. 在談到肉販與昌盛時，安特萊姆報告（Antelme Report）於一九四三年三月二十五日提到，「二十個左右」是典型的裝載量。
13 Syllabus of Lectures, HS 7/56, National Archives, Kew, H.2. Nov. 1943.
14 HS 9/43, National Archives, Kew.
15 從埃居宗（Eguzon）、謝維利與萊潘（L'Épine）的高壓電線都遭到癱瘓。
16 Wighton, *Pin-Stripe Saboteur,* 158.
17 塑性炸藥引爆之後會分解，釋放氮、二氧化碳與其他氣體。爆炸的前進速率為每秒八千零九十二公尺（兩萬六千五百五十呎）。
18 *Pin-Stripe Saboteur,* 158.
19 Syllabus of Lectures, HS 7/56, National Archives, Kew, H.2. Nov. 1943.
20 Ree, "Experiences of an SOE Agent in France, Henri Raymond, alias César."
21 德國人的死傷人數並未在法國的紀錄或尚吉、謝維利的報紙確認。因為我無法精確指出日期、地點，因此無法確認死傷紀錄。出於相同理由，法國報導在當時受到嚴格管控，我在報紙上找不到詳細的證實資料。但是其他國家卻有相當多的確認：英國和國際媒體描述了一九四三年三、四月在昌盛網絡區域的突擊隊攻擊，且加以廣播，當作是向世界說明法國當地反對希特勒的成就，且將戴高樂的勢力凝聚起來。另一項要注意的是，多數蓄意破壞行動並不是從現場傳達給倫敦，因為傷亡人數會變成犯罪文件。間諜是安全返回英國之後，才仔細報告關於蓄意破壞的細節，正如巴克梅斯特在一九四三年十一月的註記：「一直要到（我們的間諜）回到本國，我們才知道他們做了什麼事。」（資料來源：F Section History and Agents, HS 7/121, National Archives, Kew。）其他軍官也發現組織指揮者「不擅長報告……活動。這是我們必須面對的嚴苛現實，且無線電流量有限，要盡量限制在行動需求上。」（資料來源：Robert Bourne-Patterson on Claude de Baissac, HS 9/76, National Archives, Kew。）不僅如此，這時期「攻擊的量非常大，無法個別記錄下來」，他還指出，「從四月以來就持續有蓄意破壞，但細節龐雜，無法靠無線電報傳送。」（History of SOE, 1938–1945, HS 7/1, National Archives, Kew）。

22 Wighton, *Pin-Stripe Saboteur*, 159.

23 由於懷頓談到維爾與沃姆斯兩個間諜的經歷，因此無法確知誰和安德莉一起爆破。特別行動處的紀錄也無法確認，而沃姆斯並未活到戰後。不過，沃姆斯在英國有受過爆破訓練，維爾沒有。

24 Claude de Baissac, HS 9/75, National Archives, Kew.

25 F Section History and Agents, HS 7/121, National Archives, Kew.

26 Robert Bourne-Patterson, British Circuits in France, HS 7/122, National Archives, Kew.

27 Antelme, HS 9/43, National Archives, Kew.

28 French Guerrillas Wreck Train," *Times* (London),March 12, 1943.

29 F Section History and Agents, HS 7/121, NationalArchives, Kew.

30 Antelme, HS 9/43, National Archives, Kew.

31 F Section History and Agents, HS 7/121, NationalArchives, Kew.

第十四章
固執的女人[1]
巴黎

安德烈・馬薩克是個瘦高的男人；他在弗雷納監獄的日子[2]，是繞著發出嘎吱響的金屬輪推車運轉。早上推車會來一次，從牢房門上的小開口送進咖啡與麵包；第二次則是晚上，送法國人不認為是湯的稀薄清湯。那足以讓人存活，只是活得勉強。

監獄的黃色磚牆後面，是層層疊起的狹窄牢房網。一九四三年春天，馬薩克就是裡頭的兩千名政治犯之一——遭囚禁的抵抗運動成員。

對囚禁在這陰暗城垛與長長通道的人來說，歷史的時鐘停頓了。在這漫長得不知何時結束的戰爭期間，他們被拘留在骯髒的地方，等著被傳喚訊問，或是送到德國。

那位在火車上睡著、遺失公事包的信差就是馬薩克。他是卡特網絡的中尉，在一間咖啡館洩露行蹤，那時他正設法恢復馬賽與巴黎的通訊，從支離破碎的蔚藍海岸網絡拼湊出抵抗運動。

現在在弗雷納監獄，守衛護送他走向樓梯，穿過隧道，進入一間訊問室，對面坐著逮捕他的軍官——雨果．布萊赫（Hugo Bleicher）中士，德軍情報處「阿勃維爾」（Abwehr）的特務。

布萊赫中士致力於消滅抵抗運動。他是個愛漂亮的男子[3]，禿頭、清瘦，熱愛巴黎時尚，穿著訂製服裝、手工雕刻鞋、戴著牛角圓框眼鏡。他能說流利的法語，而在訊問室，他朗誦著問題：馬薩克在英國卡特機構扮演什麼角色？他的職責是什麼？同事是誰？他們的代號？蔚藍海岸的地下總部在哪裡？

在被捕後的頭三天，馬薩克拒絕回答。

但是在布萊赫第三次造訪時，這位年輕「粗率」的馬薩克開始說話了，只是有點反覆，重複著他認為阿勃維爾已得知的個人史：他曾從軍，替法國抵抗閃電戰。

布萊赫抓住蛛絲馬跡——馬薩克說他之前是軍人——於是順水推舟：法國遭受的恥辱怎麼讓他投入地下活動？

馬薩克「像陷阱一樣關閉起來」[4]。他掌握著其他間諜的命運，他不想透露出任何會犧牲同儕的消息。這網絡剛從海岸往安錫（Annecy）附近的山區移動；馬薩克曾和歐黛特與彼德共事。

布萊赫每天從位於盧滕西亞飯店（Hôtel Lutetia）的辦公室，回到弗雷納監獄，持續拿禮物給囚犯，並以絕佳的法文文法、好菸草，及從黑市取得的大量肥美巴黎食物來哄騙。為了表演，布萊赫也訴說自己的戰爭經歷。他在一次大戰時曾是英國戰俘，穿著英國制服，穿過敵線時被逮。戰俘被囚禁的時候，「不僅手腕上有手銬，腳踝上還有腳鐐」[5]，實在是羞辱。戰後，布萊赫在富庶港城漢堡的化學公司擔任職員，直到西班牙衝突與戰爭毀了事業。他自願擔任文職審查員；他還說他發現徵召自己的竟是德意志國防軍時，簡直嚇了一跳。一九三九年，希特勒入侵波蘭之時，布萊赫受到徵召，但不是擔任政府審查員，而是阿勃維爾反情報官。

布萊赫剛被錄用時是個小官，記錄告發事件、圍捕已達勞動年齡卻躲在祖母家的男孩，並寫公文，以滿足條頓人對紀錄的需求。但是他跌破大家眼鏡（除了他之外），成為明星，逮到超過六十名附屬於英國的游擊隊員，並給自己一個獎勵——在時髦的十六區「徵收」一棟公寓。

布萊赫是靠著花言巧語來工作。他用親和力贏得囚犯信賴，對所有囚犯表演同一套說詞：他反對希特勒這個狂妄自大的瘋子；最近在史達林格勒的失敗，證明德國追求和平的時候到了。他愛國，但不表示他支持希特勒戰爭。

馬薩克開始注意聽。他說，自己曾去過德國一次，和一群地方納粹小官喝酒；他們粗魯又吵鬧。「我無法相信，德國人在這麼下賤的政權下居然還開心得起來。」[6]

囚犯和囚禁者之間若有共識，無論怎麼薄弱，也可能瓦解抵抗運動。布萊赫每天從囚犯刺探出一點訊息。馬薩克是條大魚，他知道一群抵抗分子身在何處——但還有更大的魚，也就是在英國受訓的間諜領導者。他們聽命於盟軍指揮官，知道何時開始進攻法國的細節。

馬薩克漸漸習慣德國囚禁者之後，便以為自己能誘騙布萊赫。「能不能打個商量？」[7]馬薩克懇求道。他能取得網絡的資金，也明白有錢能使鬼推磨。一百萬法郎能收買布萊赫嗎？他告訴這德國人可以到拉丁區的某間旅館，跟門房說要到十三號房，收拾馬薩克的個人財物。這樣他會找到一個手提箱，裡頭有一百萬法郎，還有四個頻道對準倫敦的無線電晶體。布萊赫可拿取現金，把晶體扔到塞納河，放馬薩克自由。

布萊赫討價還價：一百萬法郎很不錯，但是讓一名囚犯從弗雷納的地下墓窟出去，在熱愛文件記錄的政體中是不可能。如果只為了錢就放走馬薩克，布萊赫燦爛的職業生涯就告終了。

因此馬薩克加碼。他很清楚姓名有什麼價值：去年秋天，他在火車上睡著，遺失整個卡特執勤名單。現在他了解更多詳情，掌握真正的名字與化名、存放軍火的地址，降落座標、要炸毀的橋梁位置，及英國廣播公司發動攻擊的信號。

對布萊赫而言，比英國的現金與抵抗分子地址更寶貴的，是馬薩克和英國的關聯。

「我可以隨時讓你到倫敦，」[8]馬薩克說。

布萊赫提出的條件反映出他的自大。他要搭飛機去倫敦。他要像個和平使者那樣，讓人派飛機載送，並幻想他可能和邱吉爾首相見面。副元首赫斯在一九四一年跳傘到蘇格蘭時，也提出類似的建議。不過，赫斯的階級高，目的可能是在進攻蘇聯之前尋求停火，布萊赫則是徵召來的軍人；他的計畫是用馬薩克提供的條件來欺騙盟軍，把無價的情報交給德意志國防軍指揮官，成為德國的全國英雄。

布萊赫說，「但我必須小心處理，誰能保證我在倫敦會平安無事？」[9]

馬薩克保證，他不會有事。

這次協商很可笑：馬薩克完全在吹牛。沒有貝克街的允許，他根本無法給出什麼條件，而且他在牢裡，根本沒辦法得到貝克街允許。

布萊赫威脅道，「馬薩克，你真以為你的人能逃出我們的掌心很久嗎？既然我們能逮到你，要一一逮到更小的魚是易如反掌，我們已占領整個法國。你的同志大部分已被監視……你或許也知道，許多人都是雙面間諜。」[10]

在監獄裡一間無處可逃的陰暗訊問室，達成了一項協議：一百萬法郎、前往英國的安全通道。一台無線電與一組同盟國的暗號。軍火藏匿處、降落地點、英國軍官的名單。

布萊赫說，「但我可以保證，他們不會被當成間諜對待，他們會被當作戰俘。」[11]

馬薩克寫了兩封信：一封給妻子，一封給英國網絡。他介紹布萊赫中士，稱他為老友亨利上校（Colonel Henri）。這位中士細想可能到倫敦一趟的想法：「真是出我意料的成功。」[12]

在六個月的期間裡，馬薩克二度將祕密交給希特勒——其中包括阿爾卑斯山新的抵抗分子藏身處，歐黛特與彼德就住在那裡。

春天剛降臨安錫湖岸。隆—阿爾卑斯大區是木蘭、杜鵑與梨花構成的萬花筒。安錫是個度假城，有彎曲的運河，以及紅屋頂的中世紀建築，堪稱高山威尼斯。在承平時期，這區是公園也是遊樂場，冬天是滑雪勝地，夏天則是湖濱度假區。只是在一九四三年春天，這裡見不到多少上流社會的度假者。

小山丘上有許多小木屋。阿爾卑斯山從鏡子般的冰河湖中巍然屹立，山頂覆蓋白雪，宛如占領力量一樣聳立，在春陽下展現雄偉氣勢。

歐黛特和世界各地的游擊者一樣躲在山區。在卡特網絡的餘波之後，她的職責是協助南方的鬆散網絡建構出安全的結構。她抵達法國的一個月後，便離開坎城，前往山區，一直擔任彼德的信差。他們一起做的事情不多——沒有空投，也沒有什麼了不起的破壞行動——但還活著，這倒是不小的成就。彼德銜命返回倫敦，說明他和卡特前領導者吉拉德的爭議——貝克街徵召吉拉德，希望祕密軍人之間能化解勃谿。

歐黛特住在郵政旅館（Hôtel de la Poste），旅館位於通往安錫的路上，山路上有數不清的小客棧都同樣用灰泥與木建造。聖若里奧（Saint-Jorioz）是四角形的小村子，騎單車只要十分鐘即可抵達湖邊。她躲在這裡，離鐵路很近，方便往返海岸來說很重要。這裡近山也近湖岸，必要時大可以躲進周圍環境，或是逃離。旅店這時節沒有營業，但屋主是貼心的夫婦，讓她住下來，而且完全知道歐黛特在做什麼及可能衍生的危險。

郵政旅館是陷入混亂的網絡中一處寧靜的中心。蔚藍海岸網絡在卡特的領導者內訌之後，就開始分裂[13]。一般部隊必須遵守一連串命令，但是異議分子與游擊隊卻不是整齊的兵力。此外，法國人有抵抗權威的傾向（尤其是英國），因此卡特網絡簡直是個火藥桶。一旦爆發內訌，歐黛特就接到命令，要結束和網絡有關的一切事務，並等待新任務。

她得等到四月的月亮，那時彼德就會回到法國。他已經離開一個月。彼德向貝克街報告時，歐黛特則數日子，等待濃情蜜意的重逢。

歐黛特與世隔絕，離馬賽的撲克臉德國入侵者很遠。但她在山區騎著腳踏車（現在騎得很好了）時，卻在四處看見三年戰爭的證據。丈夫、兄弟與兒子離開家園，看管農場的是母親、孩子與老人。剩下的牛從乾草穀倉走向高山草原。在配給制度之下，她攜帶的好幾千法郎往往不如能以物易物的東西管用（例如幸運空投成功，從空投筒中拿到的菸草與糖）。

倫敦發送的英國廣播公司訊號仍每晚傳到山中，帶來希望、勝利與悲劇的消息：納粹將軍隆美爾異想天開，想在沙漠中對抗盟軍的巴頓將軍（George Patton）與蒙哥馬利將軍（Bernard Law Montgomer）；在華沙，猶太人區開始遭到滅絕。在春分時節，各種力量勢均力敵，就像黑暗與光明。

四月初的某個早上，歐黛特在安錫與人會面之後，搭巴士返回聖若里奧。這時她看見「一個模樣相當怪異的男人」[14]。他看起來憔悴，「青筋明顯」，一張「浮腫的紅臉」與稀少的黑髮，服裝像個暴發戶[15]。

這個外國人也注意到歐黛特，認為她的雙眼「色深明亮」[16]。他已知道她是誰；他從弗雷納監獄的囚徒馬薩克得知了一切。

歐黛特下了巴士，這陌生人在同一站下車。他走向路邊的一間別墅，幾名卡特成員在這裡，像大家庭一樣快樂居住，但也太過招搖。他們是「十到十五個看起來完全不像鄉下人的年輕人」[17]。當地人以為他們是猶太難民，這樣總比附近都是武裝的抵抗分子好，只是好不到哪兒去。

阿爾卑斯山區是游擊隊的理想住處。陡峭山坡與陰暗洞穴是藏身的好地方。年輕人來到這裡，躲避強迫勞動。安錫市府職員有時候會給抵抗分子與猶太人新的旅行文件與身分證。這裡有登山步道可通往瑞士，因此鬼鬼祟祟前進、爬上高山隘口，就能通往自由——只要瑞士人不舉報即可，但許多瑞士人確實舉報了猶太人。

現在抵抗運動人士自稱為「馬基」（maquis），這個詞來自科西嘉語，是指原生於法國地中海岸，一種難以根除的乾燥地區長青灌木。游擊隊也可以這麼多刺、棘手、剛強與危險。招募手冊上這麼寫著：

加入戰鬥的人日子過得差又危險，找不太到食物。在這期間，他們會和家庭完全斷了聯繫；敵人不會照戰爭法令來對待他們；他們不一定有薪水；禁止任何通信。[18]

馬基從石灰岩山脈的困苦環境中掙出，殷切盼望著同盟國即將到來的武器空投，等不及小艦隊出現，好讓他們為法國而戰。

歐黛特從郵政旅館的露台花園觀察這衣冠楚楚的陌生人。花園裡，有德國入侵之前種植的水仙與鬱金香等球莖，此時探出樂觀的花朵。雖然旅館嚴格來說並未營業，但餐廳仍忠實為當地人提供山中食物果腹。這個人點了有糖和果醬的甜蛋捲；他很喜歡吃，因此點了第二份，同時和歐黛特的抵抗者同僚聊天[19]。

這怪異的德國人似乎很快和歐黛特的馬基抵抗成員打成一片。一名英國間諜[20]加入其中，「以愚蠢的方式聊天，還大聲聊起他們的工作。」[21]如此不把安全當一回事，實在令人咋舌。彼德回英國時，網絡即是由歐黛特負責。她看見這位間諜與陌生人這樣聊天，便訓斥英國佬，但他只翻翻白眼聳聳肩。網絡成員並不支持歐黛特，認為她只是花瓶信差，是靠著上床才爬到組織頂端。這位小德國人靜靜坐著，「用力盯著歐黛特，臉上露出微笑」[22]。

他「不打緊的」[23]，英國間諜告訴歐黛特。他是蓋世太保，但是個朋友，不是納粹瘋子。他拿出馬薩克在巴黎獄中的信，裡頭介紹亨利上校。

「若我的雄心壯志實踐了，我會請上帝賜福給我被逮的一天，」[24]馬薩克寫道。如果歐黛特願意發無線電給貝克街，請求飛機接應，那麼亨利上校會安排釋放馬薩克。上校會在希特勒即將逼近的登陸之前，告訴邱吉爾的戰時內閣關於大西洋壁壘的祕密細節。他會成立德國流亡政府——就像戴高樂那樣——並與溫斯頓・邱吉爾協議長久的和平，但前提是不能和赫斯一樣，變成戰俘被關起來。這位馬基問，可以請歐黛特把這協議傳達給陸軍部嗎？亨利上校自己就能帶給歐洲和平。

在歐黛特的臥底世界裡，充滿出賣人的業餘分子、抱持不切實際幻想的人、怪人、不適應環境的人。每個人都能提出貌似可信的故事，那位背叛德國的上校說不定也是如此？他可能信守承諾，但是任何來自監獄的信都是在脅迫下寫的強制信；比尤利的訓練課程就提過，他可能在監獄中遭到拷打。

歐黛特說，她沒有立場做出這樣的請求。這計畫愚不可及、叛國，或兩者皆然[25]。網絡想要馬薩克獲釋，但她堅持，應該放棄這計畫。亨利上校絕不是全歐洲唯一可信賴的納粹；根本沒有這樣的人。哪個白癡志願者會和阿勃維爾的軍官合作？

這些反抗分子對馬薩克的忠誠度比對歐黛特高。他們威脅，要搭下一班火車到巴黎去。這是叛變。

歐黛特騎著腳踏車，來到俯瞰安錫湖的山區。她看見自己吐出濃濃的蒸氣。她騎車前往無線電操作員阿多夫・瑞賓諾維奇（Adolphe Rabinovitch）的祕密藏身處。瑞賓諾維奇是個性情乖戾的俄國與埃及裔猶太人，一聽歐黛特說她偶遇馬薩克的「朋友」亨利上校[26]，便是髒話連篇。她向倫敦詳細報告，瑞賓諾維奇氣呼呼地編碼，違反安全的情況令他惱火。他辛辛苦苦用轉製密碼，詳細訴說逮捕馬薩克的上校，還有他的信、接機事宜、和首相協商，以及和平計畫等細節。瑞賓諾維奇送出消息，提到亨利上校說只要英國派出轟炸機到阿爾卑斯山接他，這場戰爭就差不多贏了。

這位俄羅斯無線電操作員的怒氣，遠超過他關於生殖器官的字彙。他聽到這些代表要去巴黎見在牢裡的馬薩克，他就抓起手槍，說如果他們敢搭車到巴黎，就要在安錫當場宰了這些人。

歐黛特獨自騎腳踏車回到聖若里奧，盼能平定叛變。她讓不服從的馬基知道，亨利上校的請求已發送貝克街。大約十八日，也就是幾天後的四月月圓之夜，應該就會有飛機來接這位德國人。

當然是謊話。公司的回信根本沒提到接應：

亨利高度危險停止留在此地速往湖對岸切斷和所有人的聯絡僅阿諾〔瑞賓諾維奇〕例外他必須退出法韋爾日住到他山區的安排處。[27]

倫敦說那是陷阱[28]。快去避風頭、消聲匿跡；她身分暴露了。亨利上校出現，貝克街命令歐黛特切斷與聖若里奧行動的關係，除了無線電操作員之外。把所有事情結束，找個與世隔絕的隱藏處，等待進一步指示。

不過歐黛特拒絕離開這個地區，要等彼德滲透回法國。她出於自己固執的選擇，違反倫敦的命令，仍留在郵政旅店。

一九四三年四月十四日，英國廣播公司法語晚間廣播的結尾和平時一樣，是一連串愚蠢的話語與埋藏在裡面的暗號[29]：

金蟲子要大清潔。[30]

這是瑞賓諾維奇事先和貝克街設定好的句子，是參考愛倫坡筆下一則關於密碼的故事，代表接下來要有空投接應：彼德已經在途中[31]。

彼德接到指示，在回歸中必須盡力避開歐黛特。貝克街簡短告訴他：馬薩克被逮了。亨利上校盯上她。任何接觸都會危及彼德的性命和蔚藍海岸網絡剩下的成員。歐黛特被污染了。彼德不知道她不理會貝克街的明白指示。

在安錫湖月光照耀的高原上方六千呎高處，凌晨十二點十分，一架皇家空軍轟炸機隆隆駛過桑諾山峰（Semnoz）。機艙底板開啟，彼德的降落傘在銀色天空下鼓脹成黑色氣球。

歐黛特在等他。她站在雪地上，臉仰望星空。彼德飄浮到充滿松樹香氣的空地時，一陣風減緩他落地的速度。他飄在地面上，對歐黛特說了一個月以來的第一句話：「你得退一步，我才不會降落到你頭上。」[32]

歐黛特伸出雙臂，好像要接住他。

隔天的行動一片慌忙：聖若里奧成了目標，歐黛特與彼德得逃走。他們早上八點從山上下來，到湖對岸找藏身處。他們一起騎車下山，找瑞賓諾維奇收訊息，也要他速速打包。這是彼德與歐黛特在郵政旅店的最後一夜；他們在清晨第一道曙光出現時就會離去。

到了晚上十一點，因為降落行動，加上一整天靠步行、船隻與單車到處移動，實在令人疲憊。歐黛特在與彼德共用的臥室脫下衣服。

敲門聲傳來[33]，是旅館老闆夫婦。「樓下有個奇怪的人，說是來自巴黎的亨利。」[34]

彼德認為去查看對方是誰是糟糕的點子，但是歐黛特不同意。老闆是馬基的朋友。「這一刻，我的反射動作是完全麻木，」[35]彼德回憶道。

他頭一碰到枕頭，就不醒人事。

歐黛特下樓，看見亨利上校。他走上前，兩邊是義大利軍人和穿便衣的反情報官。有個德國人高瘦、金髮、緊張不安，另一個則是矮、黑髮、行動遲緩，有比利時口音，鬆垮的帽子拉到眼前，圍巾遮著臉龐。亨利說，你沒地方逃了，並伸出手，但她沒有握。

他表現出遭到回絕而受傷的模樣。

「我很想你，」[36]他說。

歐黛特才不在乎他想什麼。

在旅館大廳，這位上校一臉焦慮掛念的模樣。「你做得很好，幾乎要贏了這場比賽，」[37]他說，但是馬薩克的朋友說太多了。「你輸了，但不是你的錯。」

歐黛特停頓：她有什麼選擇？門在哪裡？如果尖叫，會發生什麼事？

高大的軍官往前走，用手槍抵住她的背部。沒有行動。要是她發出警告，彼德就會跳出窗外，只是一群義大利軍人已包圍旅館。

她走上樓。

「蓋世太保來了，」[38]她說。

亨利上校和他的朋友開燈。

彼德被手槍槍身喚醒。問起他的名字時，他直覺用了化名：錢布隆（Chambrun）。

亨利上校說，「你其他名字還有拉奧爾（Raoul）和邱吉爾上尉，你只不過是個蓄意破壞者，反正，我能聽出你的英國腔。」[39]

歐黛特像在碼頭長大的粗人似地，用髒話咒罵上校──好像和瑞賓諾維奇一同工作。彼德命令她別再說話。

他倆聽令，穿上衣服。

高大的男子在搜查房間時，歐黛特從床上拿起彼德的冬大衣，再把他的西裝外套放回那個位置。他的大衣長而厚重，有毛領，胸口有內袋，裡頭放著他的皮夾。她把大衣拉近身體，摺在手臂上，抽出彼德的皮夾，放進自己的大衣袖子裡。皮夾裡有他偽造的身分證、七萬法郎[40]，還有五則瑞賓諾維奇解碼[41]、罪證確鑿的訊息。那是要給山區馬基的訊息，彼德看見她狡猾的替換手法，於是改穿西裝外套。

亨利上校問，你想要和德國人走，還是和義大利人走？[42]

彼德說，義大利人逮捕他會比較快。

歐黛特在房間移動，收集一個男人在監獄裡可能會用得上的東西──上衣、襪子、肥皂、長大衣。彼德日後回憶，她「做這件事的樣子，好像演練了一輩子似的」[43]。

同時，這軍人找到了彼德的日記，裡頭有其他網絡成員的名字與電話號碼，包括間諜霍爾。彼德用的是假的「戰爭化名」[44]，但他受過的訓練是根本不該寫下任何東西。只是，他記不住法國很長的電話代碼；即使在戰爭中，他仍是偷懶的人。原本可能更糟：在登陸之後，彼德把他的手提箱留給旅館主人保管；裡頭有他的手槍、一百萬法郎、降落傘裝備，以及三十多則已解碼的訊息，都是他離開時網絡和倫敦的通信。[45]不過，日記對亨利上校來說已經足夠；裡頭有很長的線索，足以逮捕分散在整個法國的反抗者。

歐黛特鑽進一輛綠色車子的後座時，長襪卡住了車門。她是故意的。她繞回去解開襪子時，把彼德的皮夾從她袖子塞進汽車坐墊之間。

上校對義大利軍人說，「好好照顧這兩人，要是出了什麼岔子，我們可承擔不起。」[46]

注釋

1 「我還是認為你應該離開。你是個固執的女人。天哪，你實在是固執。」彼德・邱吉爾對歐黛特說，引自Tickell, *Odette*, 236.

2 Depictions of Fresnes Prison from Fresnes and Avenue Foch, WO 311/103, National Archives, Kew. 亦參見HS 9 files, National Archives, Kew，裡頭有歐黛特、波瑞爾，以及其他間諜出版的回憶錄，包括Christopher Burney, *Solitary Confinement* (London: Macmillan, 1951)；Peter Churchill, *The Spirit in the Cage* (New York: G. P. Putnam's Sons, 1955)；Hugo Bleicher, *Colonel Henri's Story* (London: Kimber, 1954)。

3 取自歐黛特與彼德人事檔案中對布萊赫的描述，Bleicher's KV file, KV 2/2127, Bardet, KV 2/1175, National Archives,

Kew. 相關書籍請參見提克爾的傳記《歐黛特》、布萊赫的自傳《亨利上校的故事》（*Colonel Henri's Story*）與彼德・邱吉爾（Peter Churchill）的著作，主要是《牢籠裡的靈魂》；以及Fuller, *German Penetration of SOE* 與私人文件。

4 Bleicher, Colonel Henri's Story, 77.

5 Bleicher, KV 2/2127, National Archives, Kew.

6 Bleicher, Colonel Henri's Story, 78.

7 KV 2/165, Hugo Ernst Bleicher, alias Verbeck, Castel, Heinrich, National Archives, Kew.

8 Bleicher, Colonel Henri's Story, 81.

9 出處同前，91.

10 出處同前。

11 出處同前。

12 出處同前，92.

13 卡特網絡並未因為吉拉德到英國就結束，而是由新的領導者重整。

14 Odette Hallowes, HS 9/648/4, National Archives, Kew.

15 Bleicher, KV 2/2127, National Archives, Kew.

16 Bleicher, Colonel Henri's Story, 89.

17 F. C. A. Cammaerts, HS9/258/5 National Archives, Kew.

18 Ousby, *Occupation*, ebook.

19 Bleicher, Colonel Henri's Story, 88.

20 悉尼・瓊斯（Sydney Jones）上尉。

21 Hallowes, HS 9/648/4, National Archives, Kew.

22 出處同前。

23 出處同前。

24 出處同前，由作者翻譯。

25 出處同前。

26 Bleicher, KV 2/2127, National Archives, Kew; Tickell, *Odette.*

27 P. Churchill, *Duel of Wits*, 345.
這份電報摘自邱吉爾戰後的回憶錄，但不符合歐黛特在一九四五年訊問時的資訊，然而我們知道，彼德在寫書的時候是可以取得特別行動處的檔案，似乎也從中挑選內容，較精彩的信件與電報幾乎逐字複製在他的書中。歐黛特在一九四五年的訊問時，被告知「在提到這位德國上校時，要行為謹慎」。不過，從這訊問中得到的報告也說，從貝克街總部堅持她「遠離德國上校」（Hallowes, HS 9/648/4, National Archives, Kew）。從戰爭罪的文件中可看出，她的行為違反命令：「特別行動處明白指示，讀這訊息的間諜要完全離開這個顯然危險的計畫」(Bardet, KV 2/1131, National Archives, Kew)。

28 Hallowes, HS 9/648/4, National Archives, Kew.

29 Voici maintenant quelques messages personnels.

30 *La scarabée d'or fait sa toilette de printemps.* P. Churchill,*Duel of Wits,* ebook.

31 瑞賓諾維奇告訴歐黛特邱吉爾的抵達日期。我們知道，貝克街是透過瑞賓諾維奇的無線電，告訴歐黛特要切斷與上校的聯繫。貝克街又另外告訴瑞賓諾維奇要接應彼德．邱吉爾（兩件事情未必有邏輯關聯，只是時間順序）。從所有報告來看，歐黛特是自己決定要上山接彼德。一年後，巴克梅斯特似乎認為，邱吉爾被逮是他自己的錯。F letter, March 28, 1944, Peter Churchill, HS 9/315, National Archives, Kew.

32 P. Churchill, *Duel of Wits,* 356.

33 瑞賓諾維奇在訊問時提到歐黛特與彼德遭逮捕的情況，旅館老闆「遭死亡威脅」，不准報警。Bleicher, KV 2/2127, National Archives, Kew.

34 Peter Churchill, HS 9/315, National Archives, Kew.
35 出處同前。
36 Hallowes, HS 9/648/4, National Archives, Kew.
37 出處同前。
38 出處同前。
39 Peter Churchill, HS 9/315, National Archives, Kew. 布萊赫也在逮捕彼德時，聲稱他知道彼德的真實身分。Bleicher, KV 2/2127, National Archives, Kew.
40 P. Churchill, *Spirit in the Cage,* 12.
41 Hallowes, HS 9/684/4, National Archives, Kew.
42 出處同前。
43 P. Churchill, Spirit in the Cage, 13.
44 Peter Churchill, HS 9/315, National Archives, Kew.
45 彼德在《鬥智》（*Duel of Wits*）中還說，他還帶了新的密碼要給無線電操作員。大約在這時候，特別行動處正在淘汰詩作密碼，改用單次使用的密碼，還來不及背誦就會被銷毀。
46 P. Churchill, *Spirit in the Cage,* 13.

第十五章
無盡的折磨
法國

歐黛特與彼德被一起移送，經過不同的牢房與司法管轄範圍，穿過阿爾卑斯山，每處監獄的戒備越來越森嚴——格勒諾伯（Grenoble）、杜林（Turin）、維琪、尼斯（Nice）——前往巴黎與弗雷納。他們是囚犯，在發霉牢房中的禾草墊上獨自生活與睡眠，但是在移送到他處的路程中兩人可見到彼此。每次移監都是一個機會；落單的時刻都可能逃脫，是自由的遊戲，是生死之間的差異。如果彼德是獨自被逮，他認為自己或許會越獄；他是較老練的間諜，別人在落單時也曾逃過納粹之網。但他不那麼確定歐黛特的機會。兩人反而一起留著，悄悄嘆氣，珍惜四目相交的短暫片刻。守衛不時讓他們紙條傳情。彼德像是「對所愛的女子」[1]傳訊息；浪漫愛情很吸引義大利的監獄看守人。這短短的相會足以讓他們撐過牢獄中漫長的擔憂時光。

過了三個星期，一九四三年五月七日，從馬賽到巴黎的火車上，兩個人坐在一起，有時間私下交談，「想聊多久都行，」[2]彼德回憶道。他的臉上有義大利警察施加的割傷和瘀傷；在一個愚蠢的夜晚，雖然想對歐黛特保持騎士精神，但仍在獄方讓他抽菸時試圖趁機逃脫。當義大利山岳部隊（Alpini）反擊時，他們並未以稱他為「拉奧爾」，也不是用他證件上的名字「皮耶」，反而一邊揍，一邊喊他的本名：彼德．邱吉爾。他們發起酒瘋，用步槍的槍托把他打得面目全非，每打一次，都說要他代替溫斯頓．邱吉爾首相——他們以為他就是彼德的叔叔。他們打斷彼德的鼻子、肋骨與兩根手指，臉上留下割痕，眼睛腫到張不開。他們沒有訊問他。

彼德的手腕與腳踝都上了銬。他試圖逃脫之後，就被當成是威脅。他的眼鏡和鞋子被沒收。他告訴歐黛特，寧死也不坐牢；要是被逮的時候就被宰了也好。

歐黛特怒不可遏。「只要活著，就有希望，」[3]她說。

彼德沮喪地說，抱持希望根本荒謬，他們已經窮途末路。她在他口袋裡裝滿抽了一半的菸屁股，那是從監獄守衛抽過的香菸儲藏起來的；她也把水煮蛋放進他包包，好像母親在準備午餐盒。

「是我告訴他們你的真名，」[4]在彼德打架之後，歐黛特馬上悄悄告訴她。他們被逮的那天夜裡，歐黛特就透露他的身分。她天生善於營造戲劇感與自我誇大，這對被逼入絕境的間諜來說是優勢。她編出一則故事來說服納粹：彼德是溫斯頓．邱吉爾的姪子，而她是彼德的妻子歐黛特．

邱吉爾。看在義大利人要他代替首相挨揍的樣子，這招似乎有用[5]。這給了歐黛特勇氣；說不定等他們移交到蓋世太保手中時，這謊言也行得通。她這樣看待秉持優越種族信念的納粹：「德國人勢利得可怕。」[6]

「我總認為，這時候用這名字到處走最危險，」[7]彼德回答。事實上，他認為自己和溫斯頓．邱吉爾的關係「只能追溯到幾十代前的老祖宗」[8]。

「錯誤心態，」[9]歐黛特說。她推論，最好是成為外交價值高的囚犯，這樣可能吸引世界領袖與國際媒體的注意，而不要只當個非正規軍人，不受戰爭法的保護。她賭上他們的性命。

既然已經扯了溫斯頓．邱吉爾的謊，就要有可信度。在從義大利警方移交到法國、交給德國警方過程中，他倆尚未被完整訊問。他們得捏造出確切的故事才行，遂決定說自己是在一九四一年十二月二十四日的耶誕夜，於貝克街的戶政登記處完婚。這段婚姻由歐黛特的阿姨以及彼德的弟弟奧立佛（Oliver）見證，他也穿著軍服，準備上戰場。在守衛將他們分離之前，兩人把握短短的相聚時光，交換雙方親戚的姓名與地址，提問與演練彼此的背景故事，交換婚姻生活單調乏味的細節。他們也立了類似婚姻誓詞的誓言，維持虛構的夫妻關係，直到最後無論何種形式的苦楚結局。

「若有機會，我該問你是否願意把它變成終身誓言，」[10]彼德告訴她。歐黛特已經和羅伊．山桑結婚，還生了三個女兒，但現在則愛上了彼德。

她答應每晚六點會想起彼德，像祈禱一樣。

一九四三年五月八日，歐黛特與彼德來到巴黎的弗雷納監獄，德意志國政敵與其他惹麻煩的人都會被送來這裡。他們來到亨利上校——或者說布萊赫中士——的管轄範圍。

在弗雷納監獄裡，歐黛特與彼德挨餓、孤單、恐懼，歐黛特沒多久就生病。彼德說，日子在恐慌中延伸，「是無盡的折磨」[11]。

弗雷納監獄沒有時鐘。教堂鐘聲傳不到監獄的院子。透過牢房裡唯一的一扇窗，他們看著影子在牆上畫出的弧線，而在每晚看似大約是六點時，兩人會停下來，想念對方。

在福煦大道八十四號，布萊赫中尉身穿時髦便服[12]，登上螺旋梯[13]，雖然這城市裡只有納粹或賣國者才能像他一樣，掌握新穎事物。他在進入巴黎蓋世太保領袖、親衛隊長波美伯格的辦公室時，行了義務納粹禮。

波美伯格少校舉起右手，伸直手肘行納粹禮；袖子上的黑鑽石徽章，上頭繡著ＳＤ，代表親衛隊保安處（Sicherheitsdienst）。

這兩人有天壤之別。布萊赫是個平庸卻自稱是知識分子的人，受到徵召後第二次參戰。他是個勤勉文職人員，但尚未升職到中尉以上。波美伯格是眾所熟知的德意志國之獅，為職業軍人，也是個忠誠的納粹黨員，職業生涯隨著元首的壯大而水漲船高。他是個拘謹又英俊的人，大盤帽上有骷髏與交叉的骨頭，穿著有腰帶的罩衫、馬褲及長長的皮靴。這位上校遇見穿著便服的年輕軍官時，忍不住煩躁。

波美伯格會接見布萊赫，證明了他擔憂一九四三年巴黎一觸即發的局勢。這位中士是後起之秀，雖然階級不高，卻有不少功績，包括引以為傲的最新成就——逮到卡特的中尉馬薩克，讓他在弗雷納監獄「變節」。接下來，他循線逮捕重要囚犯——這是個討價還價的籌碼，可引起同盟國政治領袖的注意：首相的姪子和他年輕美麗的妻子。在柏林，據說這對夫婦的價值或許可換回被關在英國的重要囚犯——希特勒的密友赫斯。布萊赫的成功帶來意外的後果——引起巴黎領導者的注意。

這位資深軍官打量著年輕中士，直接命令他停止搜捕英國地下網絡的工作。他要年輕中士完全放棄雙面間諜的策略，延遲逮捕行動。馬上。

波美伯格少校與布萊赫中士的會面，其實是納粹黨與國家之間的攤牌，是效忠希特勒的人與德國愛國者的對決。消滅法國抵抗勢力是兩人共同的目標，但兩人並非效忠相同組織。兩人都效命於情報機構[14]，設法弭平各種形態的反叛，但年長軍官是巴黎蓋世太保[15]的首領，他隸屬於納粹獨立的經濟軍事組織——親衛隊。

相反地，布萊赫中士則效命於德軍。他是德軍反情報機構「阿勃維爾」的手下，阿勃維爾從德國皇帝時代以來就隸屬於德意志國防軍。這組織保有十九世紀軍隊的自負，卻要聽命於一個神經病。布萊赫對軍隊、對德國忠誠，但是未必對阿道夫．希特勒忠誠。

蓋世太保與阿勃維爾是死對頭。阿勃維爾冰冷、軍事化，蓋世太保則是缺乏人性。在巴黎，政府准許的暴行像是多頭馬車[16]，而負責搜捕間諜與蓄意破壞者的專業人士這麼多，不同的情報機關會彼此礙手礙腳。「對抗特別行政處的納粹黨組織，其確切性質非常複雜，連神學家都會困惑不已，」[17]一名法國部門的歷史學家說。

波美伯格要求服從。他或許會勉強承認，布萊赫最近逮到馬薩克確實幹得好，接下來逮到邱吉爾的姪子也是了不起的意外收穫，但是他要求布萊赫停止招募雙面間諜。他為軍隊謀策的計畫會耗費親衛隊的人力與資源，妨礙波美伯格的雄圖大計：判斷進攻的日期。

布萊赫人微言輕，而波美伯格是策略大師，有自己的特務「BOE48」[18]——巴黎蓋世太保第四十八號祕密特務。BOE48收集來的重要作戰資訊，會放在福煦大道能上了鎖、配有鑰匙的保險櫃。透過這單一來源，在盟軍要登陸之前的好幾週，甚至好幾個月前就能看出。許多資料指出，波美伯格提供四百萬法郎，得知盟軍攻擊的時間與地點。他在戰爭中搜羅了最關鍵的軍事情報。布萊赫瑣碎的間諜遊戲與偶然的逮捕，不斷妨礙BOE48的行動，因為BOE48已經深入了巴黎的抵抗勢力。絕不能有任何事情干擾千年帝國的目標。

這道清楚的命令也是威脅。如果布萊赫中士在反抗軍前裝成是高階的上校，不會沒有人注意到；他告訴抵抗分子說他反對希特勒、稱希特勒是暴君，還說他認為德國應該在沒有納粹黨的情況下贏得戰爭，在各強權之間取得和平，而不是靠著一個語無倫次的瘋狂領袖，發動持續的戰爭。

這些說法是叛國。布萊赫或許可說這只是欺敵之詞，目的是要誘惑敵方，讓他們產生錯誤的信賴感。但他迴避不了的是，阿勃維爾對納粹黨構成合法性的威脅。（布萊赫大放厥詞，恰好呼應著該機構的立場：阿勃維爾的指揮官海軍上將威廉・卡納里斯〔Wilhelm Canaris〕在當時就曾悄悄試探和同盟國講和，而在一年多之後，阿勃維爾的官員甚至運用從英國傘兵行動收集來的武器，圖謀刺殺希特勒[19]。）

波美伯格是資深納粹官員與蓋世太保首領，在納粹黨有優良紀錄，擔任足具權威的親衛隊隊長，若哪個軍人想反抗他，肯定是個傻子。然而，這位資深軍官已年近六十，該退休了，他會被取代，權力正在衰退。

這只讓布萊赫萌生強烈的違抗衝動。

在弗雷納監獄待了兩週之後[20]，歐黛特被帶到福煦大道八十四號。這裡應該紳士與外交官出入的豪邸，到處都是美酒與納粹。

她被帶到最高層樓的小辦公室。負責的軍官看起來像德國人，嚴肅、充滿北方氣息。他沒有對歐黛特說話，看起來只負責監督，似乎不需要理解，因為他不會說法文。

第二個男人進入了辦公室，他穿著平民的服裝，坐在桌子前面。他會審問歐黛特。

審問者的法文聽起來有教養，k發音很明顯，可能是洛林人。他開始照本宣科，展開訊問。每一次他說話，打字機的鍵盤就會快速回應，以一式五份的碳複寫紙記錄下來[21]。

納粹把歐黛特的背景梗概大聲唸出：她嫁給彼德．邱吉爾，夫婿是英國首相的姪子。她的無線電操作員是瑞賓諾維奇，那麼，他躲在哪裡？德國人了解她的組織，有一疊密密麻麻的文件，詳細訴說了他們的行動，及彼德．邱吉爾和網絡的信件。卡特這名稱與「馬薩克」不斷出現，歐黛特立刻明白情報從何處洩漏[22]。

納粹要求歐黛特說出每一次行動的時刻。她何時抵達法國？小帆船上的其他乘客下落呢？赫伯間諜在哪裡？

審問人利用歐黛特的恐懼，知道她讓情人被逮，現在可能永遠見不到他。但他們不知道的是，歐黛特也是個母親，可能永遠見不到自己的寶貝。歐黛特準備好面對這情況了。她在比尤利受訓時，曾在內心多次上演自己淪為囚徒的情況。她知道納粹不是她的朋友，他們的禮貌並不可靠。她受到的教育是要快速簡單回答，如果被迫說話，就提供盡量接近實情的資訊，但不要洩漏出關鍵要素；太多細節的謊言只會在長時間的訊問下搞亂。她知道不要討價還價、懇求，或是透露出可能洩漏另一名間諜資訊的細節；雖然她和彼德遭逮，但瑞賓諾維奇還是自由的，能傳送電報給倫敦，是馬基珍貴且重要的生命線，尤其盟軍即將登陸時更是如此。歐黛特能做的，就是保住他的安全（而不是她自己的安全）。

在訊問過程中，歐黛特陷入沉思。她這一生四處為家，總在假裝，希望自己在探險——這經歷成為戰爭的心靈武器：她知道自己可以承受，就像聖女貞德那樣。她心想，如果他們殺了我，只能殺了我的身體，但僅止於此，不代表什麼。那有什麼意義？他們就只會有一具屍體，沒有用處。但他們無法擁有我，因為我不會讓他們擁有我。在那一刻，歐黛特相信她得到了「恩典」[23]。

訊問者則是瞧不起她：她是個女人、恐怖分子、被征服的法國女子，還是敵方英國人呢。他帶歐黛特到窗邊，要她俯瞰下方綠意盎然的巴黎大道。「瞧瞧外頭那些快樂的人！」[24]

那時是春天，巴黎乾濕夾雜，時而寒涼，時而溫暖。在鋁製屋頂上方，燦爛的陽光從烏雲間灑下，有時候延續一個小時。福煦大道上的花園裡，女人看起來好快樂。她們穿著大衣與洋裝，漫步到布洛涅森林。那些自由的人與遭囚禁的歐黛特形成強烈對比，德國人目的是要打擊她。德國人似乎要提出一個交易。

「你這樣做是為了錢嗎？」[25]他問。

是為了國家的愛，歐黛特說。

真可惜，指揮官說。調查者似乎覺得無趣與不屑。

這男人說，要女人說話的辦法有很多。他喚來一名手下，一個法國年輕男子，有「非常美麗的雙眼」[26]，有教育良好的巴黎腔。歐黛特會想起，那年輕男子聞起來有肥皂與古龍水的氣味。他也不過就是個青少年吧。這年輕男人到歐黛特面前，解開她襯衫的扣子。她推開他的手，自己脫衣。第二個軍人跪在歐黛特身邊，把她的手固定在椅子後綁起。

她無法移動。那有雙美麗眼睛的年輕巴黎人拿了很燙的東西——或許是從壁爐拿的撥火棍、香菸，到底是什麼她不得而知[27]——就這樣按在她背上的肩胛骨之間。肉的焦臭味飄進她鼻孔裡[28]，混雜著男孩刑求者的肥皂味。

歐黛特．山桑在弗雷納的牢房門上有個標誌：「無特權之重犯」；她被祕密囚禁，沒有任何優惠。「你會以為我是有史以來最危險的女人，」[29]她回憶道。

這位聲稱是邱吉爾太太的囚犯自己安排儀式，度過牢獄中的日子：每天早上，她會把裙子在腰際挪個一吋，讓她覺得這是新的，像穿上一件乾淨的裙子。等到她的長襪已經破破爛爛，她就在夜裡用這碎布把頭髮捲得緊緊的。不過，歐黛特的身體卻違背了她的儀式以及衛生的假象：她病了，出現幻覺；她背後的燙傷開始潰爛；脖子有疼痛的腫包，讓她無法入睡，也消磨她的精神；肺結核開始在擴散。但她說：「就算要死，頭髮也要美美的。」[30]

在會見歐黛特時，布萊赫中士設法哄她建立友誼；他用與彼德見面來引誘歐黛特，當作是順服的獎賞，還提供音樂會、洗澡與一包包食物來引誘。但她從未洩漏出無線電操作員瑞賓諾維奇的位置。她違抗貝克街命令，在彼德從倫敦返回後與他見面，這掉以輕心的情感危及了他的性命；現在她可以用沉默，挽救其他間諜。

布萊赫告訴歐黛特，他在安排一項交換：用彼德．邱吉爾換魯道夫．赫斯，但歐黛特不在這交易中。他說，彼德已不在乎她死活。布萊赫想挑撥兩人，以為是另一囚犯是她丈夫。歐黛特沒有退縮，根本相應不理。

「你當然不愛彼德，不可能吧？」[31]布萊赫問，之後提出一個建議：歐黛特和這位納粹囚禁者合作比較好，當他的女友。

歐黛特拒絕了。

布萊赫說，彼德是幸運的男人。她不屬於監獄，他願意做「任何小事」[32]，只要能討她開心。這是很奇怪的誘惑：這位德國人坦白說出他對納粹政權的恨意。同時間，他又在刺探，訴說私人的話，像在「看精神科醫師」。

歐黛特只接受他的香菸。

「你不是那種願意穿髒衣服的人，」[33]他說的是歐黛特被逮之後穿的衣服，那件薄襯衫與窄裙。「給我一件襯衫，我幫你洗好。」

他警告，若接受他的保護，那麼她在阿勃維爾的管轄下會比較好過。相反地，蓋世太保是虐待狂。如果她落入納粹黨的掌控，他就護不了她了。不過，布萊赫的保護算不了什麼。她還是遭到刑求，而監禁正在摧毀她。弗雷納的典獄官請求讓歐黛特就醫，但納粹指揮官不肯：醫療是配給的，只保留給「有死亡之虞」[34]的囚犯。她越來越脆弱之時，被移到共同牢房，其他囚犯也憐憫起她的慘狀。「她極為虛弱，連一點點骯髒噁心的食物也吃不下，」[35]一名獄友說。弗雷納監獄的囚徒是靠著飲食動作撐下去。「一匙豆子」[36]的食物掀起日曆，但是麵包車粗嘎的輪子聲也不足以讓歐黛特下床。她很少有力氣起身。

久而久之，布萊赫放棄了歐黛特。她去了一次又一次的訊問，除了福煦大道之外，還有另一處位於索薩耶街（Rue de Saussaies）的納粹巴黎據點，總共受偵訊十四次[37]。

蓋世太保認為，活著的英國囚犯比死去有用。福煦大道的人在審判戰爭罪時，列出要留英國囚犯活命的三項理由：受囚禁的間諜可指認新囚犯，在訊問過程中施加同儕壓力；透過新的無線電技術，地面間諜可向空中進行空投任務的飛行員說話，而這時可善用有英國腔的英國囚犯來欺敵。最後也最重要的是，活的間諜可當成人質，具有實際價值，但屍體沒有。進攻之後，或許會需要換囚。

福煦大道的官員自以為是文明人，雖然他們的行為像戰犯。他們都懷念著「可粗暴對待猶太人的美好舊日。」[38]在豪邸中庭有間玻璃溫室，裡頭藏著無情的訊問過程。「我聽過那小屋傳來尖叫，」一名英國囚犯回憶道。等到受害者回到頂樓的訊問室時，小屋的目的昭然若揭；間諜「遭到虐待，狀況悲慘，上樓時舉步維艱。」有些官員手邊隨時拿著短馬鞭與榛樹樹枝，用來刑求囚犯的身體；有人離開時則是靠著濕浴巾、警棍與握緊的拳頭送走；還有人用的訊問法稱為「浴缸」、「冷水療」[39]，即是現在所稱的水刑。

德國訊問時必問的問題是，盟軍什麼時候會來，艦隊會從哪裡登陸？一名曾被訊問的英國囚犯說，「其實他們只想知道什麼時候會進攻，一直如此反覆。」[40]

歐黛特被要求脫下鞋子。她露出腳，解開剩下的襪子。那雙襪子早已在幾個月的囚禁與每日綁頭髮的儀式，變得破爛不堪。

一個年輕軍官跪下，拿出鉗子，拔掉她的腳趾甲，趾甲床滿是血，讓人痛不欲生。她喊都不喊。軍人又繼續拔下一隻腳趾甲。

歐黛特可以隨時要求停止，要對方饒過她下一根腳趾，透露出她所知道的情報。那可能對希特勒有點用處。

刑求者要軍人繼續往另一隻腳下手。

祕書持續打字[41]。

年輕軍人抬頭看指揮官，似乎在問是否要繼續。

「你喜歡你做的事嗎?」[42]歐黛特問。「你不是為了別的理由做這件事。」

她明白，這是場比賽。她總是靠著意志，靠著自己的浪漫，讓她撐過痛苦的經歷。納粹也仰賴著他們自己的教條；希特勒的正典、他的奮鬥，讓他的親信不感到羞恥。她認為，這不是「光明磊落的比賽」[43]。

歐黛特看起來像個活死人，「悲慘、凌亂、披頭散髮，」[44]一名遭囚禁的飛行員在受到訊問時說。納粹會要其他囚犯看看歐黛特，收殺雞儆猴之效。納粹記錄下她對其他囚犯的影響。「我一定是瞠目結舌，」他回憶道，他看著歐黛特從訊問室跛行出來時，「我完全嚇呆。」

蓋世太保拿出一疊紙放在歐黛特面前，紙張上列出她的罪狀。上頭以法文與德文寫道，邱吉爾太太因兩項罪名處死：第一是英國間諜，第二是法國女人從事反抗德國的行為。

她被命令，要在自己的判決書上簽名。

歐黛特要為哪個國家而死?她想，讓希特勒挑吧。「每一齣悲劇中都有可笑之處，就看你能不能找到。」[45]

一個女人只能死一次[46]。

注釋

1 Odette Hallowes, HS 9/648/4, National Archives, Kew.
2 Interrogation, in Peter Churchill, HS 9/315, National Archives, Kew.
3 Jones, Quiet Courage, 295.
4 P. Churchill, *Spirit in the Cage*, 31.
5 在戰爭期間，義大利政府或納粹指揮可能無法馬上輕而易舉地確認溫斯頓．邱吉爾的遠親近戚。一旦他們接受了歐黛特的謊言，似乎在軸心國每個拘留系統點的司令都不斷重複。歐黛特的喬治十字勳章授勳理由上，曾提到：「即使面臨許多反面證據，她仍堅持這個故事，甚至說服囚禁者。」（Hallowes, Odette HS9/648/4.）這故事沒有遭到懷疑，反而被具體化。納粹可能希望能有個高價值的囚犯，換回被囚禁在蘇格蘭的副元首魯道夫．赫斯。一九四三年八月，希特勒會收到證實巴黎蓋世太保逮捕溫斯頓．邱吉爾侄子的電報。
6 P. Churchill, *Spirit in the Cage*, 31.
7 出處同前，32.
8 Peter Churchill, HS 9/315, National Archives, Kew.
9 P. Churchill, *Spirit in the Cage*, 32.
10 出處同前，33.
11 P. Churchill, *Duel of Wits*, 364.
12 Bleicher interrogation, Aug. 15, 1945, KV 2/165.
13 Avenue Foch Paris, WO 208/4675, National Archives, Kew.
14 波美伯格的保安警察（Sicherheitspolizei）與親衛隊保安處（Sicherheitsdienst）通常只稱為親衛隊保安處或ＳＤ，底下有五個部門：反共、反蓄意破壞、反猶太、假證件與躲避強迫勞動者，以及反間諜。他的上司是親衛隊旗隊領袖赫姆・諾琛（Dr. Helmut Knochen），諾琛不僅掌管保安警察與親衛隊保安處，也掌管行政、宣傳、法國警方聯繫、刑警、間諜與意識型態。

15 祕密國家警察（GEheime STAats POlizei）簡稱蓋世太保，是源自於一九三〇年代，當時一名郵政職員被又臭又長的德國名詞惹得不耐煩，因此用了這簡稱。

16 在一九四三年還有維琪政府的反恐警察「法蘭西民兵」（Milice），對抗「內敵」。

17 Foot, *SOE in France*, ebook.

18 Joseph August Peter Placke statement to Vera Atkins, Aug. 13, 1946.

19 這計畫失敗了，卡納里斯（Canaris）死在弗洛森比爾格集中營，被短短一段小提琴弦絞殺。

20 我把訊問時程濃縮，因為我發現歐黛特在為福煦大道人員的戰爭罪作證時，她在回憶多次進出福煦大道時遇到的審問者，與福煦大道的諸多僱員搭配不起來。歐黛特在戰後說明任務時未有定論，且她的故事又是透過自傳代筆者過濾。她的嘉獎令寫十四次，但在戰後說訊問有十到十二次。這些訊問發生在一九四三年五月到一九四四年五月。我在此不提出人名，而只是約略參考她對於場景及參與者的回憶。她受到審問的部分期間，福煦大道八十四號說法語的訊問者是厄尼・佛格特（Ernest Vogt），有時候約翰・史塔上尉也在場。War Crimes Avenue Foch Paris, WO 311/933; Fresnes and Avenue Foch, WO 311/103; Hallowes, HS 9/648/4; John Starr, HS 9/1406/8, National Archives, Kew.

21 P. Churchill, *Spirit in the Cage*, 67. 彼德在戰後的審問中說，對方出示他「幾張密密麻麻打字」的資訊，那是來自馬薩克以及他仍是間諜時寄送的信件。

22 Hallowes, HS 9/648/4, National Archives, Kew.

23 Odette Hallowes, interview, Imperial WarMuseum, London.

24 Hallowes, HS 9/648/4, National Archives, Kew.

25 出處同前。

26 出處同前。

27 歐黛特在戰後立即的訊問時，說她記得那是撥火棍或是香菸。過了幾年後，她只說是撥火棍。

28 在戰後許多年，媒體與特別行動處的歷史學者都質疑過歐黛特遭刑求的經歷。英國政府不樂於提供失蹤女間諜的命運時（也就是死在集中營的女間諜），歐黛特的刑求經歷就成了公開抵制的目標。批評者聲稱，歐黛特杜撰一切，並未發生刑求，她是演員。傑普森甚至說，她能在拉文斯布呂克活下來，是因為和集中營司令舒倫上床（Jepson, interview, Imperial War Museum, London）。雖然歐黛特在告特別行動處歷史學家福特的誹謗官司中占上風，但至今某些專家仍私下懷疑那些暴行都是她捏造的。歐黛特從過去至今，都因為身為特別行動處最知名的間諜而飽受抨擊。她象徵著一個將黑暗祕密隱藏起來，不讓英國知道的機構，且她的個性戲劇化。然而，醫療報告卻反映著戰爭罪的身體證據：「她腳趾上的部分指甲不見；背後有直徑半吋的圓形傷疤」（T. Markowicz, M.D., May 31, 1946, in Hallowes, HS 9/648/4, National Archives, Kew. 亦參見 Christopher J. Murphy, "Whitehall, Intelligence, and Official History: Editing *SOE in France*," in *Intelligence Studies in Britain and the US: Historiography Since 1945*, ed. Christopher R. Moran and Christopher J. Murphy [Edinburgh: Edinburgh University Press, 2013]）。不僅如此，第四十一中隊的飛行員修・羅倫斯・派瑞（Hugh Lawrence Parry）遭俘虜之後，就目睹歐黛特在一九四四年剛結束刑求過程，那時兩人都在索薩耶街的另一處納粹審問室。從任何現代標準來看，歐黛特在監獄的兩年——絕大部分是單獨監禁，缺乏醫療——都是最殘忍與不人道的對待。歐黛特確實戲劇化，而且對於細節的回憶也不牢靠，但她終身對於刑求的幾個點卻是一致的。（她故事的主要元素都是如此，只有細節會變。）女性的苦痛遭到噤聲，在對抗歐黛特的行為中，很難不體認到這個一點。男性間諜就不用承受這些批評。

29 Hallowes, Imperial War Museum, London.

30 出處同前。

31 Hallowes, HS 9/648/4, National Archives, Kew.

32 出處同前。

33 出處同前。

34 War Crimes Avenue Foch Paris, WO 311/933,National Archives, Kew.

35 Hallowes, HS 9/648/4, National Archives, Kew.

36 Fresnes and Avenue Foch, WO 311/103, National Archives, Kew.

37 歐黛特在戰後最早的報告中，納粹的審問次數從十到十二次都有，而在喬治十字的嘉獎令則是說十四次。

38 Starr affidavit, May 1, 1946, "In the Matter of IllTreatment of British and Allied Nationals and Prisoners of War at Gestapo Headquarters in the Avenue Foch in 1943 and 1944," in Avenue Foch Paris, WO 208/4675, National Archives, Kew.

39 Avenue Foch Paris, WO 208/4675, National Archives, Kew.

40 Hugh Lawrence Parry, Imperial War Museum, London, interview. 這裡提到，派瑞在一九四三年九月二十四日遭射落，這是在西西里進攻之後。從派瑞的報告來看，巴黎蓋世太保似乎從未放棄英國囚犯可能知道進攻時間點與日期的看法。一九四三年夏天，克勞德．德巴薩克的報告也顯示，他認為秋天登陸是可能的，巴克梅斯特一九四三年的報告也秉持相同看法。待命的警示訊息在一九四三的九月、十月傳給法國抵抗分子，但之後沒有後續的行動訊息。這可能屬於排定在一九四三年九月到十一月舉行的假進攻行動：「帽章行動」（Operation Cockade）。在一九四三年末，認為盟軍會進攻似乎是合理的想法——或者可以愚弄希特勒，讓他認為進攻法國仍然可能發生。

41 Yvonne Burney, née Baseden, Pattinson interview. 抵抗運動成員伊芳．柏尼（Yvonne Burney）說到在審問過程時看到德國女人很奇怪。「有四、五個穿著制服的德國女子在角落閒聊，另外還有兩個男子也在聊，他們根本沒有抬起頭！也沒有轉過頭！看到有人在那種狀況很正常，即使我得被拖起拉高，但一旁還是有人那樣，是稀鬆平常的事情。」

42 Jones, Quiet Courage, 299.

43 Hallowes, Imperial War Museum, London.

44 Parry, Imperial War Museum, London.

45 Hallowes, Imperial War Museum, London.

46 Hallowes, HS 9/648/4, National Archives, Kew.

第十六章
交換

巴黎

球的彈跳聲迴盪在克利尼昂庫爾廣場（Square de Clignancourt）的建築牆面之間，這時母親們哄孩子去稍微睡個午覺，祖母則站在微風中片刻，感受這五月尋常的一日多麼幸福——孩子們能過著平凡的童年，男孩女孩在觀景台下跑過，玩捉迷藏，像在和平時期時這一帶的真正生活一樣。小孩子耍脾氣，不肯進到屋裡，於是大人安慰道，等他們醒來，天氣依舊溫暖，整個夏天天氣都是暖暖的。

公園距離蒙馬特不遠，和當地的警察局位於同一條街上，雖然地處市中心，卻有郊區的寧靜。十號的公寓四樓是昌盛網絡的藏身處。現在這裡沒有間諜躲著，也沒有進行祕密會議。客廳看不太出來戰爭時期的恐怖活動、夜間空投或進攻計畫的痕跡。夏日攻擊在即，法蘭西斯被召回英國，報告任務進行的情況。主管不在，安德莉和吉爾伯特在玩撲克牌。

這天笑聲洋溢，彷彿戰爭不會找上門。這是放鬆的時刻，可以過著像人過的日子：在克利尼昂庫爾廣場偷閒玩撲克牌，不談進攻或攻擊、游擊戰或槍枝。午餐在友誼的襯托顯得溫暖；安德莉和吉爾伯特一起撐過冬天，現在愛戀彼此，難分難捨。天氣這麼溫和，他們臉上掛著燦爛笑容，是幸福的愛侶。

和安德莉和吉爾伯特一起的，是另外兩對地下工作的男女。其中一對是他們的主人布索斯夫婦（Bussozes），夫妻倆的兒子年紀已會被維琪政府徵召去強迫勞動，還有一組已婚的英國間諜——無線電操作員傑克．阿加札里安（Jack Agazarian）及妻子法蘭辛（Francine）。

吉爾伯特和傑克是巴黎主要的無線電操作員[1]，隨著D日逼近，他們工作量暴增。每個來到這座城市的間諜都要和倫敦通訊，因此吉爾伯特和傑克在宵禁之後的夜晚都在編碼，白天則在無線電站之間奔波，忠實依照和芬妮排定的時間表，把消息傳回五十三號無線電台。因為「超級」（Ultra）從恩尼格瑪密碼機得到的情報[2]，倫敦的間諜主管知道，蓋世太保越來越善於破獲非法的無線電傳輸器。「種種明顯跡象顯示，在德國占領區恐怕難有任何無線電傳播器存在，卻不被偵測、發現與定位。」

在漫長的戰爭裡，間諜對於空閒時間的記憶，會勝過蓄意破壞：「這些是重要的事——這時期培養了共患難的個人關係，讓人更感受到彼此休戚與共。」[3]間諜會接到新的進攻任務，屆時日子或許無法這麼舒適，彼此也無法這樣相聚：畢竟法蘭西斯回倫敦是接受新的命令。和吉爾伯特共處的時光很珍貴。

趁法蘭西斯不在的時候放鬆，實在無可厚非。阿加札里安夫婦尤其覺得法蘭西斯的領導令人緊張，傑克同樣是讓網絡領袖苦惱的人物。法蘭西斯向倫敦報告時說道，「他不是很有用，不太適合我們的現場工作。」[4] 傑克太貪杯、愛和陌生的女子打情罵俏，還要求晉升，成為自己網絡的統籌者。他渴望自我成就。法蘭西斯回絕了：「他毫無統籌能力。」傑克的妻子法蘭辛似乎認為自己不必聽命於指揮架構，服膺法蘭西斯的權威，因此她在法蘭西斯的眼中根本沒用。「她根本不能融入整個範圍。」

雖然是個懶洋洋的下午，但是戰爭近在眼前：十號的門鈴響了，一名陌生人到來，要求和海倫·布索斯（Hélène Bussoz）說話。女人會在日常生活中運用幽微的方式，協助反抗勢力。她們是反抗分子基地的第一個聯絡人。她們會打開前門、接電話，這麼一來帶著武器、成為目標的游擊者可逃跑。海倫應門，對方說出正確的暗語：「我是羅傑·杜蒙的朋友，已經一個月沒見到他了。」[5]——這個訪客要找的是吉爾伯特，他到公園去了。

有兩個人在街上和吉爾伯特見面，一人是來自逃出路線的嚮導，另一人則是來自特別行動處的荷蘭部。這個走私者以有法國腔的英文自我介紹，像個比利時人。他的名字叫做阿諾（Arnaud）。他很強壯，有雙藍眼、淺色頭髮，還有紅通通的臉頰與厚實的手[6]。第二個人是荷蘭間諜，有張大大的胖臉，神情緊張，「樣貌與行為看似服務生」[7]。他自稱亞德里安（Adrian），不會說法語。

這兩人說明來意：貝克街發電文到海牙，把亞德里安召回總部，報告荷蘭顛覆行動的相關資訊。他接到命令進入法國，要搭即將啟程到倫敦的飛機。他在巴黎得知，要找一個叫做吉爾伯特的人。

每名特務都有四個以上的名字——行動、本名、化名、記錄名等等，身分混淆是很常見的。吉爾伯特說，他不是他們要找的人；他在倫敦面前的稱呼是阿尚博。專門處理飛機事宜的英國特務另有其人，代號是吉爾伯特——飛官亨利．德里庫（Henri Déricourt）。

傑克是無線電操作員，負責把所有飛行資訊傳給德里庫的著陸場。他告知荷蘭人會做安排，但由於五月的月盈期已近尾聲，因此無法馬上處理。所有離開法國的班機都被預約了。

傑克說，荷蘭特務下個月再回來比較好。兩個陌生人答應六月再前往倫敦，旋即離去。這天仍安然無事。有香菸抽、有紙牌玩，情侶手牽手。等法蘭西斯回法國，可就有得忙了。戰爭的決戰時刻——夏天的歐洲進攻行動——就在眼前。

相較於戰爭時期遭到蹂躪的法國，倫敦的紳士形象形成強烈對比。倫敦仍是銀行家、證券商、會計師與政治人物雲集之處，他們聰明、老謀深算、專業。即是遭遇過德國空軍大轟炸，城市依然力量強大。

倫敦在乾爽、陽光普照、溫暖的環境下盡力保持樂觀，因為此刻是戰爭時期，而他們是英國人——即使法蘭西斯心中並不開朗。戰艦在蜿蜒的泰晤士河上停泊。街道上滿是軍人：英國、法國、波蘭、加拿大、美國，全都準備好進攻歐洲。在白天，皮卡地里的燈光如平常一樣開著：保衛爾牛肉精（Bovril）。健力士對你有好處。

這場戰爭似乎往同盟國傾斜。首相不在唐寧街十號，而是前往美國，與羅斯福總統和美國國會見面。美國國會正努力擬定戰爭策略，不僅要在歐洲發動戰爭，更要延伸到太平洋。「打敗日本不表示打敗德國，打敗德國卻能讓日本也跟著毀滅，」[8]英國首相堅持。他依然擔心美國會把注意力從希特勒轉向裕仁天皇。為了支持自己的論點，邱吉爾強調歐洲的正面消息：大範圍的轟炸已重創德意志國工廠，削弱德國氣勢，也使被征服的國家得到鼓舞。大西洋戰爭也朝向同盟國傾斜；海軍部鮮少公布關於德國潛艇的細節，但是在一九四三年五月，卻發表一項聲明，十艘U型艇在一週之內沉沒[9]。同盟國靠著破解恩尼格瑪得到的「超級」情報究竟占有何種優勢，要等一個世代以後才能公諸於世，但是效果很明顯：希特勒失去海上戰力。充足的軍需品、船隻與飛機進入歐洲，打開宣告多時的第二戰線。

每次月圓都蘊含改變世界的潛力，每次都可能代表登陸歐洲的訊號。沒有人知道公司何時會開始攻勢，或在哪裡展開；他們唯一確定的，就是在一九四三年會在歐陸打開第二戰線。為了奇襲希特勒，這件事情必須悄悄進行；就連法國部門也不知道詳情。只有同盟國最高層級的司令知道[10]。所有部隊都在為D日待命。

將軍們說，等待時間或許不會太長。希特勒的政權可能因為自身狂妄而破產，瞬間垮台；若發生這情況，德意志的崩潰會很快發生，而遭占領的諸多國家也會加入解放歐洲的行列。法國網絡得知要做好準備，在「六、七、八月盡快行動，因為事件可能隨時發生」[11]。

法蘭西斯住在海德公園南邊的飯店。幸好這裡和他在巴黎住處不同，他在巴黎時，周圍是來來去去的三教九流。法國是他母親的家，卻沒有舒適的感覺；相對地，巴黎充滿汗臭與恐懼。間諜說，法國占領區的生活和在倫敦靠著政府祕密預算[12]過的日子，不可同日而語。

法蘭西斯被召回倫敦一個星期了，這星期可不好過。造訪總部令人苦惱。他解釋，蓋世太保在鎮壓他們：波美伯格支付賣國賊一百萬法郎，逮捕地下的英國軍官。背叛行為受到激勵；根據報告，「告發越來越常見」[13]，無法善盡告發責任的人會遭到蓋世太保處罰。錯誤與意外越發頻繁，讓法蘭西斯與他手下的間諜身處險境。他的藏身處莫名其妙暴露[14]。組織在巴黎的「祕書」、來自卡特網絡的女子潔曼．坦布被逮捕。現在納粹在訊問時會運用注射藥物，「讓受害者變得不負責任與愛說話，」法蘭西斯說。要是他或團隊遭逮，這謠言以及這類藥物可能的影響，令他「最為煩憂」[15]。那藥物到底對潔曼造成什麼影響？坦布家的公寓是安德莉在卸下降落傘、前往巴黎之後去的第一個地方。每個間諜都會到潔曼家[16]。對巴黎反抗分子而言，她的臉龐溫暖，散發母性光芒。

同時英國情報處得知，福煦大道似乎打算在盟軍進攻之前先發制人。英國破解了恩尼格瑪的密碼之後發現，納粹的反情報警察正在對付昌盛網絡。波美伯格位於福煦大道的人手收到直接命令，說巴黎的游擊「組織必須根除，這是最優先的任務」[17]。貝克街感覺到法蘭西斯的挫折。法蘭西斯這趟返國期間，每天與巴克（現在晉升為陸軍中校）[18]一起用餐，兩人聊天話題涵蓋很廣：從如何為卡特止血，到進攻的後勤支援都包括在內。戰區間諜和倫敦大聲發號施令的監督者之間，隔閡越來越大。法蘭西斯也想晉升到少校，吉爾伯特也該升遷。法蘭西斯爭論，公司對他手下的女性做得不夠多：安德莉和伊芳忙得不可開交，總部並未給與足夠的嘉勉訊息或鼓勵的話語[19]。她們應該得到和男人一樣多的讚美，但公司的沉默是一種侮辱。

卡特的中尉馬薩克遭到逮捕，對法國網絡產生深遠的影響，不僅造成歐黛特和彼德被捕而已。其他地下網絡的成員也被指認出來、尾隨、遭逮，恐怕也背叛了。法蘭西斯試圖封鎖昌盛網絡中每個和馬薩克有關的人。他取消地址，要求新的送信點；每個行動細節都遭殃、污染，他對指揮官說。「拜託、拜託、拜託避開所有聯絡人……我有可靠的報告，讓我無法信任某卡特成員[21]，或至少他的方式。必要的話，我可以長篇大論來說明。」[20]安德莉曾告訴法蘭西斯，她認為如此龐大的網絡裡，或許還有其他叛徒——和卡特無關的叛徒。她懷疑降落傘接應和接機也被蓋世太保監控。

法蘭西斯反覆強調現場的安全。為了完成上級指示，他快速擴大次網絡，在北邊推出衛星組織，減輕他肩負的重擔。每一回月圓，他就迎接從倫敦來的新間諜。「他持續過著緊張忙碌的生活，」[22]一名手下法國中尉說。他「非常固執，個性近乎嚴厲。他的責任感很重。」[23]他管轄的軍隊成員將近兩萬人[24]。

公司體認到巴黎溝通出現瓶頸的危險：法國北邊共有七個網絡透過巴黎傳遞訊息。就功能上來說，不可能保持網絡各自封閉獨立，畢竟流量這麼多，但無線電員屈指可數。需要有更多無線電操作員登陸，才能紓解壓力。D日之後，法國游擊隊和位於英國的盟軍遠征部隊最高司令部（Supreme Headquarters Allied Expeditionary Force，簡稱SHAEF）之間，需要全天候的常設連結。法國部門正在增加無線電員：在一年期間，法國的無線電操作員人數增至十倍，從三名增加到三十名，預計將在戰區增加到八十名[25]。但只要反抗單位多於操作員，人力就不足以應付未來西線攻勢的需求。巴克希望法蘭西斯知道，新的操作員正準備馬上加入他的廣大網絡。其中一個會加入巴黎的猶太人網絡[26]；另一個——印度女人[27]，是第一位被派駐為戰場的女性訊號操作者——會去特里耶沙托，加入法蘭西斯的次網絡。

其實在目前情況下，整個昌盛團隊都想休息，因此法蘭西斯說，D日越快來臨越好。心力交瘁的他處境艱困：他看安德莉與吉爾伯特愛上彼此，而相互扶持讓他們的生活更好，工作比較輕鬆。「我毫無保留地讚賞他們，我們的成就多得歸功於他們的努力。」[28]

最後，法蘭西斯得到男人休假時最渴望的事：見到妻子瑪格麗特。他很努力說服貝克街，讓他帶著孩子的照片出差。安全規定是禁止這種做法，不過法蘭西斯實在心煩意亂，因此公司勉強同意，讓他不時看著兒子。他可以寫信給妻子，而妻子也獲准回信。

D日猶如質量龐大的重物，對話總是繞著它運行。當「事情到了緊要關頭」——換言之，就是在進攻之後——法蘭西斯的任務就是到吉佐（Gisors），領導北方網絡。吉爾伯特會前往奧爾良（Orléans），指揮羅亞爾中部網絡。

D日行動[29]

提供一致的暗號或甚至一致的識別符號都沒用，因為傳遞這暗語或符號給大量人馬很危險。

接下來應採取以下程序：

你應該告訴我們三、四個藏身處，這藏身處僅供D日使用，而且你應該……和頂多兩三個主要中尉一起，在軍隊推進你的區域時待在那些藏身處。你們要留在這些藏身處，直到一名隨著進攻部隊來的軍官把你接走。

在戰鬥通過你的區域時，你的組織要發揮最重要的攻擊功能。

英倫島嶼成為世界最大的武器儲藏庫與兵力集結處。這項計畫需部署三十二萬六千名盟軍，以及五千艘船與登陸艇，一萬一千架飛機空投一萬三千名傘兵，以及五萬四千輛載具駛過海峽，運送十萬噸補給，供行軍到柏林使用[30]。在英國南邊聚集的人員與重裝備非常龐大，甚至有人說島嶼可能會傾斜翻覆到海中。

在這過程中，法蘭西斯與他的中尉同步進行規劃，要與登陸的盟軍同心協力，在攻擊期間破壞法國的基礎設施。戰鬥區當然是焦點。德國的精銳裝甲坦克師在一九四〇年曾突擊法國北部，這次必須讓這批的坦克遠離海灘，因為盟軍要搶灘；如果希特勒的武裝接近進攻區，這些裝甲坦克將足以打擊英美的攻勢，使他們退回水域。一旦開始攻擊，馬基就要負責預防閃電戰重演。沒有人知道艦隊在哪裡登陸，只知道是在昌盛範圍下的某個區域。

在英國待了六天之後，法蘭西斯又在一九四三年五月二十日，跳傘回到敵方。這一次，他帶著「緊急待命」訊息[31]給所有的網絡：為登陸待命。

在一處林間空地，法蘭西斯頭上的樹木猶如夜空下的黑色金銀細工。他和跳傘夥伴捲好降落傘，褪下飛行服，捲起來埋好。

「親愛的孩子，」法蘭西斯之後會寫信給他的妻子瑪格麗特，談到他軟著陸。「我的旅程非常舒適，腿沒有惹麻煩——這次應該做得不錯。」[32]思鄉病舒緩了一段時間。「我一直想著應該對你說的事，」他在有橫線的座標紙上寫，「希望下一次造訪時不用這麼匆忙。」

他們不久前才道別，情意尚存，他吻她時感覺到的柔軟臉頰仍記憶猶新。他很遺憾沒能在倫敦見到兒子：「幸好現在有照片了，讓我覺得好多了。」

獻上所有的愛

再見，親愛的

F

法蘭西斯把這封信交給信差，之後信差會在咖啡館交給某人，把信繼續傳出去，而這封信會回到英國，到他親愛的瑪格麗特手上。

在下一次月圓時，兩架威斯蘭萊桑德偵察聯絡機會在羅亞爾河與薩爾特（Sarthe）交會處完美著陸。情況總是如此：安排飛行場的法國飛行員從不會出錯。飛官德里庫在戰爭結束時，已見過六十七名間諜與反抗者領袖，包括年輕的法蘭索瓦・密特朗（François Mitterrand）*。

德里庫以熟練的技巧在飛行場行動。當抵達的乘客下機後，他會向要回國的間諜揮手，示意他們向前，載他們回國。行李會從打開的機艙取下；郵件袋會送到飛機上。法蘭西斯寫給眼睛明亮、長著雀斑的太太的信，也會在這郵件袋中。

但是飛機落地前的幾天和幾個小時，德里庫把所有要送到英國的郵件，帶到福煦大道八十四號的人面前。

在公司前，德里庫的代號是吉爾伯特。

在突擊大隊領袖波美伯格前，他是間諜「BOE48」。

法蘭西斯從倫敦回來，一天中午，在巴黎東區的街角咖啡館附近悄悄和某人見面。他「啜飲戰爭時期淡而無味的餐前酒」[33]；飄落的花瓣在人行道邊緣排出一道白色的線。他凝視遠處，在一大片綠意盎然的公園另一頭，就是文森城堡（Château de Vincennes）。這是十四世紀的堡壘，曾是幾個路易國王、三個拿破崙與一個阿道夫的軍事設施。法蘭西斯提高警覺，等著有人來釋放囚徒，換取金錢。

法蘭西斯在等一輛雪鐵龍到來，裡頭會有兩名中年婦女：備受喜愛的潔曼・坦布和她的姊妹瑪德琳（Madeleine），兩人都遭到馬薩克的背叛。潔曼原本擔任卡特領導者吉拉德的祕書，是他的得力助手，直到這位藝術家的自大引發危機，她才切斷聯絡。她從蔚藍海岸回到故鄉巴黎，在這咆哮爵士樂音飄揚的地方，協助建立進攻前的海峽岸邊網絡。她在舒夫倫大道（Avenue de Suffren）三十八號工作，這是她的住家，也是馬薩克告訴布萊赫中士的地址。

整個春天，布萊赫的阿勃維爾網絡都在監視舒夫倫大道的這間公寓。視察者就坐在樓下的小餐館，於艾非爾鐵塔的陰影下喝咖啡，拍攝與監控所有進入建築的人——無疑包括反抗運動的成員。布萊赫一發動突擊，立刻造成昌盛網絡的危機：如果潔曼遭到刑求，她「知道太多，我們無法冒讓她承受任何審訊的風險」[34]。潔曼遭到逮捕，對貝克街的間諜主管而言是重大打擊。巴克梅斯特在日記中寫道：「噩耗。驚人的消息。遭到出賣！」[35]

因此法蘭西斯把公司經費花在刀口上。在巴黎，沒有多少東西可用合理的價格買到；這是歐洲最大的以物易物市場。擬定好計畫之後，他發電文向倫敦要錢，並預付十二萬五千法郎當作這對姊妹的預付贖金，換回她倆的自由。（「你可不是救世軍（Salvation Army）[36]！」貝克街反駁他買回囚犯的想法。）†

直接資助敵人是風險很高的計畫，可能導致法蘭西斯淪為戰犯。這舉動是讓殺害猶太人與虐

---

* 譯註：一九一六—一九九六，法國政治家，曾任法國總統。

† 譯註：「救世軍」是基督教慈善公益組織，自稱「以愛心代替槍炮的軍隊」。

待兒童的人得到保護費。非正規軍總是踩在道德不明的界線上。(「這不是板球，我們不能像過去一樣把別人打得落花流水就好，」[37]一名芬妮在提到公司派到敵後的最高機密行動時說。) 現在法蘭西斯越來越靠近他所厭惡的賣國者與納粹。但是潔曼值得。

表面上，這次行動只是這對姊妹從弗雷納監獄，移監到文森城堡的牢房。兩邊的官員會說這輛車在路上遭到挾持。

法蘭西斯坐在咖啡館，看著黑色雪鐵龍接近約定地點。車速放慢並停止。車門打開，兩名法國巡官走到街上，護送兩名女性囚犯。

在弗雷納監獄待過之後，這兩名女子神情憔悴，這段日子沒吃飽，也沒洗澡；監獄彷彿奪走了她倆好幾年的壽命，也奪走坦布家人的優雅。

淺黑髮的潔曼與瑪德琳根本不見蹤影。巡官交出的是兩個「看起來很疲憊的金髮女子」[38]。顯然法蘭西斯花了一大筆錢，換來「蒙馬特兩名品行可疑的年輕小姐」[39]獲釋。會面點的德國官員非常氣憤法國巡官搞飛機。法國巡官為送錯人道歉，但還是要拿錢[40]。他們不會把這兩個女人帶回原來的監獄，以免更啟人疑竇。軍官必須為他們付出的時間與冒的風險付款，而不是結果。

潔曼和瑪德琳仍囚禁在弗雷納。十二萬五千法郎的存款就這樣泡湯。某個環節的幾個納粹，肯定在捧腹大笑。反抗者剛買了巴黎最貴的妓女。

但是法蘭西斯不可能放棄坦布姊妹。他又擬定後續的計畫，這次有更好的防護措施，但是點子同樣糟糕：花錢越獄。

第二次見面地點是在鎮上遙遠的另一端——馬約門站（Porte Maillot）附近的咖啡館。為了確保不會再度被殘酷惡搞、贖回兩個妓女，卻沒找回地下軍人，這次一百萬法郎分成兩次支付：只先付一半。剩下一半等確認交換成功才支付。為了惹惱納粹，反抗者把紙鈔弄亂撕碎，「像一大堆亂七八糟的五彩紙屑」[41]。

這次會面會有安全身分檢查。屆時會有一名第三方聯絡人由認識潔曼的人陪伴，確保這對姊妹是不是真的。等確認囚犯身分正確，她會示意聯絡人，之後他才把剩下一半鈔票的手提箱交出來。法蘭西斯與吉爾伯特會監視交換行動。

在第二次嘗試中，法蘭西斯選擇很受歡迎的「運動咖啡館」（Café Sport）。這是氣氛愉快的地方：有帆布遮棚、彎曲的柳條椅、黃銅飾邊、難喝的咖啡。這裡接近地鐵站，相當熱鬧，兩邊是巷子與明晰的街角，附近有公園。要是計畫失敗，有很多方式離開。

在交換的那天，一輛短車頭的雪鐵龍開到馬約門站——這是令人聞風喪膽的蓋世太保囚車（Black Maria）。車子停在轉角附近，二十個警察下來，全朝咖啡館的方向前來，準備取得百萬法郎的一半，並逮幾個恐怖分子的首腦。

有人向福煦大道通風報信。

運動咖啡館吧台的人保持一派悠閒，但房間充滿警戒。一名昌盛的中尉及時趕到，提出警示。沒有人被逮，但是蓋世太保的眼線已經在房間裡。

法蘭西斯第二次想用贖金換囚的嘗試，使得卡特網絡崩潰與馬薩克出賣的連鎖反應加速。布萊赫占上風，波美伯格也是。那對姊妹不見了，巴黎的網絡[42]現已落入兩組德國祕密警察的手掌心：德意志國防軍的阿勃維爾與納粹黨的親衛隊保安處。從那天之後，昌盛網絡的成員無疑已在福煦大道的監控之下。

出乎游擊者意料的是，裝著半數贖金鈔票的手提箱被送回來。把一百萬法郎黏回，花了三天時間。

巴黎越來越危險，但地下網絡仍相信，擁擠的咖啡館就是安全的咖啡館。間諜在法國人與德國人的眾目睽睽下安排會面，確認暗號，交換訊息。到了夏天，反抗人士在花神咖啡（Flore）、競技場（Le Colisée）、蒙托隆（Montholon）等露天座位上進行活動——這裡的男人提著公事包，女人則是圍薄紗圍巾，戴著墨鏡抽菸，大家聊天，爭論與喝酒。侍者向客人點頭示意，無論對方是賣國者或愛國者都一樣。在咖啡館結社是希特勒之前就已存在的現象，也會比他的壽命還長久。

一九四三年六月九日，傑克．阿加札里安進入那不勒斯咖啡館（Café Napolitain）的時候，只有安德莉．波瑞爾留意到他。他好像和死神擦肩而過。傑克訴說剛才他千鈞一髮的逃脫。他說，幾分鐘前在卡普欽咖啡館（Café Capucines）才發生可怕的事，於是他到隔壁的咖啡館，確定自己沒有被跟蹤。

但傑克保證，他已被盯上。在克利尼昂庫爾廣場懶洋洋玩牌的那天，他遇見了兩名荷蘭間諜。其中一人要飛到倫敦，另一人則是他的嚮導；從玩牌那天開始，傑克就為他們安排德里庫的飛機。他們很謹慎，沒有其他人知道他們會面。但突然間風雲變色。荷蘭間諜在咖啡館被逮。

傑克簡略地向嚮導說幾個字，逃命的人總是以省略、模糊的字眼說話，例如掃蕩（sévite）、中心（plaque tournante）。他們忙著以法文交談，但另一名間諜卻不為所動，因為他聽不懂法文。

沒多久，咖啡館越來越多人；不出幾分鐘，空蕩蕩的咖啡館變得鼎沸。兩名納粹軍人抵達，宣布要搜查，命令咖啡館裡所有的人拿出身分證件。

在那一刻，原本不理解的荷蘭間諜起身，伸手到口袋，趕緊往門邊前進。要求要有身分證明在巴黎很平常，但是對一個不會說法文、又持偽造文件的人來說，就是死路一條。

德國軍官抬頭，看著荷蘭人離去，繼續自己的調查。

他們沒有追上去。傑克納悶為什麼？後來恍然大悟，因為根本不必；到處都是眼線。這間諜在門口就被一個穿防水雨衣的人逮住；那人坐在露天座位，沒點咖啡或干邑酒。這是陷阱。

荷蘭走私者眼睜睜看著委託人被兩個穿便服的陌生人送到路的對面。「他們逮捕了亞德里安，」他嚷道，但傑克瞪著他，示意安靜；裝作若無其事很重要。他們悄悄低語，捏造出新的掩護故事，簡單說明為什麼第三個男人跑掉。

納粹巡了咖啡廳，來到傑克面前。他拿出文件——都準備好了，走私者也是。不知道是因為命運之神眷顧，或是偽造技巧高明，兩人都沒事。但是那名荷蘭間諜沒有那麼走運。

納粹離開後，傑克消失蹤影。整個下午，穿制服的德國人每五分鐘就去咖啡館檢查文件、騷擾巴黎人，讓日子難過，咖啡館不再引人。

安德莉聽這故事時表情難掩激動。來自貝克街的荷蘭間諜被逮，現在在福煦大道。那一刻，他正遭到訊問，很可能還遭到刑求。或者他已叛變，成為逮捕其他人的卒子？他有任務要飛往英國。他可以認出那天玩紙牌的每一個人：傑克、他的妻子、主人、吉爾伯特與安德莉。

有多少昌盛的成員現在被牽連了？

傑克必須回倫敦。吉爾伯特的工作量只會增加。

災難，慘不忍睹。大禍臨頭。

正如典型的反抗活動，安德莉和傑克只知道遭逮捕間諜的代號名稱：亞德里安。

這位間諜的真名是卡爾．波登（Karl Boden）。他的同伴是理查．克里斯曼（Richard Christmann）。他們其實不是「公司」雇員。

他們是敵人。兩人都是荷蘭的阿勃維爾幹員。德國攔截到英國無線電發射器後，遂展開一整年的無線電遊戲（Funkspiel），欺騙五十三號無線電台的芬妮。這些有特別行動處暗號的英國無線電，已被海牙的納粹掌控。荷蘭無線電發出假訊息到祖國的無線電站，讓芬妮以為她們從真正的盟軍特務得到重要情資。阿勃維爾已欺騙貝克街一年多了。那是一場無線電的雙面間諜騙局。

現在希特勒的英國遊戲（Englandspie）也在巴黎上演。

注釋

1 至少還有兩人在途中：賈斯頓．柯恩要在一九四三年六月十三日前往雜巴黎的雜耍者／羅賓網絡，努爾．艾娜雅特．汗會在一九四三年六月十六／十七日左右，搭萊桑德偵察聯絡機，前往隸屬於昌盛次網絡的電唱機網絡（PHONO）。

2 German Penetration of SOE SIS and Allied Organizations, KV 3/75, National Archives, Kew.

3 Ree, "Experiences of an SOE Agent in France, Henri Raymond, Alias César."

4 J. Agazarian, HS 9/11/1, National Archives, Kew.

5 "Je suis un ami de Roger Dumont. Il y a plus d'un mois queje n'ai l'ai vu." Suttill, *Shadows in the Fog*, ebook.

6 Anton Pierrefeu, KV 2/946, National Archives, Kew.

7 Foot, *SOE in France*, ebook.

8 "Prime Minister's Speech to Congress: Good Alliesin the Cause," *Times* (London), May 20, 1943.

9 "Increased Sinkings of U-Boats," Times(London), May 15, 1943.

10 盟軍設法欺騙世界。在那時候，雙面間諜正給與柏林錯誤訊息，暗示D日會在七月發生，從加萊海峽登陸。這目標是讓德國相信英國艦隊在肯特與漢普郡集結，美軍也決心進攻布列塔尼。

11 Danièle Lheureux, La Résistance "Action- Buckmaster": Sylvestre-Farmer, avec le captaine "Michel" (Roubaix: Geai Bleu, 2001), 引述自Suttill, *Shadows in the Fog*, ebook.

12 特別行動處的預算據信非常充裕。在倫敦，公司在歐雀府（Orchard Court）有商務公寓，以大量的裝飾藝術鼎盛期之作妝點，還有黑色瓷磚的浴室與巨大的大理石浴缸、坐浴盆，桃粉色的鏡子上面刻著跳舞的少女。

13 Special Report, April 1943–September 1943, dated Oct. 1, 1943, in F Section History and Agents, HS 7/121, National Archives, Kew.

14 吉爾伯特的隔鄰剛好是戴高樂法蘭西共和部門的無線電操作員——直到他也遭到逮捕。J. A. F. Antelme, HS 9/42, National Archives, Kew.

15 Gilbert Norman, HS 9/110/5, National Archives, Kew.

16 坦布家族會指導抵達的英國人納粹頒布的新法規，例如幾點開始宵禁、哪些晚上可以到哪間餐廳吃到肉，哪裡可能取得良好的假造身分證。

17 巴克梅斯特在他的法國部門歷史中，就把「組織」加上了直接引號。(HS 7/121, National Archives, Kew.)

18 巴克梅斯特是在一九四三年四月二十九日晉升。

19 J. Agazarian, HS 9/11/1, National Archives, Kew.

20 出處同前。

21 亨利・弗拉傑曾是卡特的副指揮官，後來成立輔機工（DONKEYMAN）網絡。

22 Guerne, in Vader, *Prosper Double-Cross*, 63.

23 出處同前，99.

24 F Section History and Agents, HS 7/121,National Archives, Kew.

25 出處同前。

26 柯恩在一九四三年六月十三日滲透。

27 努爾・艾娜雅特・汗會在一九四三年六月十七日滲透。

28 Agazarian, HS 9/11/1, National Archives, Kew.

29 J. A. F. Antelme, HS 9/42, National Archives, Kew.

30 這是一九四四年D日的所需人數。一九四三到四四年的產量與部隊人數大幅增加。我並未取得這時期的確切人數，部分原因在於進攻會發生在義大利，因此我在這裡也使用假設語氣。資料來源：www .history.com.

31 「在一九四三年中，我們收到最高機密的訊息，說D日可能比我們想像中得更近些」。這個訊息與國際政治局勢的關聯程度遠超出我們所知，當然我們也毫不起疑地跟著行動。」（Buckmaster, *They Fought Alone*, 225.）「他在多年後回想起自己的命令時，認為加速了部門為支援進攻的準備，而不是在這一年更晚的時間才準備。當時廣為流傳進攻的可能，因為具有政治吸引力，尤其是對極左派；但後來發現在後勤上並不可行。無論如何，蘇提爾五月底從倫敦回到巴黎時是『帶著「緊急待命」訊息，警示所有的網絡都要待命。』」（Foot, *SOE in France*, ebook.）無論如何，在後續研究中，法蘭西斯・蘇提爾的兒子（名字也是法蘭西斯）顯示，那其實不是「待命」指示，而是鎖定勒芒區域的訊息。

32 法蘭西斯寫給妻子的信，一九四三年五月底，由法蘭西斯・蘇提爾提供。

33 Wighton, *Pin-Stripe Saboteur*, 131.

34 Guerne, in Vader, *Prosper Double-Cross,* 73.

35 Buckmaster Diary, March 26, 1943. Courtesy of Tim Buckmaster.

36 Guerne, in Vader, *Prosper Double-Cross*, 73. 這段引言意思是，法蘭西斯不應該為了換回反抗軍的性命付出太高額的金錢。從紀錄來看，一九四三年五月送到昌盛網絡的資金比過去幾個月要多了好幾百萬。這也表示，貝克街簽署過了這項交易。（他們也預期在登陸之前費用大幅增加。）F Section Diary, HS 7/121, National Archives, Kew.

37 "From Army Orderly to Secret Service Lady" on Dee Gallie, Stratford upon Avon Society webpage.

38 Wighton, *Pin-Stripe Saboteur,* 132.

39 出處同前。

40 Antelme, HS 9/43, National Archives, Kew.

41 like a storm of confetti": Wighton, *Pin-Stripe Saboteur,* 138.

42 一九四三年夏天，巴黎有幾個網絡在運作，不僅有安德莉的醫師／昌盛網絡。和安德莉一起爆破的沃姆斯是猶太人組成的雜耍者／羅賓網絡領導者，並於巴黎活動。卡特網絡的吉拉德到倫敦之後，網絡重新整軍，有新的領導者，也在巴黎活動。間諜法蘭斯．安特姆也在巴黎，是「砌磚工」網絡的一員。

第十七章

狗在窗簾上打噴嚏

羅亞爾河谷

一九四三年六月十日是上弦月之夜。入夏時分總會讓人樂觀，英國廣播公司此時鼓勵法國人抱持希望。英國首相在演說中如預言般，提到「特別複雜的兩棲行動」[1]。全世界都聽見了。

在英國以外，突擊戰以前所未見的最快速度，癱瘓軍需品與飛機工廠、煉油廠、潛艇修藏塢等軍工業設施，也導致平民死亡人數攀升[2]。英國廣播公司設法在轟炸機出動前先警告法國人，要他們遠離目標地區，可惜效果不彰；死亡人數在一九四三年攀升到六萬人。傷亡數淪為德國人手中的把柄，《巴黎晚報》（*Paris-Soir*）還公布嬰兒的屍體照[3]。法國人想，突如其來的空襲一定是快發生了。空軍行動越發密集，肯定表示攻擊正在逼近。

法國報導了溫斯頓．邱吉爾的演說，他暗示著改變在即：戴高樂將軍在阿爾及爾成立自由法國內閣，頒布新的法國憲法。各方異議分子上演大和解，一同響應戴高樂的號召[4]。邱吉爾說，戴高樂成為「所有尋求法國從德國解放的法國人，唯一服膺的權威」。極左和極右派共同仰望這「勝利之光」[5]。

首相演說之後的兩週，月亮逐漸豐盈，法國有充分理由可問，盟軍這天會回來嗎？夜空明亮，天氣溫暖，風溫柔甜美。那是大型艦隊的絕佳時光。

羅亞爾河畔的農地已經準備好了；每個晴朗的日子都像禮物。月圓時，鄉間的反抗者幾乎每一晚都看得見降落傘行動：六月排定三百次空投，許多都命中目標；二十七次任務將會卸載兩百零五個金屬筒[6]。

魯達雷特的著陸場已設立許久，經常發揮功用；她的接應團隊經驗老練，底下的領導者也訓練有素，相當能幹。一名納粹上校說：「這一帶的反抗者恐怖分子是全法國最桀驁不遜、最難對付的。」[7]

一九四三年六月十日，一封私人訊息送到伊芳手上：

狗在窗簾上打噴嚏。[8]

她聽見這句子，像誦念咒語那樣重複著。於是她騎上單車，和皮耶·庫里歐里朝一處空曠的著陸場出發。她還在腳踏車手把上掛好裝蘆筍的籃子。

在令人神清氣爽的六月天空下，伊芳預計要收到十個容器，雖然是很龐大的負載量，但在她團隊的能力範圍內。晚上的接應成員是一群形形色色的當地愛國者：有兩個瘸腿的前戰囚、大型農場的獸醫、一對父子檔電工，還有附近城堡的貴族。

那是典型的六月晴朗夜晚。「我們意志昂揚地工作，快速、有系統、安安靜靜、繃緊肌肉與雙臂，」[9]一名網絡成員回憶起夜晚在田野工作的情況，「解開並摺好降落傘，打開支撐著金屬筒的金屬架，聲音相當清晰；再重新分配裡頭的東西，運送到藏起來的地點。這會花兩、三個小時，有時候會花更多時間。工作雖辛苦，但我們多半鬥志高昂。看到戰鬥用的武器會讓我們更加篤定，那是勝利的承諾。這是難能可貴的時刻，我們一時間不再覺得那麼孤單，反而感到可以呼吸。」槍枝從天而降，每個槍管和槍托都預示，要拿起武器對抗德國人的日子即將到來。

負責打訊號燈的人員已就定位，四下安全，風輕輕吹拂，能見度高。這是五旬節前的星期四。哈利法克斯轟炸機的引擎聲從地平線傳來，蓋過夜晚的蟋蟀叫聲。

等飛行員瞥見落地燈，十個金屬筒從艙門推下：一個接著一個，降落傘依序綻開。

突然，發生爆炸。

「地面冒出刺眼火光，好像白磷彈取代了金屬筒，」[10]游擊隊員回憶道。夜空像白天一樣明亮，鄉間到處都像在放煙火：燦爛、光明、毀滅。原本月亮像是聚光燈，但一瞬間，整個田野就和白晝一般，任何細節都變得清晰無比，包括男人夾克上的口袋，還有伊芳褲裙骯髒的縫邊。火燄包圍了降落傘。

爆炸聲響遍夜間，彷彿炸碎整座天空。月亮撤退到濃煙的半影中。灰燼宛如間歇泉直衝天際，擾亂幾分鐘前反抗者心中的完美夏夜。爆炸震波把眾人拋了出去。

在十公里之外，也聽得到爆破聲。

這群人想，應該是納粹對當地的馬基發動攻擊。他們遭到攻擊。

「我們遭到背叛，」[11]一名男性喊道。

男人跌落到泥地。其他人躲在壕溝。一名女伯爵跑到沼澤裡及腰的泥淖中。這群人當中比較新進的成員嚇得「魂飛魄散」。

「看看他們，」這位女伯爵憤怒大喊，「他們和一九四〇年一樣，像兔子那樣跑掉。」

從皇家空軍特勤小組的視角來看，似乎沒有什麼錯失。後方的砲手看見短暫閃光，但是轟炸機已飛得太遠，不知道發生什麼事。

伊芳的團隊焦慮不堪。還有更多爆炸嗎？德國戰鬥機會追逐英國轟炸機嗎？

伊芳獨自站在地面，毫不退縮。在火焰的照射下，小組的每個人都看著她。爆炸威力翻天覆地，但對伊芳來說並不陌生。她經歷過倫敦大轟炸，目睹自己的家園遭炸毀，並在灰燼中重獲新生。她學過東方冥想。天空著火了，但她的角色很清楚：她會讓組員看見，在面對攻擊時，退縮是一種選擇，反抗則是一種道德姿態。

手抱著頭，臉朝著泥土，這群接應成員瞥看伊芳站得挺挺的，周圍都是火焰。「我覺得她真了不起：是個出色的小女子，平靜的態度深深打動我。」[12]

飛機引擎聲漸漸消失之後，游擊成員才明白爆炸是怎麼回事：這並不是德國的防空手段，而是金屬筒接連著火。筒內含有數以百計的迫擊砲、手榴彈、槍枝與硝胺炸藥，於是成為巨型的管狀炸彈。當金屬筒撞到地面，乾燥的草與葉子會著火。一旦筒中易燃的炸藥點燃，就會整整燃燒一個小時。狗打噴嚏。

空氣瀰漫苦苦的煙味，游擊隊員狼狽苦惱。警方現在肯定要上門了。這次爆炸等於是向天空發出信號，告訴希特勒：來找我們，我們在這。

負責接應的領導者嚷道，像來的時候那樣回去[13]，三兩結伴，往不同方向、走捷徑，遠離主要道路，別讓人看到。

伊芳和皮耶取了腳踏車，騎回林中小屋。這間小房子周圍都以英國供給的武器設下詭雷，埋藏的軍火足以炸掉整座布洛瓦[14]。

不多久，伊芳就在降落傘做成的絲質被褥下睡著。她枕著塞了手榴彈的枕頭，床底下還藏著塑性炸藥。

對伊芳的反抗者來說，這場戰爭實在漫長。一九四三年六月二十一日應是一年中最漫長的白晝，但原本炎熱的天氣，在這天早上變得濕冷，羅亞爾河谷在一夜之間籠罩在灰灰的涼意中。空氣有所變化，但還沒有人能明白說出哪裡不對勁。不光是風和雨，連鄉間的氣氛也變了。

德國軍人回來了。

上個星期森林發生爆炸之後，國防軍又出現在分界線附近的林地。大概有一整個營的德軍移往這個地區，準備將恐怖分子斬草除根。

每個路口都擺了拒馬，每座橋梁都設立檢查哨。德國空軍在樹木的高度飛過森林上方，於開闊的空地盤旋，找出臨時跑道或空投區的蛛絲馬跡。有頂卡車停在城市廣場，部隊在亭閣集合，農夫看見軍人在行進穿過開闊的田野時，頭盔上反射的陽光。村民以為軍人頻繁出現是在訓練，但伊芳的網絡心知肚明，自己成了搜索目標。

倫敦在和月亮比賽時，納粹也在追捕游擊分子。警方的壓力阻擋不了貝克街或特勤小組善用六月月圓期的努力。只要夜裡的燈塔還夠亮，能照亮任務的路途，他們就會投下更多容器與「人體」。

在那六月天的清晨，四個來自英國的不同空投任務飛過伊芳在羅亞爾河降落地點。金屬筒準確掉落，飛機飛回基地，以為這一夜的任務圓滿成功。

正當其中一組接收團隊要把十個容器搬到伊芳和皮耶的森林小屋時，在德國檢查哨被攔截。五名游擊者全落網。沒有人能發出通知給伊芳網絡的其他成員；沒有半個人留下來傳遞這消息。

到了天亮，伊芳和皮耶已經離開家，準備到藏身處，接應剛從加拿大抵達的法國部門間諜：法蘭克．皮克斯基（Frank Pickersgill）中尉與約翰．麥克利斯特（John Macalister）中尉，皮克與麥克。他們要前往巴黎。

伊芳和皮耶開著新車，那是逃到分界線南邊的難民所遺棄的雪鐵龍。

這對男女依照排定的時間，早上七點來接加拿大人。伊芳開開心心，穿著一套新衣服，那也是借來的華服。網絡的女子看膩她老是穿同一套破爛的英國製套裝，已持續穿了將近一年。間諜網不乏有講究精緻品味的女人，就算伊芳不在意服裝，她們可看不下去。她會從布洛瓦搭車到巴黎，必須要看起來體面才好，因此她們送了她夏天的羊毛裝，用的蘇格蘭紋布料是由流亡在外的溫莎公爵[15]提供。（這位遜位君主同情希特勒，因此在溫斯頓．邱吉爾的堅持下，於戰爭期間放逐到巴哈馬群島。）

這輛雪鐵龍接了加拿大人就滿載了。車子在林間道路穿梭，行程經過許多德國軍人、軍用卡車、馬匹與摩托車。似乎某個將軍或納粹大官員要閱兵，連儀仗隊都出現了。

皮耶覺得情況不尋常[16]。他想到，應該和伊芳確認前一晚的空投行動、和團隊成員聯絡，再接加拿大人到巴黎。伊芳若非那麼精疲力竭，或許會堅持這樣做。她在戰場將近一年，工作從不停歇。祕密生活曾經讓她精神百倍，現在卻耗盡她的力氣。她曾私下坦承，想要離開間諜任務。「無論發生什麼事，我都要回英國，」[17]她說。她認為在盟軍到來之前就該回家了。「我太累了，無法好好思考，但我確定大難就要發生。」

車子前座很寬，伊芳和皮耶中間塞了個棕色包裹，以麻繩綑著，上頭有法國紅十字會的標誌，而包裹上的標示和戳印是給某個虛構的戰俘。在法國遭到入侵三年，俘虜的親戚與教會仍集結資源，讓希特勒的法國俘虜有得吃。這緊緊裹好的小包裝裡沒有乾燥香腸、香菸，或來自所愛的人寫的信。相反地，裡面有來自倫敦的未加密訊息[18]——一份給蘇提爾，兩份給諾曼，一份給赫伯——還有六個無線電石英晶體，調到五十三無線電台的頻率。

他們來到迪伊宗（Dhuizon）這座小村附近的岔口時，遇上納粹軍人。他舉起手，示意雪鐵龍停車，並要求乘客出示證件、旅行證、駕照。伊芳和皮耶拿出證件：他們是夫妻——庫里歐里先生與女士，所有文件都符合規定。皮克與麥克的文件是在英格蘭鑄造；他們的法國腔是在加拿大的教室學的。這一刻很緊張，不過車子通過了檢查。

「別怕，我們不是來找你們，」[19]德國巡警說，揮手示意車子向前。「我們是在找某個人。」

汽車在狹窄的街道上行駛，於灰泥與磚的建築物間緩緩前進，經過肉鋪、麵包店、教堂。軍人在街道上巡邏，這一帶的車子幾乎每十公尺就得停下來。小鎮成了駐防地。

在下一個檢查點，雪鐵龍又被攔下來，重複一次檢查：身分證、通行證、提問。

皮克與麥克被命令下車。一名帶著機關槍的年輕德國軍人坐到他們的位置。德國軍人想知道，包裹裡面是什麼？「熟食冷肉，」[20]皮耶說。

軍人把加拿大人帶到鎮公所，也命令皮耶把車開過去，準備進一步徹底訊問。

鎮公所裡面滿是人，裡頭盡是可疑的本地民眾在排隊。當地人被德國人的問題折騰：他們從哪出發、要前往何處、昨晚在做什麼、上星期在做什麼？皮克個子很高，髮色金黃，很容易被盯上；他和麥克的腰包裡都塞了好幾十萬的法郎。

在這團混亂中，皮耶緊抓著公事包，希望融入這群不開心的村民之中。他和太多地下組織的成員一樣並未遵守嚴密的安全措施，把網絡的報告與名單放在身邊。他到處帶著公事包包，好像不會有人找他麻煩似地；他太過自負，以為誰都不會攻擊他。

皮耶站「妻子」身邊，小心翼翼提著確鑿的罪證。他把這皮手提箱放在一張沒有人看顧的椅子後方。

檢查員查看伊芳的文件、再檢查皮耶的，之後兩人又在這天早上背誦家族史：他是派到這一區的公務員；他們因為英國軍隊轟炸海岸而流離失所，被派駐到遠離家鄉之處。

德國人看著迪伊宗鎮長。他認識皮耶嗎？他真的是政府官員嗎？

「我常在這附近看到他，」[21]鎮長說，雖然明白皮耶不常來到這一帶。

其實兩人素未謀面。

納粹寫下通行證，放行伊芳和皮耶。

但皮克與麥克不能走。

伊芳和皮耶速速走下樓梯，穿過草坪，回到停在附近街角的雪鐵龍。他們在想，是不是該先利用通行證開車離去，拋下皮克與麥克？這兩個加拿大人可以保護自己，脫離困境，就像伊芳和皮耶。但如果留下這兩個男孩反而啟人疑竇。若他們全都是清白，何以朋友不等待？而且那個高大的金髮加拿大人法文說得很糟糕[22]。伊芳和皮耶心想，不能犧牲那兩人的安危，保住自己的性命。但是留在納粹的掌控中是瘋狂之舉。他們就在敵人的視線範圍，還有罪證確鑿的包裹；那讓四個軍官有風險，而不是兩個。

沒有明確答案。伊芳和皮耶決定要留下，也要離去。皮耶轉動點火器，雪鐵龍噗噗啟動，但他沒有開走，而是在角落怠速，這裡能看得見軍人、軍用卡車及他們的整體部署。兩人緊盯著那棟磚與灰泥打造的鎮公所。

他們會等一段合理的時間。鎮公所入口的時鐘裝在有曲線的山牆上，彷彿嘲笑問道：要等多久，才算太久？

過了難熬的幾分鐘之後，德國軍人衝出鎮公所。

回來！他們以法文嚷道：回來！

他們發現了皮耶的公事包。

皮耶放開煞車，用力踩加速器，迅速駛過小鎮，同時軍人舉起槍瞄準他。

三輛軍車追出了迪伊宗。雪鐵龍從集結在路邊兩旁的軍隊前衛過去，設法擺脫追兵，並闖過檢查哨。眼前狹窄的村莊街道變成了農場，大部分是往河邊的下坡路。

時間宛如道路一樣曲折延伸。有那麼一刻，時間彷彿停滯，雪鐵龍開在納粹的車子前怒吼著往前衝。晨光穿過陰暗的常青樹時隱時現，他們沿著蜿蜒的道路奔馳，繞過邊緣長著虞美人的田野。伊芳和皮耶急轉彎，後面追來的軍車裡，軍人已擺好機關槍。

車底盤下的路每往前一哩，軍人就更逼近些。伊芳坐的這輛車是被遺棄在分界線附近，引擎歷經風吹雨打，靠著老修車師傅的技術才好不容易復活——那位老機械工為了解放，付出微薄之力。生存得靠馬力：德意志國防軍的福特，有黑市的純汽油。

在接近下一座小鎮布拉西厄（Bracieux）之際，納粹從車窗探出頭，伊芳和皮耶就在他們的視線範圍內。接著，他們以子彈掃射汽車。

擋風玻璃碎了，裂成尖銳的網子，模糊前方道路的輪廓。伊芳倒到皮耶肩上，血從她的領子漫開，沾染那套全新的蘇格蘭紋套裝。

皮耶看不到路，於是車子在鎮外急轉彎後失控，從道路撞進一間小客棧的側面。雪鐵龍哀鳴停下。

軍人舉槍，走向這輛稀爛的車。他們猛然打開車門，把皮耶從駕駛座拖下。皮耶重擊軍人，但軍人把他打趴在地。皮耶心想，打鬥是唯一逃走的方法。

一名軍人從這場混戰中起身後退一步，把槍瞄準皮耶的腿射擊。他現在是蓋世太保的囚犯，要被送到巴黎的福煦大道。

在這稀爛的轎車，伊芳靜靜不動。子彈卡在她頭上，但是沒有貫穿頭顱。她沒死。

注釋

1 "Prime Minister on the Fight Ahead," *Times* (London), June 9, 1943.

2 Robert Gildea, *Fighters in the Shadows: A New History of the French Resistance* (Cambridge, Mass.: Belknap Press of Harvard University Press, 2015), ebook.

3 一九四三年二月，法國的德國當局禁止時尚服飾的照片，不希望在缺乏布料的情況下，引起民眾對服裝無法滿足的渴望。

4 一九四三年五月二十三日，穆蘭響應戴高樂號召，組成十六名成員的全國抵抗運動委員會，包括八個反抗團體、五個政黨與兩個工會的代表。

5 "Prime Minister on the Fight Ahead."

6 Suttill, *Shadows in the Fog*, ebook.

7 SS Colonel Mersch, in E. H. Cookridge, *Inside S.O.E.: The First Full Story of Special Operations Executive in Western Europe, 1940–45* (London: Arthur Barker, 1966), 205.

8 Suttill, *Shadows in the Fog*, ebook.

9 Guerne, in Vader, Prosper Double-Cross, 60.

10 La République du Centre, Sept. 13/14, 1947, 引述翻譯自 Suttill, *Shadows in the Fog*, ebook.

11 King, Jacqueline, 297.

12 出處同前。

13 那天晚上伊芳並非接應的負責人，而是出席者。

14 King, Jacqueline, 276.

15 威爾斯王儲愛德華八世（Edward VIII）在退位之後，使用溫莎公爵的名號。

16 Pierre Culioli, HS 9/379/8, National Archives, Kew.

17 King, Jacqueline, 309.

18 並非所有的訊息都會加密。電報一定加密，但是在已知的傳送節點上——也就是幫間諜送信給倫敦的信差，或是將倫敦訊息傳給間諜的信差——通常都是用未加密的明文傳送，或者在文字中隱藏事先安排好的暗號，或者使用波雷費密碼（PLAYFAIR）。

19 Culioli, HS 9/379/8, National Archives, Kew.

20 出處同前。

21 出處同前。

22 「說二十七時有加拿大腔，」一份訓練報告說。「二十七」是公司對和法國有關的事宜，都以「二十七」為代號——法國是「二十七號陸地」。F. H. D. Pickersgill, HS 9/1186/2, National Archives, Kew.

第十八章

落網

巴黎

一九四三年六月二十三日，安德莉和吉爾伯特和平日一樣，一同坐在成堆文件前面，直到深夜。這是位於轉角的美麗房屋，窗戶下是濃密的樹林，氣氛愜意，天黑後，下方花園的爬藤玫瑰香盈滿空氣。巴黎實施燈火管制，窗戶雖然開著，但在新月期，外頭沒有多少月光照入。天空陰暗，降落與跳傘活動停止。這段期間，小倆口就專注於行政事務，還有彼此。

安德莉仍穿著和網絡成員一同晚餐時的那套衣服。為了表達對戰爭的蔑視，那年夏天，巴黎流行起歡樂氣氛；女人穿起飄逸的印花洋裝。在加入抵抗運動之前，安德莉從來不富有，現在卻來到華美的住家，還交了個英俊瀟灑的男友。

安德莉和吉爾伯特輕聲細語，他稱她為丹妮絲。在檯燈下，香菸的煙裊裊盤旋。他們面前是用厚紙張做成的空白卡片，還有許多郵票大小的黑白照——他們同事的側面大頭照。

這房間很舒適，夜晚並不匆忙。他倆所在的辦公室是屬於吉爾伯特的兒時玩伴尼古拉・羅蘭（Nicolas Laurent），房子可眺望布洛涅森林。尼古拉與這位無線電操作員的友誼深厚，彼此信賴；吉爾伯特很久以前就認識來自聖克盧（Saint-Cloud）富有的羅蘭家，尼古拉和妻子大可輕鬆過著上層社會的生活，等待戰爭結束。他們把空間借給吉爾伯特使用，從事世上最重要的工作。

不過抵抗運動的成員讓屋主挺吃不消的。夜晚到來之時，尼古拉的英籍妻子茱德總是很苦惱，認為他們濫用款待，把她家當成旅館。十六區的房子都相當氣派、優雅與隱祕，有鑲嵌木地板，挑高天花板、圓拱形的走道、鏡子、水晶、藝術品和其他優雅舒適的生活設備。昌盛網絡「隨意進出」[1]羅蘭家；法蘭西斯經常造訪，在安德莉和吉爾伯特之間當電燈泡；伊芳和皮耶也常來到這裡討論事情，安排傘兵降落與武器存放的事宜，並思考D日的行動分配。網絡成員彼此不隱瞞活動與計畫，卻鮮少詳細告知羅蘭家人——這是為了大家的安全著想——因此尼古拉也沒多注意。（吉爾伯特從不在羅蘭家發訊息，以免朋友直接暴露在蓋世太保的砲火中[2]。）

安德莉這天晚上的任務雖不尋常，但在巴黎祕密網絡也不算太稀奇：她和吉爾伯特要幫整個網絡打造新身分證。在戰爭期間，當局會變動執法時要檢查的諸多文件——工作卡、身分證、人口普查資料、復員文件、配給票、健康證明、旅行證——每一種都得跑一趟當地的市政廳，蓋個戳印與簽名。對德國人而言，這種官僚的做法才能確保人口秩序，讓警察持續仔細監督。這對地下行動這來說很麻煩。「無法想像法國到底有多少隱密的房間或店鋪，有業餘偽造者在工作，」[3]一名網絡領導者說。

越來越多巴黎人想從納粹法網中溜走，例如強迫勞動的逃兵與猶太人，因此偽造身分證的生意蒸蒸日上。在一九四三年夏天，身分證細則修正後，規定大頭照不能臉正對著相機，而是要側面，且照片不能用訂書針釘在厚紙上，而是要用金屬鉚釘固定。任何間諜都無法冒著反覆出入警局的風險，因此安德莉得製作新身分證[4]。

假文件有三種層次：「假的假文件」[5]是倫敦給的；「真的假文件」[6]是在法國取得，且為非法打造，「假的真文件」則是各省發行，用的名字是真實存在的某個法國人。巴黎網絡有錢買真的假文件。他們去找珠寶商、會繪製版畫的專家，由專家在金屬板上刻出符合官方欄位要求的正楷字，或是將副本寄到倫敦複製。由於巴黎警方每天都向專業攝影師要負片[7]，現在要花更多錢，才能請拍大頭照的人燒掉原本的照片（愛爾蘭流亡劇作家山謬・貝克特〔Samuel Beckett〕就曾協助巴黎地下網絡偽造證件。他得到昌盛網絡的「軍火、金錢，但是沒有……命令」[8]。貝克特是印刷匠師與出版商，在逃離巴黎之前曾為安德莉的團體製作「一些偽造文件、簽證、通行許可等等」[9]）。如果沒有身分證，就拿不到配給票。為幾百個成員製作身分證是非常繁瑣的工作，卻事關反抗人士的性命。

安德莉精力充沛地做這件事，整夜和早上一樣清醒，「她從不會累。」[10]現在已是宵禁開始，接近子夜的時候。安德莉與吉伯特坐著，拿著筆、照片、剪刀，處理每個間諜的假身分：姓、名、職業、國籍、出生地、地址[11]。他們處理了一連串網絡成員的名字。桌上還散落著每個省的德國總部官緌——司令部（Kommandantur）。

尼古拉和茱德散散步、與朋友喝完咖啡之後，來找辦公室裡的安德莉和吉爾伯特。茱德偶爾會幫忙打造假文件，但那天晚上實在太累了。雙方彼此愉快道晚安，尼古拉和茱德就回到他們的臥房。

茱德取下珠寶、梳梳濃密的捲髮、卸妝，執行完女人夜間的梳洗，正準備就寢。這時樓下大門的門鈴響了。茱德去找先生，他早已進入夢鄉。

這麼晚還有人來，令尼古拉很不耐煩。他從後方樓梯下去，穿過花園，和大門另一邊的訪客說話。對方是個衣冠楚楚的年輕人，年約二十五歲，說著一口流利且有教養的法文。他要和吉爾伯特說話。

這請求讓尼古拉大吃一驚。他們沒想到會有人來訪，何況巴黎進出都受到限制。這麼晚被叫起來很少見，但是對地下網絡這麼大方的房子來說，倒也不無可能。他回到樓上去找擔任網絡領導者的摯友。

吉爾伯特離開時，安德莉專注於名單、戳印、照片、鉚釘、鑷子與偽造的殘跡。他把她留在奢華的平民住家，身邊是上蠟家具與高貴地毯，還有一堆尚未完成的文件。片刻的分離沒什麼大不了。

在陰暗的城市裡，吉爾伯特和尼古拉對年輕人說話。他說他有吉爾伯特要的無線電晶體，也就是吉爾伯特認為皮耶．庫里歐里要送來巴黎的晶體。吉爾伯特開門拿晶體，陌生人順勢從他背後溜進花園。

吉爾伯特轉過身，看見這年輕人握著手槍。

忽然間，二十個穿著便服的男人從陰影中竄出，闖進大門，嚷著「蓋世太保！」

尼古拉朝著樓上大喊：「茱德，穿上衣服！」人夫不會希望妻子在幾乎裸體的狀態被逮。

「開門，德國警察！」[12]他們喊道，衝上廚房樓梯，直奔羅蘭夫婦的臥房。

十二個男人衝進去，除了手槍之外還拿著機關槍，就這樣對著穿著透明輕薄襯裙的茱德。

「手舉起來！」

茱德照辦，一方面憤怒對方的粗暴對待，同時擔心自己的性命安危。

屋內起了騷動，原本埋首工作的安德莉跳起。屋子有兩道樓梯，一道通往有圍牆的花園，另一道通往街道。聲音是從後面廚房傳來。她或許可以闖到屋子的另一邊、面對街道的那一側。夜色昏暗，她或許可以直衝樹林，消失無蹤，在燈火管制與樹叢中隱匿行蹤。安德莉動作快速敏捷，身手矯健，年紀又輕。

她一把抓起昌盛網絡領袖的名單，塞進嘴裡。一名納粹威脅，要是她吞下去就開槍。

福煦大道八十四號距離羅蘭家只有幾步之遙。安德莉被送到樓上訊問室，盤問整晚，直到天明。

在比尤利受訓時，間諜曾反覆學習一條安全規則：他們可能遭到逮捕，而典型的情況下，四十八小時之內什麼都不要說。承受毆打、忍受刑求，兩天不是一輩子，不會就這樣結束。但是兩天足以讓話傳遍整個網絡，讓牽連其中且彼此相連的成員消失、毀滅證據、藏起武器、清空藏身處，改變暗號，撤退到與世隔絕的避難處，向倫敦發信號，挽救其他人的性命，保住反抗分子的辛勞工作成果。

德國訊問人低頭盯著安德莉。他們輕蔑地用她的代號名稱——莫妮克、丹妮絲——，質問她真正的名字。安德莉的姊姊雷歐妮（Léoni）住在巴黎，兩人常見面。姊姊有孕在身，要是安德莉說出任何一個字，都會馬上危及姊姊安危。她只肯說出假名。

納粹知道太多了：他們拿出安德莉與吉爾伯特同事的照片。幾個小時前，他們身邊也擺著相同的照片，要用這些照片拼出身分證。現在這些資訊都在納粹手中。

安德莉只透露出輕蔑。

德軍輪番上陣，問她一大堆問題：吉爾伯特的無線電發射器藏在哪？有多少個？武器藏在哪裡？她也被問到關於巴克和維拉的問題，以及比尤利的訓練資訊。

審問人甚至能正確唸出比尤利的發音——Bew-lee。

祕書紀錄下她所有回答，安德莉被控「邪惡與野蠻的預謀殺人行動，導致許多〔德國人〕傷亡」[13]。一座壁鐘記錄著訊問安德莉的時間：她知道盟軍進攻的日期嗎？

在地窖裡，香檳正在冷卻。

法蘭西斯在等待空投，經過漫長的一夜卻希望落空。他在六月二十四日清晨，從諾曼第搭火車抵達巴黎。這是六月月圓期的最後一夜，要等兩週之後才會有支援送來，因此他的壓力跟著增加。夏季月亮又消失一次了。盟軍登陸歐洲海岸的路途，又少了一個月亮的距離。

他以肩負著戰爭的姿態，從地鐵走回旅館，走進越來越窄的街道上。建築物擁擠的模樣，就像書本在緊密排列的書架上擠壓；鴿子拍著翅膀低低飛。這是巴黎勉強忍受的醜陋地區，油漆斑駁，陰影遍布，宣傳海報褪了色，還有理髮院和香菸店。垃圾塞在石板路的縫隙，腳踏車在門框旁生鏽，頂樓之間曬衣線掛著洗過的衣服，連雨天也不例外。

法蘭西斯登上瑪札格蘭旅館（Hôtel Mazagran）破舊的樓梯，步步走向求之不得的床鋪。到鄉村的這趟旅程很短，而在這之前，他度過漫長的一週，處處碰壁：皮耶和伊芳應該進城卻沒來，另外兩名新間諜皮克與麥克也沒出現過。三天下來，在巴黎約好的會面都錯過了，又沒有隻字片語。他只能認為他的中尉已被逮捕。

烏雲籠罩在整個網絡。「我不是身體不適，」[14]他在搭上返回巴黎的列車時告訴一名同僚，

「而是嚴重的事。我沒有權利告訴你，是什麼麻煩讓我心頭沉重。」

回到旅館時，他沒引起菲弗爾女士（Madame Fèvre）的注意。她是個樂於助人的女房東。沒有人看到他，也沒有人注意他。沒有任何訊息。

法蘭西斯一推開十五號房的沉重大門，一群穿著便服的幫派在裡面等著，這群惡棍朝他衝過來。靴子聲從上方樓梯間傳下來，一次跑三、四級階梯。還有更多人從下方上來。法蘭西斯被包圍，進退維谷，沮喪不已。他遭到毆打、重擊、踢。他的房間「被搗毀」[15]，他的臉「變形」。他的手臂在打鬥中骨折。在巴黎一處旅館樓梯間，虐待狂通敵者正把法蘭西斯往死裡打[16]。

在十二個小時內，福煦大道捉拿了法國北部由英國支持的反抗組織首領。

那是巴黎的盛夏，在福煦大道，蓋世太保的指揮官像貝克街的高階指揮官一樣，認為進攻歐洲的腳步近了。在仍活著的人眼裡，昌盛網絡的領導者沒有更早被波美伯格先生圍捕，已是奇蹟。根據囚禁他們的人所言，安德莉、法蘭西斯和吉爾伯特早就被盯上了。

昌盛網絡背負著早期反抗者的不幸；他們草草成軍，在大批游擊者軍隊形成之前就登陸到敵線後方，沒有人能掩護他們。貝克街現在訓練間諜時，都是從進攻逼近的角度出發。這樣嚴重的災難以後應可避免。

但對此刻的法蘭西斯來說，這都不重要了。他被捕的最終原因已不得而知[17]，只能任憑猜測，但催化劑卻到處可見：一群武裝的業餘地下分子在搞砸D日，違反規定的問題層出不窮；反抗者網絡的基本特性就是不安全，根本不是專業搜捕者的對手。

在巴黎另一端，街道寬敞、樹木擁抱著充分的陽光與空氣，朝天空延伸。福煦大道八十四號豪邸幾間樓上的房間，安德莉、吉爾伯特與法蘭西斯承受蓋世太保反情報部門的連日訊問。訊問者給了他們一個選擇：只要領導者和盤托出，之後被逮的人都不會被刑求、處死，甚至不會被當成間諜。囚徒會被視為軍人，受到尊重，依照國際法來監禁。納粹會暫停夜與霧政策，不再祕密處決，以交換透明、完全合作，及重見天日的機會。

法蘭西斯已被持續訊問三天，不給飲食，還剝奪睡眠。在八十四號豪宅四樓的狹小空間裡，建築物最珍貴的保險庫內容被拿出來：那是前幾個月收集來的信件照片，要「好好用來訊問昌盛」[18]。

他們讓法蘭西斯・蘇提爾看自己寫給妻子瑪格麗特的信——寫給他「親愛的孩子」。

注釋

1 Interrogations, Extracts on Prosper, HS 6/440 SPU, National Archives, Kew.

2 尼古拉把鑰匙交給吉爾伯特。「他是我們的領導者，」茉德無奈地解釋。

3 Philippe de Vomécourt, *Who Lived to See the Day: France in Arms, 1940–1945* (London: Hutchinson, 1961), 74.

4 Suttill, *Shadows in the* Fog, ebook.

5 *Les faux faux papiers*. Circuit and Mission Reports — B, Baissac, HS 6/567, National Archives, Kew.

6 Les vrais faux papiers.

7 J. A. F. Antelme, HS 9/43, National Archives, Kew.

8 M. R. D. Foot，引述自*Lois Gordon, The Worldof Samuel Beckett, 1906–1946* (New Haven, Conn.: Yale University Press,1996), ebook.

9 Guerne, in Vader, Prosper Double-Cross, 95.

10 Leone Arend, née Borrel, as quoted in Nicholas, *DeathBe Not Proud,* 175.

11 原文為Nom, prenom, profession, nationalité, naissance, adresse.

12 Ouvre, la police allemande!

13 一九四四年二月，巴黎的瑞士領事如此向外交部長形容亞梅．蓋恩（Armel Guerne）與他的妻子——兩人都是安德莉網絡的成員；資料來源：Vader, *Prosper Double-Cross*, 95.

14 Fuller, *German Penetration of SOE,* 72.

15 「大概兩小時後，他在我面前出現，整個人變形，被打得頭破血流，」女房東說，「我在週日拿回房間時，我發現德國人毀了一切東西。壁爐上的大理石板被砸碎，我衣櫃的鏡子也粉碎。椅子與扶手椅都被破壞。」摘自Suttill, *Shadows in the Fog,* 法語版書稿，由小法蘭西斯．蘇提爾提供。

16 這幫派稱為錫安幫（Sion Gang），《霧中影》（*Shadows in the Fog*）作者蘇提爾說常稱為法國蓋世太保。

17 昌盛網路的崩潰歸因於皮耶·庫里歐里遭到逮捕，是很合理的推測。庫里歐里遭到囚禁，在布洛瓦遭到刑求與訊問，一九四三年六月二十四日又被帶到福煦大道進一步訊問。但是在這之前的一連串的錯誤累積，都可能是昌盛網路崩潰的原因：十一月，卡特網絡的中尉馬薩克在火車上睡著，英國網絡聯絡點名單不翼而飛。三月份，馬薩克遭到逮捕時，就向德國人招出潔曼·坦布。

法蘭西斯可能不知道（但似乎懷疑過），馬薩克向德國人介紹其他與法蘭西斯網絡平行的英國間諜（羅傑·巴代特[Roger Bardet]與亨利·弗拉傑[Henri Frager]）；他們同樣在巴黎一帶當雙面間諜，也繼續和昌盛網絡有互動——無論法蘭西斯如何設法讓自己的團隊獨立，不與他人往來。

安德莉的公寓是其他網絡信差的交匯處：波爾多網絡的瑪麗·赫伯就有鑰匙；莉絲·德巴賽克也從安德莉收訊息。警方早已在周圍窺探。安德莉樓下的咖啡館，是法國蓋世太保成員羅利斯頓街（Rue Lauriston）幫派經常造訪之處。那年春天稍晚可能也爆發了危機，也就是法蘭西斯潛回倫敦，神祕的荷蘭間諜在卡普欽咖啡館遭逮捕的那段時間。這荷蘭間諜曾近距離見過網絡領導者安德莉與吉爾伯特，那時他們在玩紙牌。這間諜是阿勃維爾的特務，很可能向蓋世太保通風報信。無線電操作員阿加札里安在躲過咖啡館突擊之後去見安德莉，可能也遭到跟蹤，進而連累其他巴黎幹員。

許多因素接連出錯：僅僅三天之前，皮耶和伊芳才失蹤、遭到逮捕。福煦大道的打手可能是在皮耶被送到巴黎訊問之後的幾個小時，鎖定法蘭西斯的位置。皮耶腿部中彈，非常疼痛，又看見夥伴頭部中彈，可能在刑求之下放棄了整個昌盛網絡——或者為了自保。皮耶知道尼古拉與茉德·羅蘭的住處，也就是安德莉與吉爾伯特偽造文件的地方。皮耶寫信給四個在羅亞爾河的代理人，告訴他們放棄武器存放，只要他們合作，保證蓋世太保不會傷害他們。

安德莉在前一天晚上在羅蘭家被捕時，在桌上留下了滿滿的文件，上面標示著廣大網絡成員，有照片、假名、假地址，每個牽涉其中的人的細節幾乎都包括在內，每一份文件也都有她的簽名。安德莉與吉爾伯特遭到逮捕的連鎖反應，也可能導致蓋世太保前往瑪札格蘭旅館，找到法蘭西斯。

另外有許多因素都可能導致風暴產生：亨利・德里庫把要送往英國的信交到福煦大道的德國總部。一名貝克街軍官似乎理解——甚至同意——這種背叛行為；在那天於倫敦流傳的一份紀錄上，一名法國部門的資深長官寫到德里克的事：「我們知道他和德國人接觸，也知道如何、為何接觸。」

18 Prosper Press Cuttings Correspondence, HS 6/426; Deposition of Hans Kieffer Statement to Vera Atkins, Jan. 19, 1947, Atkins Papers.

第十九章

行動時刻

法國與倫敦

貝克街諾日比屋（Norgeby House）的五十二號房，接到來自五十三號無線電台的速報：莫妮克、昌盛與阿尚博不見了。在六月月光變暗的時期，蓋世太保的黑色汽車往四面八方前進，前往巴黎近郊與鄉下，來到大西洋與英倫海峽海岸邊，穿過諾曼第與都蘭（Touraine），直抵比利時邊境的森林。德軍以十或二十人成一組，進入乾草穀倉、地窖、住家、城堡、小屋、旅館、商店、學校與教堂。警察成群搜尋武器，把自由鬥士帶回巴黎。巴克梅斯特上校說，似乎只在一夜間，「人員接連遭到逮捕。德國人很聰明，同時發動逮捕，沒有人來得及示警。」[1]

在安德莉、吉爾伯特與法蘭西斯被捕後的第一個新月，是法國北部反抗運動史血腥的一頁——尤其是英倫海峽沿岸建立的網絡。一個牽連一個，眾人輪番被捕，最後至少有兩百四十名昌盛下轄網絡的反抗者遭逮[2]。夏日進攻的時間逼近，最需要反抗軍的地方卻折損泰半人員。

巴克認為，合理的應變措施是把幹員從戰場召回。他發送無線電訊息，給在法國北邊剩餘的網絡。受到連累的間諜回到英國。巴黎太危險，不能待下去。失蹤的間諜太多，不光是法國部門，連法蘭西共和國也一樣。戴高樂將軍在法國的代表穆蘭與當地的法國抵抗運動的領導者，和伊芳、皮耶同夜被捕。所有和這些組織聯絡過的中尉都被污染。所有祕密聯絡點、每間咖啡都有嫌疑；每一道暗語都暴露了；人人可能遭到尾隨。

莉絲是透過安德莉送訊息的，現在被召回倫敦。她在波爾多的弟弟克勞德與信差赫伯也收到返回倫敦的命令。在接下來的月盈期，將有飛機接他們回英國。

躲過搜捕的當地招募者沒有離開；這群反抗者走不了。他們是法國人，巴黎是他們的家。他們想重新集結、重新建立網絡。「我們沒有半個人會停止或逃跑：如果想要保住自己的性命，就不會繼續工作；相反地，蘇提爾與其他人消失之後，反而刺激我們加倍活動，」[3]一名昌盛的中尉說。等盟軍回到法國時，必須要有反抗者軍隊配合才行。

「但隨著時間一分一秒流逝，我們都知道沒被逮實在是奇蹟。」[4]

莉絲不明白為什麼會接到要離開的命令，只知道必須盡速離開普瓦捷。她拋棄了裝潢美麗、租金已經全數支付的公寓，只把一疊鈔票塞進書架——這一大筆錢會害她被定罪——並趁這機會當個隨興的觀光客，在鄉間漫遊。她散步許久，「過著不同生活」[5]，直到飛機把她接回家。

六月底的倫敦舒適乾爽，但貝克街籠罩在低氣壓中。「整個六月，大家念茲在茲的，都是被逮的間諜，」[6]一名年輕中士說。

最後，五十三號無線電台的芬妮解碼了來自法國的訊息，令人鬆了一口氣，並感到欣喜。法國部門最優秀的發報者吉爾伯特．諾曼回來傳訊了。他的無線電在運作。

他還活著。

吉爾伯特寫道，他躲藏起來了。他確認安德莉和法蘭西斯被捕。

維拉．艾特金斯在第五十二號房間收到這份速報。在那壞消息不斷的黯淡日子裡，她欣喜若狂；天空幾乎沒有光，只有一枚彎如指甲的月。吉爾伯特是優秀的無線電操作員，一名信號官回憶道：「在每一則訊息中，都會插入正確的身分確認與欺敵的檢核。」[7]吉爾伯特在法國時，從來沒有一次忘記透過兩個預先安排好的身分確認，讓芬妮知道自己並非落入敵營、在受脅迫的情況送訊息。他總是會確保告訴他們。

吉爾伯特的訊息令人望穿秋水，現在總算送來了；這似乎是合乎常規的傳輸，但是漏了其中一個身分確認。這是他八個月來第一次搞錯。一名接收到這訊息的芬妮告訴上司，吉爾伯特可能被逮了。她認得吉爾伯特的「手跡」，亦即他的個人摩斯電碼簽名，以及這次傳訊的「異常、猶豫──很像慌張的人在抗議之下傳訊息」[8]。

但是巴克無視這位芬妮成員的疑慮。他信任吉爾伯特，說「他寧可舉槍自盡」[9]，也不可能背叛公司。他很不滿吉爾伯特竟然忘了正確的身分查核，因此在回訊息時說：

嚴重違反安全規定絕不可重複不許再度發生[10]

從那之後，福煦大道八十四號三樓的無線電專家都會確定，在用他個人的頻率與時間表傳信息到倫敦時，要加入身分檢查，同時使用他獨特的暗號。

福煦大道的人把巴克回覆的訊息給吉爾伯特看，他簡直不敢置信。他刻意漏掉安全訊號，向倫敦示警。如果總部忽視，那麼有這些失效安全措施有什麼用？在最危急的時候，吉爾伯特的身分確認對公司來說一點意義都沒有。由於看不出貝克街間諜主管有任何明顯的支持，於是他投降了。

吉爾伯特同意幫福煦大道的納粹工作[11]。

昌盛網絡瓦解了。安德莉被送到弗雷納監獄。吉爾伯特被囚禁在福煦大道八十四號的閣樓，在指派時段發送訊息。法蘭西斯會被送到柏林，展開進一步訊問。納粹認為，他是很重要的巴黎網絡領導者，必定知道進攻日期。

吉爾伯特在閣樓漸漸自在了。波美伯格的人馬讓英國間諜待在福煦大道頂樓[12]，就像寵物一樣，訊問時會捉弄新囚犯的心理，讓他們在無線電遊戲中幫忙確認身分查核的問題，並當成護身符，在敗戰過程中給與德國力量。對吉爾伯特而言，福煦大道的日子比弗雷納監獄好過多了：囚犯的食物與軍官一樣，而在巴黎蓋世太保首領的總部有充分的奶油、雞蛋、牛排、巧克力與真正的咖啡。如果主動合作還會有獎賞：蛋糕、干邑酒、雪茄與溫和對待。有些囚犯還享有恩惠[13]，納粹會以朋友相待，帶他去餐廳吃飯，生日時還會給花和禮物。吉爾伯特認為，若自己與納粹合作，能讓他的地下幫手逃過一劫，不落入軍事裁判所的殘忍命運，因為「那裡會大批處死囚犯」[14]。吉爾伯特洩露了幾乎所有英國支持的網絡細節：從大西洋到英倫海峽海岸，到比利時邊界，甚至深入羅亞爾河谷。他指出降落地點，讓這些地點被摧毀，並揭露武器藏匿處。吉爾伯特幫忙製作公司領導者的組織圖，說明各個網絡及其下轄的次網絡，這些資訊最後都送到了柏林。

吉爾伯特指點福煦大道之後，當地的反抗分子若沒早點躲起來，就會遭到逮捕或殺害。在接下來的日子，網絡成員會被帶到福煦大道的訊問室。訊問過程中，吉爾伯特也會坐在一旁。他總是「熱心」、「經常炫耀」[15]。他鼓勵反抗者多和敵人說話，把最細微的情資都透露出來。「否認事實沒有用，」他說，「他們絕對知道一切，細節全一清二楚。堅持只會讓情況更嚴重，其他人也會被定罪。但如果說實話，其他人就不會被控訴。」[16]他告訴每一個新來的俘虜關於他和蓋世太保的協議，說交換情報是在保住他們的性命，也說納粹會以軍官的身分擔保[17]。他預期占領很快就會結束，「我們很快就會在戰後見到彼此——如果不是戰爭結束之前就見面。」[18]

雖然芬妮們起初懷疑過吉爾伯特被捕，但貝克街仍持續傳無線電訊息給吉爾伯特。公司的策略是持續對話，即使某個無線電員很可疑，但還是當作操作員是自由的，期盼他被納粹當成有用的情資來源；只要無線電遊戲能繼續玩一天，就表示操作員又可能多活一天。對於被囚禁的間諜來說，即使輸了這場遊戲也可能代表生死之別——至少能多點時間安排逃脫。

吉爾伯特洩漏法國北部的祕密蓄意破壞行動多深多廣之後，據說一名德國間諜主管聽了說：「我不確定我們到倫敦之後應該先絞死誰，是溫斯頓．邱吉爾？還是巴克梅斯特上校？」[19]

幾週之後[20]，一則電報訊號順著陽光的光束，進入巴伐利亞的長綠森林間。天線收到之後，這電子訊號的脈動深入地表以下，傳到地下碉堡。

在德國上薩爾斯堡（Obersalzberg），希特勒藏身在密實防護的鋼筋水泥小屋，周圍有三道鐵絲網與地雷帶包圍。他看著法國戰爭進展的情資，受到鼓舞。

這多重加密的報告是來自巴黎福煦大道的特務，裡頭詳細說明關於逮捕戴高樂將軍的法國大使穆蘭的情況。情報中也更新了英國在法國恐攻行動的狀態：德意志國幾乎全面勝利。

一九四三年夏天，即使剛在史達林格勒吃了敗仗，元首還是有信心，他的帝國將會千年不朽，甚至更久。德國人正準備史上最大的坦克戰爭，在庫斯科（Kursk）對抗蘇聯。希特勒不太關心盟軍空襲德國目標；漢堡發生的空襲在一夜間奪走四萬條人命，幾乎和死於大轟炸的倫敦人民一樣多。「大災難，範圍超乎想像，」[21]戈培爾在日記中寫道，沒有明顯的諷刺意味。元首品嘗著巴黎蓋世太保的捷報：

亦破獲重要英國恐怖組織該組織涉入蓄意破壞物資與建立自動武器儲藏庫且位於聯絡中心附近該中心在登陸時要干擾法國西部交通並切斷布列塔尼與諾曼第。[22]

在無窗的戰情室裡，希特勒先生繼續讀那令人欣喜的報告：

這些武器藉空投要在某個時刻送到平民他們有英國傘兵支持之後將搗毀德國通訊。

德國安全機關明白地下人員在D日的策略——干擾電話，讓諾曼第與布列塔尼陷入孤立——蓋世太保剛破獲法國最大的間諜組織。在逮捕過程中，他們取得無線電發報機與暗號，可以由柏林下指導棋，欺騙倫敦。這是帝國的勝利。

一名組織領導者是英國軍隊少校出生於法國說完美法語。已逮捕北邊與西北邊部門之領導其中一人是邱吉爾之侄。

希特勒不知道這位法國出生的英國少校法蘭西斯・蘇迪爾的名字，也不知道他的代號名稱是昌盛，但他知道俘虜邱吉爾家族近親的用處。

下一句話更是醉人：

之後可望逮捕更多人。

這份電報鞏固希特勒的信心，認為納粹勢必將統治歐洲大陸：

最近成立的組織會在登陸時形成嚴重危機（僅一次空投就發現兩百四十把衝鋒槍及其彈藥）。[23]

眾神失敗了。那是諸神的黃昏。

據說希特勒從來不笑。不過，他知道自己的戰爭有勝算，而他的信心會傳染。德意志國仍擁有八十萬平方哩的亞利安「生存空間」（Lebensraum），還有一整個大陸的奴工。他要沿著大西洋岸，建立無法突破的長城。

希特勒向將領宣布，在巴黎的逮捕行動，可讓盟軍進攻法國的時間至少延後一年[24]。

大教堂的報時鐘聲傳遍羅亞爾河[25]。在布洛瓦，燕子在歌德大教堂尖塔下方的扶壁盤旋。隔壁的醫院原本是修道院，此時由修女照料。伊芳・魯達雷特就躺在這裡，頭裡有顆子彈。

伊芳臉色蒼白，雙頰凹陷，皮膚乾薄如紙，奄奄一息。她相信中醫，對於粗食與超覺靜坐的信仰更勝於天父；在一間能俯瞰朝聖步道的房間裡，修女悉心照料她，把她從鬼門關前拉回。她埋在亞麻布床單內，心臟持續搏動，眼皮跳動。

伊芳遭到射擊之後的某一天再度恢復意識。子彈以一千七百哩的時速穿過她的頭髮、打破她頭皮，衝進頭顱之後就停住，卡在堅硬的頭骨裡[26]。彈道軌跡沒有穿透或退出她頭部[27]，也沒有穿透半液態的柔軟大腦；子彈沒有損害脊椎，只撕裂神經纖維和血管。她失血，沒了意識。她小小的骨架吸收子彈如大槌揮擊而來的震波，削弱了攻擊力道。

院方認為不急著動手術。莫里斯・魯澤伊醫師（Maurice Luzuy）選擇把子彈留在伊芳的頭部；子彈周圍的肉與肌腱會癒合，彈殼可等以後再用手術移除。院方幫伊芳包上繃帶，每隔幾小時清理傷口；現在她生命最大的威脅是敗血症。由於被納粹囚禁的危機迫在眼前，醫師認為伊芳腦袋裡的子彈「可能對她有利」[28]。

槍傷與頭部創傷的恢復過程是緩慢、疼痛，又充滿不確定性。醫師預測，伊芳可能會出現各種症狀：癲癇、心理疾病、癱瘓與失去語言能力。她的感知會出現變化，例如視覺異常，看見星星與黑暗、閃光；她會耳鳴，或許會失去味覺與嗅覺。目前醫師最能確定的是，伊芳會疼痛；她會感覺到強烈的頭痛，痛感會從她下巴、頸部擴散到肩膀與胸骨。未來並不美好，但她能活下去。當伊芳從昏迷的情況回到世界，魯澤伊醫師說，她可能恢復幾乎所有的能力，只有記憶力除外，「我認為在這情況下也不是壞事」[29]。

伊芳是病人，也是德意志國的囚犯。對她的網絡而言，伊芳惡劣的健康狀況或可說是「焉知非福」。到醫院探視囚犯比到監獄容易。網絡中還活著的成員會坐在「我們的賈克琳」[30]床邊，無畏納粹就在一旁監視。「我不確定裡頭有沒有德國人付錢的喬裝間諜，」一名經常來探望的本地人說，不知道病房裡的其他病人是不是真的生病。他悄悄對伊芳說：「你很快就會好起來，到時候我們又可以一起喝茶。」[31]

她看起來很疑惑，但他相信她認得他。只是，她還是沒說話。

醫院職員透過大小動作，和伊芳的同胞私下串通，避免她得面對被當成德意志國之敵的命運。伊芳網絡的女人會幫她帶新的睡衣，挾帶富含奶油、糖與果醬的酥皮糕點。一名當地的女人說：「我們試著讓她的日子好過一點。」[32]幫她工作的人固然愛她，深受她「對同伴的忠誠、勇氣、堅定與反抗精神」[33]感動；但是監視她復原狀況其實另有實際理由：伊芳是這區域最後幾個能可靠地和倫敦聯絡的人。此外，如果納粹可以質問伊芳，剩下的武器藏匿處可能被查獲，其他網絡成員也可能被逮。她不能被訊問。

在伊芳遭到槍擊後的幾天，蓋世太保來訊問她好幾次。穿著高筒靴與束腰帶軍服的年輕男子會來到河邊的醫院入口，穿過迷宮般的病房，進入她的房間。每當接待處的人員遠遠看到他們進來，就會按下通往醫院後方的警鈴，向伊芳休養的隔離病房示警。這麼一來，醫師就會幫她施打速效全身麻醉劑硫噴妥鈉（Pentothal）[34]。等到納粹到她床邊時，她已入睡。

伊芳纏綿病榻的作息漸漸像例行公事，原本如鬼魅般的身形也漸漸恢復力量與健康。隨著她狀況改善，一系列的援救計畫也逐漸成形，有些有用，有些無效。醫院看似無防衛能力，其實有監管鏈結點，專業監獄守衛者又少，有同情的職員，還有許多機會買通當權者。警察是德國人，但醫院則是法國人的。

在教堂地窖和原修道院已有八百年歷史的拱頂之間，應有許多隧道。只要靠著推床或輪椅，即能透過地下通道把伊芳挾帶出去，送進汽車——前提是有人知道祕密隧道在哪。可惜無人知曉。

等伊芳夠強壯到能行走時，理論上可以穿著修女的護理服，藏起傷口，透過只有醫療人員能使用的上鎖門離開，送到河對岸的藏身處。網絡成員開始用蠟翻模，複製門鎖的鐵鑰匙，打造一把新的，讓她逃脫時使用。

援救計畫在網絡流傳之際，昌盛相關的基層組織悲劇所引發的效應也更明顯：庫里歐里說明過布洛瓦一代的軍火空投地點，並送信給手下中尉，告訴他們如何合作。於是納粹湧入鄉間時，一網打盡諸多原本要挽救伊芳的人。

還留在巴黎的少數間諜，得到伊芳受到囚禁的消息，遂送出大量的賄賂品到鄉下，確保她能釋放，花了一百萬法郎的價碼挽救英國間諜[35]。由於缺乏無線電操作員，倫敦與法國北部的溝通受阻，用金庫剩下的錢贖回伊芳的自由，成功機率很低。

伊芳知道有人要援救她時，她卻不鼓勵。任何越獄都會讓更多突擊者陷入風險，使她遭囚的悲劇延伸。她知道大難臨頭。

她在布洛瓦醫院，為那浮躁、潮濕日子賦予榮耀。她成為地方名人、受到尊敬的賓客、蓄意破壞的女士、從英國來的小個子女子[36]，為法國對抗德國。醫院職員對伊芳展現勇氣，認為保護她就是支持反抗運動。讓她活著、遠離納粹，就是愛國之舉。

一天晚上，一名年輕醫師在附近酒館喝多了，於是得意忘形，讓德國軍人聽見伊芳的故事。院方突然收到命令，要把伊芳送到巴黎的監獄醫院。

布洛瓦與巴黎之間的鄉村道路綿延百哩，夏天炎熱不堪，而伊芳的救護車是悶熱且充滿疾病的鐵箱。她由當地醫療部門主管陪伴，他負責監測病人。在車程中，伊芳的情況開始不穩，心跳變得不規律，呼吸也吃力。

醫師堅持要司機停靠到路邊。他說病人衰竭了，得予以注射，否則在抵達巴黎的醫院之前，她早一命嗚呼。

救護車停到路邊。蟲子在田野嗡鳴，德國人在守著，持著槍，踏出車外。

「如果你允許的話，我想要走出去，」[37] 納粹說，深深吸一口夏日令人暈眩的空氣。

「我無法忍受見血。」

月亮持續變圓。法國二十八天夜間預期週期在七月中旬重複。木造收音機在客廳中央，遠離牆壁、窗戶或者好奇的鄰人。夜晚的英國廣播公司儀式已開啟國家的玩笑。「你在九點二十分聽過，有個猶太人殺了德國軍人，並且吃掉了他的心？」有人問。「這是不可能的。理由有三：德國人沒有心、猶太人不吃豬肉，九點二十分大家都在聽英國廣播公司。」

一九四三年夏天，法語廣播只為這個國家準備一條新聞：宣布同盟國進攻。夏季氣候較為溫和，渡海比較容易。當七月的月亮週期開始，英國廣播公司的法國軍事特派員說出即將發動的攻擊清晰細節：

英美軍隊想盡快在歐洲登陸。遭占領的國家已等得不耐煩，但這種龐大且重要的遠征，需要漫長辛苦的準備。[38]

法國人消化這令人警覺的消息，大家嘆了口氣：歐洲歷經「比例前所未見的空戰」。希特勒的歐洲幾乎沒有任何角落是在盟軍飛機的範圍之外。英美軍隊現在正接受從海上搶灘的訓練。最後的攻擊究竟何時才要展開？全世界已經等得不耐煩。

在倫敦，貝克街的間諜主管都在待命，他們也聽到英國廣播公司的廣播者說：

成功的機率一天比一天大。

一九四三年七月十日，星期六晚上，上弦月登上艾菲爾鐵塔上方。巴黎人全家在收音機周圍。

有個針對法國的特別報導：

同盟國武裝部隊今天對西西里發動的攻擊。這是解放歐洲大陸的第一階段，之後還會有其他行動。[39]

這是好消息，也是壞消息。令人鼓舞，也令人悲傷。盟軍已登陸歐洲，但還沒有來法國。解放那麼近，卻還在半個大陸之外。

在幾百哩的危險地中海灘頭，西西里歷經盟軍在歐洲第一次進攻，「是特別複雜的兩棲攻擊」。

但是在法國，許多突擊成員承擔著生命危險；許多年輕人躲在山丘。許多人已死亡，每天還有更多人加入馬基。雖然昌盛網絡已被摧毀，但法國成千上萬的反抗軍預備就緒。她想要解放自己，但是少了盟軍的艦隊是做不到的。自由先抵達義大利，那是法西斯的發明國家，之後急著響應希特勒先生的號召。

盟軍總部知道，這項宣布會引起法國的憤怒。

在正式與審慎的語調中，廣播主持人繼續說：

> 我呼籲法國人保持冷靜，不可被敵人可能傳播的假消息欺騙。盟軍廣播會讓你們知道軍事進展。

士氣就快潰散了。經過連年的占領，人們該如何保持希望？反抗運動人士已無處取得後援。反抗者能在失望中為自己打氣嗎？北非的法國殖民地回歸並不足夠；戴高樂將軍夜晚的激勵話語並不代表主權。法國得要自由才有未來，但是盟軍卻選了義大利。

這個決定是六個月前做的。一月在卡薩布蘭加的戰爭將領，宣布要在一九四三年打開對抗希特勒的戰線。有一項計畫稱為「哈士奇行動」（Operation Husky）：西西里島會是橋頭堡，盟軍要從這裡發動歐洲第一次大型攻擊。這個島距離歐陸僅有十哩。溫斯頓・邱吉爾稱這為「攻擊軸心國柔軟的下腹部」[40]。英美軍隊可攻進靴子，切斷義大利與希特勒的聯繫，並掌控地中海，同時分散在俄國前線的德意志國防軍火力。

> 我需要你們的沉著與紀律。別操之過急，敵人在觀看。[41]

在福煦大道八十四號，新逮捕的「恐怖分子」——包括安德莉與吉爾伯特——命運馬上改變。沒必要對安德莉用刑，逼她說出那年夏天根本不會發生的進攻日期。柏林和倫敦與華盛頓一樣，知道盟軍力量不足以在一九四三年，同時登陸義大利與法國。

> 待行動時刻到來，我們會讓你們知道。在那之前，請依照指示，給與我們協助。換言之：保持冷靜，儲備力量。[42]

要是法國人民現在回擊，可想而知，動亂是得不到盟軍支援的。在一九四三年夏天，不會有〈桑布爾莫斯〉（Sambre-et-Meuse，法國陸軍軍歌）的樂聲伴隨，展開勝利的遊行。

法國得到的指示是「等待」。

我們重複一遍：待行動時刻到來，會讓你們知道[43]。

希特勒又多了一個夏天，鞏固大西洋壁壘。

注釋

1 Buckmaster, *They Fought Alone*, 229. 亦參見Prosper Press Cuttings Correspondence, HS 6/426, National Archives, Kew.

2 Suttill, *Shadows in the Fog*, ebook. 蘇提爾有兩百四十人遭逮捕的證據。早期估計的人數可能更高。福特表示，逮捕人數介於四百到一千五百。

3 Guerne, in Vader, Prosper Double-Cross, 86. 蓋恩晚年說，法國反抗者從未想要離開。在昌盛網絡發生災難後，他曾懇求要潛回倫敦。Gilbert Norman, HS 9/1110/5, National Archives, Kew.

4 Guerne, in Vader, Prosper Double-Cross, 87.

5 Lise, Legasee interview.

6 Marks, *Between Silk and Cyanide*, 328.

7 出處同前，326.

8 這裡加入標點符號，以求清晰。J. A. F. Antelme, HS9/43, National Archives, Kew.

9 Norman, HS 9/110/5, National Archives, Kew.

10 Marks, *Between Silk and Cyanide,* 326. 這裡都用大寫字，是為了保持風格一致，因為透過摩斯電碼傳送的電報，都是以大寫字呈現。我們並未取得這段訊息的原始文本；出處則是馬克在戰後五十年撰寫的回憶錄。但是現存檔案中的電報文與馬克書中的電報文甚為相似。為了支持馬克，我們有戰後不久莫里斯．沙斯蓋特（Maurice Southgate）間諜的報告，他曾在福煦大道和吉爾伯特．諾曼說過話：「倫敦一次又一次寄回訊息給不同的人說：『我親愛的同胞，你才離開我們一個星期。你的第一則訊息忘了放真實的身分確認。』可以想像未把正確身分確認交給德國人、導致德國人發出假訊息的間諜會發生什麼事。在施加最嚴重的刑求之後，德國人成功取得真正的身分確認（有時候會晚一個星期），並送另一個新的訊息到倫敦，這份電報訊息中有正確的身分確認，倫敦會說：『這次表現得很好，記得兩個都給!!!』」SOE Activities in France, HS 8/422, National Archives, Kew.

11 「因此這項工作嚴格來說，變得相當正常，」貝克街注意到第一次訊號異常之後提到。「家鄉無線電台的操作員在接收（吉爾伯特的）訊息時，不會提問疑問或評論。」Antelme, HS 9/43, National Archives, Kew.

12 他們稱為「屋裡的間諜」（de la maison）。

13 關於福煦大道的英國間諜如何為納粹工作，參見J. Starr, HS 9/1406/8, National Archives, Kew，Jean Overton Fuller, *The Starr Affair* (London: Victor Gollancz, 1954)，以及福煦大道納粹的政爭罪證詞，包括格茲（Goetz）、普拉克（Placke）、斯多克（Stork）等人。War Crimes Avenue Foch, WO 311/933, National Archives, Kew.

14 據說是諾曼對獄中的蓋恩所言，參見Guerne interview, in Vader, Prosper Double-Cross,99. 亦參見 Kieffer war crimes testimony, Prosper Press Cuttings and Correspondence, HS 6/426, National Archives, Kew.

15 Norman, HS 9/110/5, National Archives, Kew.

16 Balachowski interrogation, in SPU 24Interrogations — Extracts on Prosper, HS6/440, National Archives, Kew.

17 在戰後，幾個曾遭俘虜但是仍活下來的間諜，曾提過吉爾伯特．諾曼在對話中談到他和納粹的合作，包括巴拉克司基（Balachowski）、沙斯蓋特、蓋恩、艾蘭德（Arend）、庫里歐里、史塔、魯賽特。吉爾伯特是無線電操作員，因此在他代替納粹發出的無線電報中有不少不利他的證據，也透露出他的無線電組下落。長久以來都有人說，不光是吉爾伯特，法蘭西斯．蘇提爾也降服於「知名的昌盛／阿尚博協議」。戰後返回的間諜並未報告曾與法蘭西斯有類似的對話，畢竟法蘭西斯並未拘禁在福煦大道，而是被送到柏林。不利法蘭西斯的證據似乎不是來自英國的傳言，就是直接來自納粹在戰爭罪的證詞。至少在戰爭期間，福煦大道的納粹願意傳播假消息，讓囚犯認為網絡首領已變節，當作心理脅迫工具。

18 Guerne interview, in Vader, Prosper Double-Cross, 92.

19 "Couriers of Churchill's Order Who Set Europe Ablaze," reprinted in Ottawa Journal, June 25, 1949.

20 August 11, 1943.

21 Lochner, Goebbels Diaries, 404, cited in MilanHauner, *Hitler: A Chronology of His Life and Time* (London: Macmillan,1983), ebook.

22 "Most Secret" sourcesreport No. 121.21.8.43, German Penetration of SOE SIS and Allied Organizations, KV 3/75, National Archives, Kew. 原文採用大寫以保持風格一致，因為以摩斯電碼傳輸的電報文也採用大寫。

23 在發出這次電報的時候，希特勒已經參戰四年（從一九三九年開始）。巴黎的昌盛網絡成立於一九四二年十月，對納粹指揮官來說是相當新進的成員。

24 "French Hero Is Questioned on D-Day Betrayal," *Daily Graphic* (London), June 9, 1947, Atkins Papers, Imperial War Museum, London.

25 在二次大戰期間，歐洲許多地方的教堂不再敲鐘，但從多數報導來看，法國並非如此。在柏林為了哀悼，教堂不會敲鐘。在歐陸，納粹搶奪了約十七萬五千口的教堂鐘，有些是為了融化銅與錫，提供戰爭工業使用；有些掠奪只是為了美學理由，當成精緻樂器。通常來說，鐘塔裡會留下一座小鐘，在緊急時刻會敲響。法國則持續敲鐘。法國能躲過納粹最嚴重的竊鐘之舉，理由和巴黎大致上差不多，是因為可當成征服歐洲文明的象徵。從一八五六年以來，巴黎聖母院的鐘每十五分鐘就會敲響，未曾停輟，直到二〇一二年更換為止。

26 一般子彈的速度是每秒兩千五百呎。*MythBusters.*

27 醫師報告摘要，取自King, Jacqueline, 323; "How Explosive Shock Waves Harm the Brain," *Neuroscience News,* Feb. 23, 2016. 亦感謝史蒂芬．迪克斯坦醫師（Dr. Steven Dickstein）以醫學角度解釋腦傷。

28 King, *Jacqueline*, 323.

29 出處同前。

30 Notre Jacqueline.

31 King, *Jacqueline*, 338.

32 出處同前，337.

33 Yvonne Rudellat, 16P-115050, ServiceHistorique de la Défense, Vincennes, Paris.

34 King, *Jacqueline,* 327.

35 Antelme, HS 9/43, National Archives, Kew.

36 伊芳其實不是英國人。她在法國出生，年輕時搬遷到倫敦，並與義大利人結婚，生下一個女兒。

37 King, *Jacqueline,* 339.

38 "L'Europe attend," July 7, 1943, in Crémieux-Brilhac, Ici Londres (author's translation), 3:204.

39 "Call to France," *Times* (London), July 12, 1943.

40 邱吉爾的話在蒙哥馬利將軍與艾森豪將軍戰爭回憶錄中反覆出現。亦參見"Mr. Churchill's War-Time Policy," *Times* (London), Aug. 20, 1946.

41 "Call to France," *Times* (London), July 12, 1943.

42 出處同前。

43 出處同前。

第三部

第二十章
吻
弗雷納監獄[1]

在弗雷納監獄的院子裡，安德莉．波瑞爾偶爾會聽見幾個小節的〈馬賽曲〉，雖然那邊的德國官員不准他們唱任何歌曲。即使在監獄，消息仍會流傳；獄友用摩斯電碼敲擊管子，悄悄傳遞情報。每個囚犯都知道盟軍登陸義大利。

安德莉一向認為自己會在戰爭中活下來，希特勒會失敗。她如此告訴同事[2]，堅持大家應該打起精神，並把這話傳遞下去。

整體而言，在一九四三、四四年之交，安德莉再度與外界聯絡時是很陽光的。她會誘惑與賄賂監獄看守者，讓她把換洗衣物交給姊姊。她用小小的手寫字寫在薄薄的捲菸紙上，再把訊息塞進內衣和手套的襯裡，裡頭都是要些必需品、消息，還有細膩製作的暗語資訊，給尚在巴黎的少數地下網絡成員。

「親愛的莉莉，」安德莉的信開頭這樣寫道。她姊姊雷歐妮夏天懷孕，現在寶寶已經出生了，是她的外甥——他叫什麼名字呢？在昌盛網絡兵敗如山倒的災難中，雷歐妮的先生羅伯也被捕，想必家裡非常需要錢。安德莉請姊姊變賣一切，所有安德莉的物品都可賣掉。雷歐妮不該勉強自己或母親克難度日。（安德莉挖苦道，就不必考慮這她這囚犯；以她新的「軍事情況」[3]來說，她不需要太多東西。）她唯一不希望雷歐妮變賣的是一條金項鍊；她戰後或許會想要。透過英國組織，他們在巴黎可能還有錢可以拿：安德莉仍在賺取英國的薪水，所有的借據都可有得償還。弗雷納的獄友都相信，他們到一九四四年就會自由。

安德莉要了一些食物：茶、油、果醬。她寫道，英國空投物資應該尚有存餘。雷歐妮可以把方糖放在果醬瓶下，安德莉會找得到。她也需要肥皂、牙膏、衛生棉，還有香菸。她提醒雷歐妮，別忘了火柴。安德莉寫道，紅十字會在聖誕節期間給囚犯薑餅，只是給得太多，吃得太撐[4]。安德莉擔心母親知道她入獄，因此她懇求，若會被母親發現，就別寄包裹來了。

她還請雷歐妮跑腿[5]。安德莉在巴黎訂製了衣服，能不能請姊姊向裁縫拿呢？裁縫師剛好和地下網絡有連結。「請告訴她，很遺憾我無法邀請她吃午餐，」訊息這樣寫，「但不久之後，就會請她去比日內瓦酒館更棒的地方。」提到最後一次用餐的地點是一種確認身分的暗號，用來確定送信者確實是真的。裁縫會明白任何更深藏的意涵[6]。

即使身陷囹圄，安德莉仍持續為公司工作。她有件冬天的外套，因此不需要額外準備，但她在獄中沒有靴子或溫暖的褲子。冬天的衣服收藏在特里耶沙托反抗者那裡，雷歐妮送訊息過去時，他也會明白是安德莉派來的。她告訴姊姊：「你要說，安德莉很快樂，那些供給品就交給他，希望能持續下去。」所謂的供給品可能是空投筒中的供應品，且未在網絡崩潰時被納粹沒收。安德莉要雷歐妮把任何回覆的訊息藏在換洗衣物裡送回來。

諸如此類的情況還很多：雷歐妮可不可以送兔毛拖鞋，給同樣在弗雷納監獄的坦布姊妹？安德莉寫道，她設法保持乾淨衛生，在套裝底下有穿襯裙，以免弄髒衣服，但是沒有帶合適的服裝到監獄；告訴持著武器的納粹到你公寓拿取什麼時，很難想得周到。福煦大道的審問者在皮耶・庫里歐里的公事包裡找到安德莉的地址。他們也從吉爾伯特，得知雷歐妮的公婆住哪裡；他把無線電發報機藏在那邊。（但她寫道，對公婆提到吉爾伯特的背叛行為恐怕不妥，因為他們的兒子也剛在地毯式搜捕時入獄。）安德莉的情人杜福爾從未在刑求時透露隻字片語；即使在安德莉遭輪姦的威脅之下也不為所動。

現在吉爾伯特已背叛整個網絡，向福煦大道投誠。

另一個吉爾伯特——亨利・德里庫也是[7]。

安德莉寫道，她要好好利用手上的時間。她在編織毛衣，需要細針、剪刀、拉鏈與裝飾。她也在學習英文，因此需要課本。

安德莉在獄中的信看起來怪怪的，讀起來像以細膩的密碼寫成，只有姊妹及祕密成員能讀懂。很難想像她真的會請裁縫師做衣服，畢竟當時所有法國布料都送到德國，當作占領費的一部分；也很難想像英文課本可以好端端夾帶到德國人控制的監獄。

若發現安德莉藏起的信函，可能覺得她的請求不知所云。在遭到占領的第四年，法國人已養成在書信中盡量少把資訊講明白的習慣，而是改用暗示和隱喻——什麼事情都被禁。把安德莉的字條送出去的風險很高，要是被抓到，會處以重罰。她給雷歐妮的指示宛如用密碼寫成的謎語。

她把重要且明顯的事情，用暗語與日常瑣事偽裝。她告訴姊姊把手提箱的文件燒掉。她還說，務必除去任何無線電訊息的痕跡。她想知道，誰來問過安德莉租的房間。她還警告，別相信任何從弗雷納監獄捎訊息來的人。最重要的是，安德莉警告姊姊，不可以相信任何傳回訊息的人：那可能只是陷阱。

好好照顧自己，她以法文說：*聖誕快樂*。祝福姊姊與母親生日快樂。

「我想我會去德國。」[8]

吻。

注釋

1 這是從安德莉五封獄中來信整合出來的，寫信時間介於一九四三年十一月到一九四四年一月。Andrée Borrel, HS 9/183, National Archives, Kew.

2 Borrel, HS 9/183, National Archives, Kew.

3 出處同前。

4 從安德莉的信件來看，腸胃科醫生可能懷疑她有乳糜瀉，麵包餅乾會讓她不舒服；她請求不要送麵包到獄中，但其他報告則說食物永遠不夠。「我不喜歡麵粉!!」

5 法文為*Commissions*。

6 安德莉的姊姊雷歐妮也和抵抗運動有關，會了解許多地下網絡經常替換的相同字彙。我們已經看過特別行動處的訓練手冊上，用「糖果與玩具」代替「槍與物資」；此外，間諜又稱為「羔羊」。其他間諜留下來的獄中書信裡，也有類似的言外之意：一名猶太間諜與詩人墨利斯・柏茲舒克（Maurice Pertschuk）從布亨瓦德集中營（Buchenwald）寫道，他收到蛋當成禮物。（「下次包的時候小心一點。」）雖然這可能表示，有人從法國占領區送蛋到德國集中營，但不太可能。Pertschuk letter, courtesy of Anne Whiteside.

7 在特別行動處研究的漫長歷史中，安德莉獄中來信指的吉爾伯特究竟是吉爾伯特・諾曼，或是間諜吉爾伯特（亨利・德里庫），半個世紀以來爭論不休。我在讀這些信件時，她是在說男友吉爾伯特・諾曼。她在獄中會知道他變節，因為他洩漏出無線電組的位置，害她姊夫被逮。但已經有人指出，安德莉也認為德里庫的空中接應與降落很可疑。

8 "Je pensee aller en Allemagne."

第二十一章
愛國事業
普瓦捷

房子租金已付，月亮逐漸進入虧期。一九四四年二月十八日的凌晨，間諜瑪麗．赫伯正在床上，餵剛出生兩個月的女兒克羅婷（Claudine）喝奶。

瑪麗住在莉絲．德巴薩克舒適的房子。這房子位於蓋世太保總部隔壁，此時無人居住。莉絲和瑪麗在比尤利是同班同學，一起畢業，向來是交情不錯的同事。瑪麗和歐黛特一起搭海狗號來到法國之後，就加入克勞德位於海岸邊的科學家網絡，擔任信差。

現在莉絲和瑪麗是一家人了：克勞德．德巴薩克是瑪麗的指揮官，也是孩子的父親。起初，克勞德不希望當女人的指揮官，因為「她們通常抗壓性不夠強，不足以勝任這項工作」[1]。不過瑪麗謹慎的知性風格讓他改變想法。他們是可靠的團隊，緊密又值得信賴（比軍事標準建議得還緊密，這寶寶並非不小心生的。）

「克勞德和我正做生寶寶的必要事情，」在去年春天的某一晚，瑪麗對莉絲說。

「你們瘋了，」莉絲說，「戰爭時生小孩幹什麼？」

「我想要寶寶，」瑪麗說。她四十歲了，來自古老的反英國國教家庭——也就是在英國宗教改革之後，不願意改信的天主教徒——家庭成員不多。她想當母親。

「拜託，給我一個小孩？」瑪麗對克勞德說。

於是他就給了。

瑪麗「不想要先生，只想要小孩，」莉絲說，「別大驚小怪。」[2]

克勞德的波爾多網絡是個「力量強大的組織」[3]，這一帶滿是維琪政府的支持者，不少成員過去擔任過軍人。克勞德的指揮官說，他是「我們派去法國的人員中，最能幹的組織領導之一」。科學家網絡有兩萬個準軍人。克勞德也動員過三萬個支持者，能在盟軍進攻時發揮功用。在他來到現場的第一年，團隊接應過一百二十一次空投任務、一千六百個容器、三百五十個包裹，包含一萬八千四百磅高效炸藥、七千五百把斯登衝鋒槍、三百把布倫輕機槍，一千五百把步槍，還有一萬七千兩百枚手榴彈。

克勞德和妹妹一樣成就無與倫比，可成為多功能的間諜。他被分配到蓄意破壞，但他懷疑在盟軍登陸之前蓄意破壞的出擊行動價值；等時機成熟時，他的人手會做好準備，讓德國人無法使用波爾多和西班牙之間的所有鐵路。在那之前，克勞德會提供貨物進出法國的關鍵情報給盟軍。「今年靠著來自波爾多的戰地情報，幾乎中斷了歐洲與遠東的流通。中斷這流通非常重要，因為日本很仰賴訂購的供給品。」[4]

瑪麗在前兩個孕期階段，持續為克勞德工作。即將為人母親，反而成為合理的掩護──哪有孕婦會為地下網絡工作？

瑪麗的工作在分娩前早已停頓。莉絲和克勞德在一九四三年夏天的同一個晚上逃離敵營，返回倫敦，而瑪麗則消失在法國。他們都得離開，逮捕行動撼動了他們的網絡[5]，而對許多在巴黎遭逮捕的人來說（安德莉、伊芳、吉爾伯特與法蘭西斯），他們可是熟面孔。但一般相信，瑪麗的情況無法離開。此外，要是瑪麗回到倫敦，又能奢望何種生活？懷孕代表立即復員。一個獨自在英國生活的未婚媽媽，能找什麼樣的工作？

法國至少是個尊敬母親的地方，視母親為愛國事業。貝當曾把法國輸給希特勒的原因，歸咎於「孩子太少」。等孩子長大成為軍人，法國就有力量抵抗德國攻擊。對維琪政權來說，孩子誕生是受到推崇的，是一種合作的舉動；生育是報效國家──因此在維琪的法律下，節育與墮胎是犯罪，可處十二萬法郎的罰鍰與二十年監禁。幫人墮胎者會被送上斷頭台（墮胎是叛國；召妓是合法）。

瑪麗寧願留在法國，雖然戰爭對寶寶而言並不是快樂時光。她有公司給的錢，還有已付清款項的藏身處。到一九四四年，海岸線持續受到盟軍轟炸。在普瓦捷只有幾百個德國軍人，不像海岸有好幾個師駐紮。莉絲的公寓溫暖宜人，蓋世太保甚至一度想徵收這裡。瑪麗說：「帶著一個很小的寶寶在波爾多過日子，實在太不舒適。」[6]在波爾多養育克勞德的女兒實為不智，畢竟克勞德是納粹最想逮捕、懸賞捉拿的人。

一九四四年冬天，進攻法國的時間逼近已幾乎大勢底定。雖然義大利的軍事活動在卡西諾山（Monte Cassino）陷入僵局——盟軍尚未抵達羅馬——但是納粹與盟軍的首領都知道，英美艦隊會在春天或夏天跨越海峽。全世界都這樣預料。

在英國，莉絲和克勞德正在接收盟軍D日戰鬥計畫的任務簡報。新計畫是英美間諜與法國軍官配合，他們會在盟軍登陸後穿制服跳傘，幫業餘的法國反抗分子建立起指揮架構：「傑德堡行動」（Operation Jedburgh）。等傑德堡人員抵達，克勞德會在那等待，他是法國北部的主要馬基指揮官。

如果瑪麗與克勞德能在戰爭中活下來，他保證有一天會娶她為妻，讓孩子成為婚生子女。他會為這個新家庭做適當正確的事，而在離開法國之前，他以書面證明這孩子是他的，還有來自公司的人見證。這種文件可能會讓每個人丟了性命。根據安全法規，任何事皆不可以書面寫下，但這封信卻是非寫不可；雖然信件詳細說明克羅婷是私生女，但瑪麗或克勞德若是殉職，只能指望這封信能讓小女孩獲得戰爭撫恤金。

貝克街沒有人知道瑪麗的情形。她從波爾多溜走，不留痕跡。她知道該向莉絲年輕女僕說什麼暗語，於是接掌了這間舒適的公寓、書架裡的大筆款項，還有「暖氣和更舒適的生活」。倫敦沒有進一步聯絡。

瑪麗原本纖瘦，懷孕期間變得豐滿，但生產後身體變得虛弱。在二月的那天清晨，瑪麗躺在床上餵克羅婷的時候，門鈴響了。她希望是突擊者帶著克勞德從倫敦捎來的消息；她完全不知道他何時會回來。

清潔婦讓兩個蓋世太保進來，要找伊蓮．布里瑟——那是莉絲的假名。

瑪麗說，布里瑟女士在巴黎。

這兩個女人的交情到底如何？讓一個新手媽媽住在她的家，自己到巴黎去？

瑪麗回答，她們是透過一個共同朋友認識的。瑪麗帶著一個新生兒，不知道還有哪裡可以去。父親不在，她得請求布里瑟女士協助。

蓋世太保來到公寓，瑪莉懷抱著寶寶。瑪麗問，能不能派她女僕去買些必需品，例如麵包、奶粉、尿布，如果可以找到肥皂的話也需要。新生兒的需求很多。

瑪麗想，如果年輕女僕夠機警，她就會去向莉絲網絡的某成員通風報信，把話傳出去，發出警告。

瑪麗緊緊抱著小寶寶，心中清點公寓裡的東西：櫃子裡有一片英國包裝的巧克力。在一本書未切割的書頁之間，有張紙上證明克羅婷的父親是克勞德，還有無法解釋的大量金錢；到處都是證據。

蓋世太保的警官告訴瑪麗，她得到總部去接受訊問。寶寶得留在這裡。

瑪麗拒絕：沒有任何寶寶可以獨自留下。哪有母親會做這種事？哪個法國女人會有這種想法？哪個白癡會這樣要求？

德國人同意等到女僕回來。

瑪麗解釋，在這情況下，母親的工作就是留下怎麼照顧寶寶的說明。她草草寫下關於飲食、睡覺時間、換尿布的筆記；萬一瑪麗無法從監獄回來，該怎麼處理克羅婷。

瑪麗問，她會在牢裡待很久嗎？德國警官沒有回答。

女僕回來，並悄悄告訴瑪麗，莉絲網絡的幫手那時也被圍捕了；在整個普瓦捷，至少有五人遭監禁。

瑪麗遭到逮捕。

她交出了小女兒。

一九四四年冬天，反抗者成為法國的注意焦點。在一九四三年致命的夏天，許多間諜遭到逮捕，至少有三分之一的法國北部空投物已落入納粹手中——那將會成為戰鬥區。雖然如此，反抗者還是有許多成就，持續發動蓄意破壞的出擊行動。工廠無法運作、船沉沒、火車輪軸被沙子破壞，法國上衣工廠有一批要送給納粹潛艇的上衣被撒了癢粉。

公司現在的戰略只以進攻前進為目標。貝克街不再支持鼓舞士氣與招兵買馬用的小型暴力，造成不便行為。相反地，公司籌劃的是要在世上最大的海上攻擊行動發生時，同步在整個國家破壞基礎設施。歐洲地下動亂的戰爭計畫綿延兩千哩，從斯堪的納維亞延伸到西班牙。

在法國，目標是全方位削弱德意志國防軍。英國廣播公司法語服務在一九四四年春天，宣布全國目標是「讓法國民眾準備好，在登陸時把責任交給他們。」[7]播報者開始呼籲用攻擊「癱瘓敵人運輸，透過騷擾部隊、除去民兵、讓同情者安排罷工」。在進攻期間，如果德國人可以被迫使用無線電，而不是電話，那麼盟軍就能透過「超級」情報，讀到密恩尼格瑪的密文，得知敵軍行動。

雖然瑪麗還不知道，但是克勞德已回到法國，派到諾曼第執行第二項任務。他要帶領一批反抗者從後方騷擾德軍，阻撓援兵抵達前線。一年前，克勞德憤怒地發電報給貝克街，抱怨缺乏武器，但是到戰爭第四年，空軍在法國的行動非常頻繁，從一九四三年最後三個月的一百零七次，到一九四四年第一季的七百五十九次，而在四到六月更提升到一千九百六十九次。克勞德不再掛念關於士氣的小事；相反地，他把重心放在為馬基募集足夠的人力。現在公司已經供應足夠的武器給十二萬五千名反抗軍[8]；其中七萬五千名是用法國部門提供的武器，五萬名則是戴高樂的法蘭西共和部門。

莉絲以經驗豐富的間諜身分，在英格蘭與蘇格蘭的祕密訓練學校擔任女性招募者新班級的教官，所有的任務都是專為進攻而安排。但有一天她在練習跳傘時卻摔斷腿。這次傷勢讓她多待了好幾個月；她想要回戰場。

但仍然沒有人知道盟軍要在哪裡登陸：加萊？布列塔尼？諾曼第？法國北部的所有地區都在等艦隊。

所有行動都指向目標日期：一九四四年五月[9]。

瑪麗每十天就被訊問。就像在比尤利預先練習過的那樣，重述自己的臥底故事：她說自己大半輩子待在亞歷山卓。她父親是考古學家，她在佛羅倫斯學藝術。現在她得臨場發揮關於寶寶的故事。她告訴納粹，她先生是工程師，但兩人分居，而且她在巴黎有個情人。當她發現自己懷孕了，就到首都去告知他這消息，豈料發現他和一個金髮女子在床上。他「要她離開」，給了她十萬法郎，要她「別再來煩他」。這個可憐的故事解釋了她為何孤獨一人，及公寓裡為什麼有大筆現金。

表面上，蓋世太保接受了瑪麗的故事。他們的目標是莉絲。

瑪麗知道莉絲有許多情人嗎？或者進出她家的人其實是英國間諜？她知道莉絲是英國間諜嗎？

瑪麗假裝無辜。她只是在別人的介紹之下，認識一名大學教授，那就是莉絲的西班牙文老師。她解釋，自己剖腹產之後很虛弱，手術很傷身，她根本無力去社交。

瑪麗知道莉絲會說流暢的英文嗎？

瑪麗說不知道。

訊問者懷疑地指出，瑪麗聽起來不像法國人。他說，你的腔調很奇怪。

針對這一點，瑪麗早已練習好答案：如果你大半輩子待在埃及，說阿拉伯語、法語、英語、西班牙語和義大利語，你也會有奇怪的腔調。

瑪麗沒告訴囚禁她的人，她也會說流暢的德文；那是她的第六種語言。

「我不認為可以從這女人身上得知什麼，」訊問者以德語對他的上級說。

「她以為已經結束時，先拘留她。」

在訊問過程中，蓋世太保讓瑪麗看法國部門的間諜組織表與照片，包括安德莉、伊芳與歐黛特，還有她認得的地址。她還有安德莉公寓的複製鑰匙，供她到巴黎時使用。

瑪麗宣稱她一概不知。她只是想念寶貝女兒的單親媽媽。

一天，空襲打斷了永無止境的重複訊問。盟軍轟炸時時都在增強，在夏日攻擊之前策略性重擊法國。

驚慌的德國人詢問上司，是不是該找掩護？

訊問者倒是不為所動。「不久用多久，大家就一起死了。」就連麻木不仁的納粹軍官也認為，德意志國一九四四年是在法國打必輸的戰爭。

為什麼寶寶叫做克羅婷？蓋世太保問。瑪麗知不知道在波爾多有個間諜叫克羅婷？有什麼關聯嗎？

克羅婷是瑪麗的化名。

她說，不知道，只不過這是個美麗、虔誠的名字。小女孩在聖克勞德的瞻禮日那幾天出生，那是隆冬天的聖人日。

她想知道，能再見到女兒嗎？

除非她從實招來。

瑪麗在七份證詞上簽名，有法文和德文。

在復活節之前，經過兩個月的監禁，瑪麗從蓋世太保的監禁中獲釋。監獄看守人歸還她的物品，但是沒有戒指；獄方要她隔天回來，看看有沒有找到。在受難週之前，獄方歸還戒指並道歉。

瑪麗在監獄的時候，普瓦捷不斷遭到空襲焚燒，嚇壞了莉絲的小女僕。她帶著克羅婷寶寶到孤兒院，逃到一座較安全的小城（人比較少、不那麼有策略重要性）避難。

主公院（Hôtel-Dieu）的修女對瑪麗的寶寶很仁慈，「她得到很好的照顧。」[10] 把棄兒還給遺棄孩子的母親，是違反教會的政策，但是瑪麗解釋，那是因為納粹逮捕她，因此修女心生憐憫。在囚禁期間，蓋世太保的訊問者與維琪政府通敵者，都不認為這弱不禁風的新手媽媽也可能是英國間諜。

母職救了瑪麗一命。

注釋

1 Claude de Baissac, HS 9/75, National Archives, Kew.

2 Lise, Pattinson interview.

3 Bourne-Patterson, British Circuits in France, HS 7/122, National Archives, Kew.

4 History of F Section and Agents, HS7/121, National Archives, Kew.

5 克勞德潛回倫敦不只是因為醫師網絡崩潰。科學家網絡在一九四三年，也遭到雙面間諜的背叛。

6 Circuit and Mission Reports — B, HS 6/567, National Archives, Kew.

7 作者翻譯。Audrey Bonnéry-Vedel, “La BBC a-t-elle jamais été la voix de la France libre?,” *Le Temps desMédias,* no. 11 (2008).

8 「在最樂觀的估計之下，到五月中的時候，空中行動讓七萬五千名有法國部門提供的武器，五萬名有戴高樂法蘭西共和部門提供的武器。這些數字並未納入一九四三年蓋世太保勝利時所沒收的武器，那時可能減損了武器持有者人數約三分之一。」

9 福特說尤其是一九四四年五月十七日，但那時是月亮逐漸進入虧期的下弦月，也就是D日前的月亮黑暗期。黑暗期適合小規模的突擊，但大量動員則不可行。

10 Circuit and Mission Reports — B, HS 6/567, National Archives, Kew.

第二十二章
更加勇敢

巴黎

一九四四年五月十三日，在福煦大道八十四號，安德莉・波瑞爾和歐黛特・山桑與其他六個都來自法國部門的女人，走進會客室。美好年代的鏡子斜掛在房間上方。歐黛特與安德莉已入獄將近一年，其他人多半剛進來，看上去仍健康有活力。對她們來說，囚禁只是帶來新的不便，而不是真正處於地獄。

她們坐著，各由幾個德國軍人冷酷緊盯。

「何不幫我們泡點茶呢？」歐黛特質問，「我知道你們有很多英國茶。」[1]

那是傲慢又危險的命令，但她說得沒錯：納粹靠著福煦大道的無線電遊戲，一年來接收了許多英國的空投筒。

但納粹像機械似地，聽從歐黛特的命令。茶裝在骨瓷杯，放在茶碟端上，杯緣還有圖案。女人睜大眼睛，看著裝在漂亮杯子裡的好茶，那是很人性化的單純享受。她們已經很久沒看過這樣的東西。

一名瀟灑的英國男子進入房間，歐黛特認得這人。約翰．史塔（John Starr），福煦大街最新的間諜寵兒。他的無線電一被查獲，就取代了吉爾伯特。約翰從他協助納粹工作的房間走進來，拿巧克力給這幾名女子。歐黛特來到法國的第一天就見過他：他的兄弟也與歐黛特和瑪麗搭同一班海狗號小帆船，在夜半經過布滿岩石的海灘。她有一次在福煦大道遭訊問時，他甚至坐在旁邊聽。歐黛特想到英國間諜竟然和囚禁者坐在一起，就怒不可抑。約翰幫無線電遊戲翻譯訊息，並檢查非英語母語者的文法，用只有英國人會懂的短語。他把自己的行為合理化，說他從未主動洩漏訊息，只是收訊息。如果能保持友善對話，蓋世太保或許會揭露祕密、洩漏情報，如此或許能成為幫助盟軍的關鍵所在。他認為自己或許能在納粹猶疑與不注意的時刻逃出來，把他所聽到的東西告訴盟軍，發揮功用。不過，約翰在福煦大道幫助納粹玩無線電遊戲時，貝克街派出十七個間諜，跳傘到希特勒控制的土地上。

歐黛特以冷冷的「你好嗎」和約翰打招呼，之後嘲弄他。她說他哥哥被送到德國了。（只是歐黛特混淆了祕密身分。約翰的兄弟喬治．史塔〔George Starr〕[2]其實是在土魯斯，據說是在刑求通敵者，用火燒他們的腳。）她記住約翰臉龐的細節、穿的衣服——法蘭絨長褲、黑外套、貝雷帽——這麼一來，等到戰爭結束，就可向貝克街舉報他的叛國行為。

不過，歐黛特不預期自己能活下去。她罹患肺結核。在離開弗雷納監獄時，她留給監獄牧師一個包裹，要他交給女兒。裡頭有一封信，以及在獄中用碎布縫成的娃娃。

但是安德莉則有信心會活下去。同盟國正走向勝利。她可從監獄窗戶聽見炸彈聲。勝利只是遲早的事。

每個女子都帶幾件珍貴的物品：有個人帶著大件皮毛外套，即使那是炎熱夏天；安德莉則帶著姊姊給的冬衣。另一個人則有色彩誘人的漂亮口紅；她把口紅傳給大家，讓每個人擦。她們認為這可是奢侈之舉。

歐黛特說，她們在這較牢房寬敞的環境見到彼此，算是相當開心。能和同事在一起，「她們聊個沒完」。在弗雷納監獄，在其他囚犯面前仍得保持假身分——到處都有舉報人——不過，在福煦大道，什麼都揭露出來了。每個女人都是祕密特務：「大家的處境差不多。」[3]

女人們一邊喝茶，一邊回想勤務[4]。能活下來已是幸運；許多同事已經殉職。有些人在責怪自己：細數自己的錯誤，重複演練自己的任務，列出哪些事情可以用不同做法，說的時候不乏囚犯累積的智慧、後見之明及悔恨。

她們都懷疑倫敦總部有內奸——不然怎麼會出那麼多錯。其中一名女人一落地就被逮，是無線電遊戲的受害者。另一名懷孕了，嫁給間諜，但下定決心要幫上忙，即使身體脆弱。一名年輕的間諜很逗趣（尤其是個囚犯）；她六個星期前才被囚禁，幽禁還是新的事情。有個比較年長的女子是法國商人，還有一個古板的英國女孩，頭髮上戴著格紋蝴蝶結；一名德國出生的猶太人，她是猶太網絡中尉的女友，在昌盛網絡被逮之後也被一網打盡。

無論她們各自的人生與過往多獨特，令歐黛特印象深刻的是大家的共同點：為什麼會開始去學間諜這門技術。「我們最初都覺得，自己要——幫得上忙。」[5]

她們努力打起精神，聊聊戰後的打算。她們聊的是遙遠的未來，刻意忽略近在眼前的未來：條頓人做事拘謹，沒有透露多少資訊，她們只知道會從法國監獄送到德國監獄。

弗雷納監獄的日子過得孤單，但人數一多，大家也變得有信心與團結。在夏日巴黎的豪宅，這群女子彼此體貼、相互扶持，在喝英國茶時談著光明的未來。「每個人設法比自己感覺到的勇敢。」[6]

陽光灑進高高的窗戶，穿過厚厚的窗簾。每個女人都美麗勇敢，各個輪流哭泣，為了眼前的未來而落淚。

這群女人一個個用手銬連起，上了囚車，從福煦大道八十四號離開，送上要前往德國的火車。

巴黎在轉眼間過去。街道上，女子穿著輕盈的洋裝，戴著又大又圓的墨鏡，男人則穿襯衫，沒穿外套；男女在咖啡露天座聊天，啜飲咖啡。大家似乎在牽著手。她們瞥一眼自己認識的生活、熱愛的人生，那是她們為之戰鬥的法國。

明天只剩夜與霧[7]。

注釋

1 Rita Kramer, Flames in the Field (London: Michael Joseph, 1995), ebook.

2 喬治・史塔被控刑求法蘭西民兵（維琪政府的保安警察）。他在調查庭中，所有指控均為無罪。特別行動處堅持，喬治・史塔是戰場上最優秀的組織領袖之一，並薦舉他為傑出服務勳章（DSO）與軍功十字勳章（MC）人選；只有三名間諜晉身為上校，喬治就是其中一名。其中一項指控來自女間諜安—瑪麗・沃特斯（Anne-Marie Walters），她寫過《在月光下跳傘到加斯科尼》（*Moondrop to Gascony*, 1947; repr., Wiltshire, U.K.: Moho Books, 2009）。沃特斯向上司報告：「我認為，把自己降低到向蓋世太保一樣，刑求法蘭西民兵（法國祕密警察）與通敵者，要他們說出同事下落，是相當不正確的——有些人被打得血濺牆壁，有些人被嚴重燒傷；有個人的腿被火燒二十分鐘，雙腳就慢慢燒焦到膝蓋；還有其他難以提及的恐怖刑求。」法國部門否認了所有的指控，責怪沃特斯大驚小怪，「心智浪漫。」史塔回來之後不久曾對特別行動處的訓練者演講，提到他在法國監督刑求時的情況，讓他們印象深刻。比尤利指揮官伍里奇上校就對史塔的演講宣誓作證。「他說，曾有個蓋世太保被單腳吊著好幾個小時。他也說，用鋼製的棒針一端插到他的陰莖，另一端則加熱。」George Reginald Starr, HS 9/1407/1, National Archives, Kew; Court of Enquiry re Lt. Col. G. R. Starr (SOE), Feb. 1945, courtesy of David Harrison.

3 Odette Sansom, Imperial War Museum, London.

4 那天在房間的其他女子還包括尤蘭德・比克曼（Yolande Beekman）、瑪德琳・戴莫蒙（Madeleine Damerment）、薇拉・雷（Vera Leigh）、伊蓮・布魯曼（Eliane Plewman）、黛安娜・羅登（Diana Rowden）、索尼婭・奧申內茲基（Sonia Olschanezky）——全都死亡。

5 Kramer, *Flames in the Field*, ebook.

6 出處同前。

7 在前往德國的列車上，福煦大道的親衛隊軍官告訴歐黛特與其他法國部門的女人，「我們都不會活著回來，在他們擺脫我們之前，會讓我們吃苦。」資料來源為歐黛特的書面證詞："In the Matter of War Crimes and the Matter of the Ill-Treatment of Allied Personnel and Atrocities Committed at Ravensbruck [sic] Concentration Camp," signed May 20, 1946, Atkins Papers. 只有歐黛特活下來。

第二十三章
嗚咽之音
法國

一九四四年六月一日，六月的滿月（「草莓月」）高掛在英倫海峽上方。九點十五分，英國廣播公司的法語廣播開始了——正如過去四年一樣，以四個勝利的音符重磅登場，要求德國占領區的法國人仔細聆聽。

這裡是倫敦！

在新聞之後，接下來是沒完沒了的幼稚短語，及隨興脫口而出的童謠。其中一則個人訊息是重複五月一日提到的：

漫長嗚咽的
小提琴
唱出秋之曲[1]

這是法國知名詩人魏爾倫（Paul-Marie Verlaine）*〈秋之曲〉的開頭三句。這是「A」訊息，也就是「待命」的命令。這在六月二日、三日、四日又重複播放。

整個法國反抗者的基層組織都收到電報指示：

未來接下來幾天有重大行動[2]　你們會在行動前二十四小時收到英國廣播公司通知　相關訊息會是†

我心平靜
在消沉漫長的
單調之音[3]

這裡把魏爾倫詩作的第二半部稍為念錯，變成「訊息B」[4]，也就是「行動」命令。

你的任務是破壞鐵路摧毀石油卸貨處並盡力破壞敵人傳訊路線執行時間完善安排的游擊行動但是避免會導致平民報復的大規模行動。[5]

法國的所有網絡都收到鎖定目標的指示。綠色計畫是為期兩週的鐵路破壞行動；藍色計畫是毀滅發電廠。紫色計畫目標是摧毀敵方的電話與電傳線路，迫使納粹只能透過無線電廣播其戰爭計畫。烏龜計畫則是拖延行動，讓希特勒的後援兵力無法抵達海灘。

進攻必須在北邊展開，但是艾森豪將軍認為，務必要通知各處的網絡，準備發動大量破壞，掩護特定的D日登陸地點[6]。

在瓦朗賽（Valençay）與沙托魯（Châteauroux）附近的安德赫（Indre），反抗者要聆聽

---

* 譯註：一八四四—一八九六，法國象徵派詩人。

† 譯註：在原文中有個「STOP」代表電報內容的停頓之處，但在中文電報沒有相對應的做法，因此以兩個半形空白鍵取代。

Quasimodo est une fête.

（柯西莫多是派對。）[7]

在多多涅（Dordogne），反抗者則要聆聽

La girafe a un long cou.

（長頸鹿有長脖子。）[8]

一九四四年六月五日，在第二次夜間法語廣播開始時，英倫海峽的天氣寒涼、風強雨大，海象詭譎。

接近晚上十點時，福煦大道八十四號所有的收音機都對準頻道。蓋世太保的官員傾聽在綜藝節目之後的個人訊息。希特勒相信，這次進攻「決定的不只是今年，而是整場戰爭……如果不把進攻者趕回去，我們無法贏得靜態的長久戰事」[9]。在五年的戰鬥下來，德國已經精疲力竭，法國這個國家太大，在消耗戰中，各地有龐大的反抗者前線，「因此必須在盟軍第一次嘗試進攻就擊退」。

在一連串的個人訊息中，廣播者用法文念出訊息B：

我心傷悲
在消沉漫長的
單調之音

巴黎的蓋世太保認得D日的「行動」號召。早在春天，他們就從沒收來的無線電與囚禁的間諜得知暗語。福煦大道注意到無線電活動增加，明白進攻就快到來；布萊赫中士，也就是逮了歐黛特與彼德惡名昭彰的「亨利上校」，靠著卡特中尉馬薩克招募到的兩個雙面間諜，得知行動代號。

福煦大道認為，魏爾倫的詩是給全法國反抗勢力的「行動」號召。訊號一響起，大巴黎的納粹領導者就派發緊急電報給德國的高層指揮官。

盟軍會在四十八小時內進攻。

但是聽到這警告時，德軍並未採取任何行動。駐守在英倫海峽岸邊的納粹，似乎每次月圓都會得到要做好準備的指令；然而，一次又一次的假警報讓他們逐漸鬆懈。在加萊的科唐坦半島，德國第十五軍隊聽到他們得知的英國廣播公司暗號時，便提高警覺，但是在諾曼第的德國第七軍隊收到的指示卻是按兵不動。「我已是老兔子了，不會聽到這個消息就激動，」[10]一名納粹指揮官嗤之以鼻，繼續玩橋牌。隆美爾將軍沒收到任何警告，在家裡慶祝妻子的生日。德軍西線的馮．

倫德施泰特（Karl Rudolf Gerd von Rundstedt）元帥也忽視這訊息，他猶豫不前：「好像艾森豪將軍會用英國廣播公司來宣布進攻似地。」[11]

在最後幾個字——消沉漫長的單調之音——發布後的幾分鐘，反抗分子可不消沉，而是全力投入。盟軍的策略者希望分階段行動，但是人們實在太渴望自由，因此反抗勢力立刻啟動。

六月六日破曉時分，巴黎西邊一條偏僻道路上，莉絲．德巴薩克正騎著生鏽的腳踏車，腿部發疼。上次任務結束、返回英國後，她在後續的跳傘訓練時跌斷了腿，現在還隱隱作痛。據說腳踏車是反抗軍的真正武器。在戰爭之前，腳踏車是便利的工具，但現在則和一輛新車一樣貴，還同樣用車牌來嚴格控管。莉絲從首都騎車離開，前往諾曼第。

在英倫海峽岸邊遼闊的鄉間田野，莉絲為克勞德工作，成為他的副指揮官。她在一片海灘下方行動，那片海灘之後會以奧瑪哈（Omaha）、猶他（Utah）、黃金（Gold）、朱諾（Juno）與寶劍（Sword）的名稱永垂不朽。

莉絲去巴黎招募人員時，B訊息傳來了。她還不知道盟軍會在哪裡發動攻擊，只知道科學家網絡的負責範圍就在英倫海峽與大西洋間的關鍵深水港之間。

在法國，D日行動在第一艘船登陸之前就展開了。莉絲的馬基軍人在六月五日晚上一聽到訊息，就爆破位於科唐坦半島底端的阿夫朗什（Avranches）火車道岔，這裡已經「完全無法使用」[12]。她在黑暗中騎車時，那年她在春天訓練與給與武器的青少年就切斷諾曼第沿岸的地下電話與電傳纜線。那天晚上，她有七個人手被逮捕，不過他們已破壞兩條高空輸電線，並把主要道路的樹木推倒，阻擋道路。

一九四四年六月五日的晚上，整個法國共有九百五十處的鐵路中斷，用的是公司空投的炸藥。

到六月六日天亮時，諾曼第已成了孤立之地。

莉絲要騎三天的車，沿著小小的偏僻道路，「穿過密密麻麻的敵方設施」[13]，前往戰區。現在才第一天而已。她累的時候就在壕溝睡覺，之後牽起腳踏車，再度前往她的大本營。

她附近沒有收音機，沒聽到盟軍最高指揮官艾森豪將軍對諾曼第人民的廣播：

> 事關你們許多人的性命安全，盡速遵守這項指示。馬上離開你們的城鎮——遠離道路——用走的，不要帶任何難以攜帶的物品。不要集結成群，以免被誤認為敵軍。[14]

史上最大的艦隊只剩短短距離，就要登陸法國北部的海灘。

解放時刻就要來臨。

轟炸機飛過諾曼第沿岸的村落——聖洛（Saint-Lô）、阿夫朗什、瑟堡（Cherbourg）、康城（Caen）——投下小冊子，警告當地人盟軍即將發動攻擊。

清晨六點二十分，納粹在奧克角（Pointe du Hoc）的駐防站報告，看見四艘戰鬥巡洋艦。

清晨六點三十分，H小時到了。（「D日」的D不代表什麼，只是代表攻擊的日期，H小時的H則是代表指定的攻擊時刻。）

大君主行動（Operation Overlord）將「啟動」[15]。

美國部隊率先[16]登在奧瑪哈與猶他海灘[17]登陸法國。

十八分鐘之後的清晨六點四十八分[18]，柏林的跨洋廣播電台（Transocean）宣布盟軍傘兵登陸塞納河口，哈弗爾、加萊與敦克爾克遭到砲火猛烈的空襲，德國海軍正在對抗盟軍的登陸艇。

美聯社從德國取得這消息，立刻傳遍全球。

在H時之後，盟軍在九點登陸寶劍、黃金與朱諾海灘。艾森豪將軍同意發布簡短的最新消息。在九點三十二分，這項聲明在倫敦的留聲機播放，並大聲傳遍到世界上每一個擁有收音機的人耳中。這訊息沒有透露任何策略細節，卻有戰爭中最重要的軍事情報：

> 在艾森豪將軍的指揮下，同盟國海軍靠著強大的空軍，今晨開始登陸法國北部海岸[19]。

法國等了整整四年，多年來遭到占領的悽慘歲月，等的就是這一刻。全世界屏氣凝神，聆聽這消息。

六月六日中午的巴黎，在福煦大道八十四號的三樓，有人用偷來的英國無線電打出沒有加密的文字。這個無線電訊息早在幾週前，就依照希姆萊（Heinrich Himmler）*、戈林與希特勒的指示備妥；整個春天，納粹的首領都在爭論何時要讓查獲的盟軍收音機露出真面目。德意志國聰明的「英國遊戲」應該要在戰爭的哪一時間點，透露給英國人知道？希特勒認為，揭露這件事情會打擊盟軍首領，讓他們擔心地下網絡到底被滲透得多深。他推測這項欺騙會非常有撼動力量，讓盟軍遠征部隊最高司令部的指揮官考慮收回攻擊的命令。這表示，納粹軍隊即可收起陷阱之網。

在進攻這一日，蓋世太保結束了長久以來的遊戲：

---

* 譯註：一九〇〇—一九四五，納粹重要政治首領。

來自藍色理髮師的電報

非常感謝長期以來在法國各地送來的大量軍火與軍需品極欣賞你們大力提示意圖與計畫。[20]

在D日，希特勒軍隊擁有不計其數的物資是由特別行動處空投到法國，並從反抗分子沒收的。

不可避免得讓蓋世太保照顧你們法國部門的朋友例如麥克斯弗諾西奧多等等安東與泰爾健康絕佳。[21]

蓋世太保得意洋洋：弗諾（Phono）與安東（Antoine）是埃米爾・蓋瑞（Emile Garry）與法蘭斯・安特勒姆（France Antelme）的代號，兩人都是和昌盛網絡合作的間諜。

很高興你們到來，我們已經準備一切。[22]

倫敦在一九四四年六月六日接到這條訊息。當時天氣不穩、陰暗，有涼意。日光燈照亮無趣的貝克街總部，此刻全體動員，每個人神經飽受折騰。

巴克梅斯特上校命令，要向職務對等的死對頭發無線電，也就是福煦大道八十四號得間諜頭子：

給夜間理髮師

遺憾看見你的耐心用盡不若我方沉著抱歉在你們收集容器時製造麻煩但我們得繼續直到我方官員可在你們地區交到更大更好的朋友支出與儲存不成問題建議開始安排進一步往東讓我們在柏林附近有空間給接應安排者與無線電報員但要確保別撞上我們的俄羅斯朋友順便建議改個S-Phone＊作業員他的英文不太好我們現在要結束你的計畫因為我們聽別人再見（AUF WIEDERSEHEN）。[23]

盟軍已深入歐洲六小時，距離柏林七百五十哩。

＊　譯註：S-Phone是特別行動處使用的一種特高頻雙工無線電話機。

注釋

1 英文版由英國詩人亞瑟・西蒙斯翻譯（Arthur Symonds）。在法國聆聽英國廣播公四的聽眾會聽見：

Les sanglots longs
Des violons
D'automne

2 Jacques R. E. Poirier, *The Giraffe Has a Long Neck*, trans. John Brownjohn (Barnsley, U.K.: Pen & Sword, 1995), 137.

3 法文原文是

Bercent mon coeur
D'une langueur
Monotone

這對句是由德沃梅庫克（de Vomécourt）念出的，他是說「Bercent mon coeur」，意思是我心平靜，但原本魏爾倫詩作則是「Blessent mon coeur」，意思是我心傷悲。

4 在法蘭西斯・蘇提爾一九四三年的報告中，訊息A與訊息B分別以「蘋果」（Apple）與「啤酒」（Beer）訊息替代。

5 Poirier, *Giraffe Has a Long Neck*, 137.

6 在羅亞爾河岸的南特，會分別發出以鐵軌為目標與以電話目標的A訊息與B訊息以鐵路為目標的訊息為：

A: C'était le sergent qui fumait sa pipe en pleine champagne.

那就是抽煙斗配香檳的中士。

B: Il avait mal au coeur mais il continuait tout de même.

他覺得噁心，但還是繼續。
以電話為目標的訊息為：

A: La corse ressemble à une poire.
科西嘉看起來像梨子。

B: L'Italie est une botte.
義大利是靴子。

(R. Benoist, HS 9/127/128, National Archives, Kew.)

7 Pearl Witherington Cornioley, Code NamePauline: *Memoirs of a World War II Special Agent* (Chicago: Chicago Review Press, 2013), app., interview with Pearl Cornioley. 這訊息裡面有文字遊戲。字面翻譯是「柯西莫多是派對」，但聽起來像「quasiment un fait」或「quasiment fait」，代表「接近事實」或「幾乎完成」——相當直接地表示登陸。想像一下，這些訊息就像在充滿雜音的空中電波中聽起來的情況。不僅如此，在天主教會中，柯西莫多主日（Quasimodo Sunday）是復活節後的星期日。柯西（Quasi）與莫多（modo）是那週彌撒最開頭的兩個字，一般人也用來指那一天，因此這訊息是指示某件事可能發生的日期。作為D日的行動訊息，聽起來對比柯西莫多主日晚了好幾個星期，但是從待命角度來看，這條在一九四四年五月一日發出的訊息時間確實很接近。

8 摘自Poirier, *Giraffe Has a Long Neck*. 這條訊息也有文字遊戲。法文的「cou」有許多同音異義字與語音類似的字，許多都有性暗示。對長頸鹿來說可能很長。

9 D. K. R. Crosswell, *Beetle: The Life of General Walter Bedell Smith* (Lexington: University Press of Kentucky, 2010), 669.

10 David Kahn, *Hitler's Spies: German Military and Intelligence in World War II* (New York: Da Capo Press, 1978), 513.

11 Paul Carell, *Invasion—They're Coming*, trans. E. Osers (New York: Dutton, 1963), online.

12 在科學家網絡的芒什地區，有些行動訊息是英文的：

警示：戰鬥時刻將到來。

警示結束（鐵路）：孩子星期天會無聊。

綠色計畫：骰子在地毯上。

游擊：蘇伊士很熱。

(France Resistance and Secret Army, June–July 44, HS 6/377, National Archives, Kew.)

13 Claude de Baissac, HS 9/76, National Archives, Kew.

14 "D-Day: June 6th 1944 as It Happened," *Telegraph* (London), June 6, 2014.

15 艾森豪將軍的命令很簡單：「好，我們走吧。」June 5, 1944, National Archives and Record Administration, www.archives.gov.

16 英軍在滑翔著陸行動（Operation Deadstick）中，最先踏上法國土地。在六月五日夜晚，一百八十一人由約翰・霍華（John Howard）少校率領，搭六架滑翔機，占領寶劍海灘附近的兩座橋梁。第一架滑翔機在一九四四年六月六日零點十六分降落，也就是在H時的六小時。

17 瑪莎・蓋爾霍恩（Martha Gellhorn）是唯一從諾曼第報導D日的女性。女人是禁止到前線的，但是蓋爾霍恩躲在一艘醫療船上，把自己鎖在廁所，穿越英倫海峽，到海灘上又假扮成抬擔架的人。她先生海明威（Ernest Hemingway）曾篡奪她的新聞成就，於是她把先生打趴在海灘上。

18 "D-Day: June 6th 1944 as It Happened," June 6, 2014, Telegraph.co.uk.

19 Digital Collections, Brigham Young Library, Eisenhower Communiques, June 6, 1944, No. 1, lib.byu.edu.

20 "Telegram from BARBER BLUE, dated 6.6.44," France Maquis Jan.–June 44, HS 6/597, National Archives, Kew.

21 值得注意的是，麥克斯也是尚・穆蘭的化名之一，他是戴高樂在法國的特使，曾經在親衛隊長波美伯格的私人別墅遭刑求兩週。不過這份電報指的只是落入納粹手中的其他法國部門間諜：麥克斯包括管家網絡（Butler）的尚・布根內克（Jean Bougennec）；泰爾是音樂家（Musician）網絡的古斯塔夫・比勒（Gustave Bieler），而希爾多是門面（Facade）網絡的賈克・德蓋利斯（Jacques de Guélis）。

22 為求行文清晰，因此這裡省略以下電文：「對我們來說空中任務局的成員要贏相對簡單許多軍事聯繫人魏特與彗星化身皮奇耶都被拘留因為他無法了解我們。」

23 France Maquis Jan.–June 44, HS 6/597, National Archives, Kew. 提及「收集容器時製造麻煩」是指降落傘行動的騙局。提及「更大更好的朋友」則是意味著作戰計畫大有進展，因為大同盟國——英國、美國與俄國——越來越強；這似乎也代表法國人開始武裝。「在柏林附近有空間」意味要在德國首都登陸。「別撞上我們的俄羅斯朋友」指的是令人恐懼的蘇聯軍隊。「S Phone」是新的無線電科技，飛行員在飛行時可和地面的傘兵部隊聯絡；這種先進的技術讓德國人必須要找那些無線電遊戲的囚犯，欺騙上空的飛行員。「他的英文不太好」代表貝克街知道他們是德國人佯裝的（或是遭脅迫的間諜）。「我們現在要結束你的計畫」指的是無線電傳輸的時程，也就是五十三號無線電台的芬妮排定接收某無線電的時間。

第二十四章

生與死，一體兩面

諾曼第

一名德國軍官站在莉絲．德巴薩克新公寓的中央。這間公寓在諾曼第的聖歐班迪代塞爾（Saint-Aubin-du-Désert）村。軍官發出命令。

「搬出去，」他說。

莉絲遠離了原本派駐的普瓦捷，來到法國北部，再次過著臥底的日子。這一回，她是來自巴黎的寡婦，形單影隻逃到鄉間，尋找食物。她捏造自己的來歷，成為弱不禁風的女子[1]。這公寓只有兩個房間，「一張桌子、一張長凳，沒有床，只有放在地上的床墊。」[2]女房東是個瘸子，住在一樓，必須臥床，甚至在德國軍人來占據她家時也沒抗議。

D日只是盟軍在歐洲戰鬥的一個日子。英美軍隊已攻下海灘，但是整個一九四四年夏天，盟軍還是在登陸區、田野、街道與山區戰鬥[3]。過了四十五天，莉絲說，諾曼第「戰事頻仍」[4]。克勞德．德巴薩克新的科學家網絡[5]所在地周圍，盡是德意志國防軍的駐防區。德國師充滿大城市與小村落，希特勒的軍隊在城市廣場越來越多。馬車隊、卡車與軍隊縱隊阻塞了蜿蜒泥濘的道路。戰況依舊危急，「非常危險」。

科學家網絡涵蓋在康城、聖洛與阿夫朗什南邊的田野。對馬基游擊隊來說，這不是良好的地盤，因為草原與果園多過樹叢與山區。但莉絲的人馬很能適應這裡的地形，他們可在樹林睡覺，行動力高，不容易找到，可以發動奇襲，小組帶著輕武器就行動。相對之下，德意志國防軍不容易在戶外過活。天空三不五時就有盟軍轟炸機飛過，而大量帆布帳篷構成的營區會讓軍人在睡覺時成為目標。德國人猶豫該不該建立大量軍營。英國廣播公司說，空襲行動會盡量避免轟炸法國村莊，盡量降低平民傷亡，於是納粹軍隊進駐這些村莊，強行徵用老太太爬滿常春藤的屋子當作臨時軍營，沒有獲得允許，也沒有付錢。

現在，莉絲小小的家裡都是敵人，地板上盡是步槍與頭盔。納粹軍官身旁兩邊有四十個從東線徵召來的俄羅斯軍人[6]。他們寧願在法國殺戮，也不要在德國集中營餓死。「你要走嗎？」中尉說，站在徵來的骯髒軍隊前。「我們需要你的房間，你必須離開。」[7]

這位德國軍官彬彬有禮、一絲不苟、道貌岸然，但仍是在發號施令。

「你把東西收一收，房間留給我們。」[8]

莉絲在諾曼第時，正是歷史即將開創新局的時刻。德意志國防軍為希特勒、為歐洲而拚命戰鬥。如果元首失去法國，就會失去對「歐洲堡壘」的掌握，一處由他的仇恨構成的堡壘。一旦德意志國失去歐洲，德國就會永遠消失。同盟國的「無條件投降」政策已清楚說明，對戰後德國的計畫包括分割、占領區與裁軍。希特勒很早就知道他的賭注，他在《我的奮鬥》中寫道：「德國要不是成為世界強權，就是完全不存在。」[9]

對英美聯盟而言，諾曼第之戰不光只是對抗納粹的戰爭，而是維護自由民主，也會決定全球的力量平衡。英美要和蘇聯較勁：在東線，紅軍重創希特勒的軍隊，現在有一百六十萬俄羅斯軍人正朝著波蘭與立陶宛進軍，直逼德國。如果英美武裝軍隊無法從西邊攻擊希特勒，那麼史達林很可能自己占據柏林；走了一個獨裁者，又來另外一個。

英國也在為自己的未來在奮鬥。如果盟軍在諾曼第潰敗，被打回海邊，那麼美國會把戰力放到太平洋戰場與日本。美國人可以再戰個幾年。美國能恢復元氣，但英國不行。

進攻法國對各方而言都是決定性的。戰爭尚未結束，至少還要打個一年，因此結局仍是未定之數。艾森豪將軍的策略需在歐陸大量登陸，以鞏固夠寬的廊道，才能對德意志國發動強大攻勢。

法國人提高警覺。諾曼第的人記得上一次閃電戰的情況。那是一九四〇年夏天的大災難，每個家庭至今仍在哀悼某成員的逝去。如今每到星期天，寡婦會在灰色的石造教堂懷念她們的丈夫與兒子，並點根蠟燭，盼這次戰爭的結局會好些。

這一次，法國迎向挑戰。為鞏固諾曼第前線，德意志國防軍必須穿過到處都是好鬥反抗者的國家，「大部分的人都經過訓練，幾乎所有人都有特別行動處的武器，」法國的特別行動處歷史學家麥克·福特（Michael Foot）說。

「公司」就是為了這場戰爭成立；這些年來建立間諜組織、招募成員、掩人耳目、歷經苦難，終於如樂曲般音量逐漸增強，來到壯闊的終曲。在月光照耀的夜晚，莉絲與同事在田野度過，等待炸藥，辛苦總算沒有白費。艾森豪將軍在七月說：「多重且同時進行的蓄意破壞，與盟軍的軍事行動協調搭配，大幅拖延了德軍鞏固占領區的行動。」[10]

一九四四年夏天，希特勒的裝甲師無法反轟炸。整個法國的鐵路被切斷，納粹精銳坦克師改採公路移動，卻遇到地雷，或被倒下的樹木阻礙。橋梁被炸毀，無止境的騷擾牽制德意志國的武裝，使得軍備晚三個星期才抵達諾曼第。福特說：「他們總算把車陣帶到戰爭前線時鬆了一口氣，終於可以對付真正的軍人，而不是該死的恐怖分子。但那時，他們的戰鬥品質也大不如前。這個師就像眼鏡蛇，毒牙咬到用來誘惑牠的棍子頂端；現在毒牙咬一口的剩餘毒藥量，已遠遜於過去。」[11]

納粹的援兵直接穿過克勞德·巴薩克的科學家領域。若希特勒的部隊要撤退，又得穿過克勞德的馬基游擊隊地盤。

在戰爭最激烈的巔峰，莉絲與克勞德是諾曼第的成功團隊。她很理智，不偏袒自家人，但她認為克勞德的表現「確實一流」[12]。他們的工作很辛苦，最親近的中尉被捕，死在槍林彈雨中[13]，但莉絲「享受」和弟弟搭檔，成為他的副手[14]。

科學家網絡的馬基每天都很忙碌。克勞德在D日之前不允許蓄意破壞。在陰影中待了多年之後，現在這網絡參與了公開戰爭。基層「非常活躍於小型活動；雖然規模不大，但如果重複夠多次，也足以妨礙一支軍隊。」[15]克勞德預期，進攻後會有更多突擊者積極投入，但是在觀察自己範圍內，是否有其他本地掌握的反抗者進行爆破（例如戴高樂派或共產黨人士），卻看不出來。法國人組成的法國抵抗運動很難找。他說：「祕密軍隊太隱密，找都找不到！」[16]

盟軍指揮官比較讚賞陰影中的法國軍隊。在D日剛過後的報告中，領導者宣稱反抗分子「大幅超越」預期，並「展現行動與高昂鬥志」[17]。

之後，盟軍的攻勢卡住了。

如果進攻正如邱吉爾所稱，是「我們嘗試過最偉大的事」，那麼接下來的六個星期可就沒那麼偉大。打破諾曼第灘頭的戰鬥陷入膠著。到六月底，美軍攻下了科唐坦半島。這裡宛如深入英倫海峽的拇指，尖端是瑟堡港（Cherbourg），但港口破壞得相當嚴重，又有詭雷，在戰爭中已失去了價值，因此遭到遺棄。美軍前線在這半島上停滯了好幾週。英國與加拿大軍隊沒能在D日拿下最靠近海灘的城市康城，直到D日後的四十四天後才攻下。

到了七月，歐洲進攻的進展停滯不前。膠著的戰況是衍生於大君主行動規劃時的固有問題：偏好奇襲與祕密行動，登陸的海岸缺乏深水港來運送部隊與補給品，因此無法在歐陸卸下充足的食物與汽油，讓軍隊前進。盟軍在英國打造人工港[18]、穿越英倫海峽，但是天公不作美，「史上最大」的暴風三不五時就掃過海岸，摧毀設施。颶風也延後跨海峽的石油運輸線[19]。即使德軍沒能阻擋盟軍攻勢，暴風雨也妨礙了盟軍前進。

盟軍進攻確實陷入泥淖。諾曼第是不易攻下的鄉間，到處是牧牛草原與蘋果果園，有七到十呎高的濃密樹籬分隔。這些樹籬的根很深，且已有好幾個世紀的歷史。林地與田野混合的景致雖美，對軍隊來說卻是難題；陡峭的壕溝與高大的蕁麻能讓德國狙擊手躲起來，也妨礙夏曼戰車（Sherman tank）前進。軍隊規劃者認為，德意志國防軍可能「很難消滅」，但是混合林地更消除殆盡。

盟軍受困了。過了幾個星期，遠征任務探入歐洲邊緣，卻有數以千計的人在進入過程中死去。自稱解放者的一方有了海灘與半島，卻無法讓戰力深入內陸。希特勒保住了地盤，諾曼第海岸不是法國。

有鑒於盟軍的範圍受限於大陸郊區，因此將領們開始擬定突破計畫，設法擊破大西洋壁壘：這項計畫稱為「眼鏡蛇行動」（Operation Cobra），將發動大量轟炸，從半島展開緊密、寬達四哩的推進，深入歐洲其他地區。

眼鏡蛇行動集中在科學家網絡的範圍。[20]

在這雨下得毫不留情的夏天，莉絲每天騎著單車。幾個月來，科學家網絡的馬基在地勢起伏的牧場間，讓德國人吃了苦頭，盼能顛覆進攻時雙方的力量平衡狀態。克勞德每天晚上在瀰漫著糞味的不同乾草棚過夜。「我根本沒得休息，」[21]他說。某些夜裡，他們會接收多達六十個空投筒[22]。但他不可能同時出現在每個地方。弟弟沒辦法現身指揮時，莉絲就出現了。她在弟弟「巡迴」時，會取代他的「地位，成為基層網絡的領導者」。

有天晚上，莉絲和一小群人朝索姆河前進，準備與其他反抗團體合作。在途中，他們碰上德國巡邏軍人。槍砲聲從混合林地朝著她的人手發射，報導說：「我們的自動武器確實發揮對抗毛瑟槍的奇效。」[23]那天晚上幾個德國人死了，但是莉絲的「軍人」並未陣亡。

莉絲最嚴重的威脅，反而是新來的無線電操作員菲麗絲．拉圖（Phyllis Latour）少尉，她「勇敢又熱忱，卻是亂七八糟的女孩」[24]。二十三歲的拉圖是特別行動處招募最年輕、最後一批滲透到法國的女子。她年紀足以成為間諜，行動與長相卻看起來更年輕。不成熟與神經質和臥底失敗的相關性很強，而菲麗絲這兩項特質都很明顯。她的臥底故事是，她十四歲，趁著暑假逃到海邊和親戚住在一起。她設法和德國軍人聊天，就像輕挑的青少年一樣。他們交談時，她說自己：「什麼都聊，好像我想幫忙似地。」[25]她粗心地把編了密碼的訊息留在藏身處。有一次，莉斯給菲麗絲一顆從空投筒中得到的糖果，菲麗絲開開心心吃了，卻把糖果紙揉成一團，扔在街道中央。莉絲認為菲麗絲簡直「莫名其妙」[26]。和這個女孩工作，像在耍弄一把上膛的槍。

克勞德說，菲麗絲在進行無線電任務時「無謀有勇」[27]。她設法證明自己並非糟糕透頂：就和法國的多數女孩一樣，菲麗絲會編織，因此她利用編織與併針的二元手法，把摩斯訊息轉譯到圍巾和毛衣。「普通的環結可以變成一個點，而八字結就相當於畫，」[28]她說。

但是創意無法改變無線電操作員必須面臨的現實。菲麗絲傳訊息時，納粹就會找出他的方向，瞄準她的訊息，偷聽她的頻率；她可以在線路上聽到干擾。有時偽裝成救護車或運鈔車的廂型車會越開越近，以三角定位找出她的訊號位置，有一回只差一個小時就逮到她。終於，莉絲的馬基朝著一輛尾隨的箱型車扔了一枚手榴彈；一名德國女人和兩名孩童在這次攻擊中死亡。菲麗絲違反常理，不顧安全，以哀悼者的身分參加公開葬禮：「我聽說我得為他們的死負責。那感覺實在太可怕。」[29]

菲麗絲在戰爭中受到心靈創傷[30]，也成為指揮官的威脅。諾曼第居民接到指示，德軍在戰線後方重新部署時要避開。由於「禁止在這一帶移動」的命令[31]，莉絲陪著菲麗絲騎腳踏車，確保她的安全。她們的日子就在預定的傳送任務之間移動；半夜忙著接收降落的物資。菲麗絲在騎單車時會做白日夢，看著上方的盟軍飛機，幻想年輕飛行員「拍拍彼此的背，在空襲後互道恭喜」。諾曼第的空中與原野都是密密麻麻的空襲痕跡。轟炸機是不會看見後續的毀壞，但她總是看見「留下的屠殺」[32]。莉絲指派其他反抗者運送菲麗絲的無線電發射器與電池，而她同時把無線電晶體藏在自己的衣服下。

在一個仲夏日，兩人騎單車朝著一處藏身處前進，裙子上沾了飛濺的泥巴漬，襯衫因為費力騎車而汗濕，這時她們來到一處德國檢查哨。哨兵揮手，要菲麗絲和莉絲到一旁等候談話，並展露權力，要檢查她們的文件。他像個俠盜那樣肩上掛著槍，手則輕輕放在槍托上。

納粹對於法國百姓大致而言行為良好，但伴隨著對法國失守，禮貌也跟著消失。在莉絲地盤的西邊，有個穿裙子的女間諜信差遭到輪暴。她說：「一名納粹壓制我，我第一直覺是反抗，卻又想到，不行，得送這些文件。要是反抗，也打不過他們，之後他們或許會脫光我的衣服，屆時必定使我們的情況雪上加霜。」[33]

莉絲瞇起眼看著夏日的陽光，但是德國人摸索她的腰、裙子上下，以及鼓起的無線電物體。她得當個「沒腦袋」小無線電操作員的典範。（莉絲說：「要是（菲麗絲）被搜，她可能會被逮。」）[34]

一九四四年夏天，德國的宣傳一再重複，所有游擊者的處置一概與非正規突擊隊員、叛國者、異議分子、游擊成員、顛覆者、非正規軍、間諜相同。這些造反的法國公民將不具有戰俘的權利，不必經過審判就處決。希特勒在一九四二年發布非法的祕密突擊隊命令，此時已公開在廣播中宣布，涵蓋範圍包括十五萬法國愛國勢力。

這個德意志軍人搜莉絲的肋骨下方；他拍拍她的臀部檢查是否有槍，摸過她的腰際與大腿，幾乎快讓她露出真面目，失去掩護身分，洩漏出自己是抵抗運動成員。「他什麼都摸過了。」[35]

這德國人說，你們可以走了。

菲麗絲和莉絲回去跨上腳踏車。

莉絲踩著腳踏車離開時，一個無線電零件從她裙子掉下來，碰到地面，發出聲響。她俯身撿拾晶體，放進口袋，繼續騎車。

一九四四年七月二十五日，D日過了四十九天，盟軍發動眼鏡蛇攻擊，這是一場突圍戰。這次行動的目標是位於聖洛的德國防線，先運用狹窄密集的火力，之後則是強大的空襲，最後終於穿過納粹在諾曼第的防禦，打破希特勒的防禦要塞。一夜之間，四哩的走廊擴展成美國高速公路。原本行進緩慢、備受折騰、踮腳穿過樹籬的盟軍，現在成了快速移動的美軍坦克與卡車。快速推進對法國有益，多數的村莊與古老的教堂能保持完好。正如德意志國防軍將軍先前的預測：「包圍進攻盟軍的德國前線若被打破，我們將會失去整個法國。」[36]

一時間，美軍發動了閃電戰。往前的攻勢迅速頑強，甚至連盟軍首領都缺乏訊息，艾森豪將軍說：「訊號部隊嚴重不足。」[37]正如以往，戰場的無線電部署從來沒有充足過。

沒有人看得出來發生什麼事。盟軍無法鎖定在德國前線後方五十哩處的行動地點[38]。「這一刻，就像戰地記者最尷尬的經驗，說不出知道誰在做什麼，也不確定自己在哪裡，」[39]倫敦《泰晤士報》說。莉絲騎著車，穿過防空與防坦克軍事設施[40]；她比倫敦的盟軍遠征部隊最高司令部更能掌握戰區的情況。在晴朗的日子，護航車隊揚起灰塵，農人看了便知道德意志國防軍來臨，而在泥地上壓出的深深車轍痕跡，說明他們往哪裡去。電話線路掛在交叉路口的十字架上，指著敵人的前進方向；狙擊手在樹籬間一再開火，腐爛的馬與人類屍體像木材一樣，堆在路邊。

來自敵營的訊息非常重要。莉絲是關鍵人物：她在盟軍猛攻之前，曾接應過一名跳傘前來的間諜傑克．海耶斯（Jack Hayes）上尉，他是克勞德先前波爾多網絡的中尉成員兄弟。他的任務是在眼鏡蛇行動的攻勢中，將訊號傳給指揮官。莉絲和克勞德協助指派當地的嚮導給海耶斯上尉，共有三十一位跑者可潛行於戰場，進入盟軍的勢力範圍聯絡指揮官，提供「在敵線後方的情勢消息」。莉絲的馬基通訊跑者在盟軍深入法國時，扮演著提供前線位置的關鍵角色[41]，就像在馬拉松的現代菲迪皮德斯（Pheidippides）＊。

德軍在撤退時分崩離析。德意志國防軍「零星、缺乏組織、混亂」[42]。德意志國已幫希特勒打了第六年戰爭，武器與供給都露出疲態，比不上美軍閃亮新穎的設備——那是全世界最新興起

＊　譯註：古希臘的雅典士兵，曾參與馬拉松戰役，在戰場各地奔波，傳達重要消息。馬拉松競賽即是為了紀念他。

的工業強國。德國軍人已兩年沒有休假返鄉。拖著腳步穿過諾曼第的軍隊，若不是可能年僅十五歲的「營養不良」男孩[43]、在嚴寒中對抗過紅軍而乾瘦疲憊的軍人，就是從遙遠的蘇聯戰場，諸如亞美尼亞、喬治亞、亞賽拜然等「東方堡壘」徵召而來的戰俘[44]。精銳親衛隊已不是世上首屈一指的職業軍隊；他們是飽受屈辱、正在撤退的防守軍隊。一九四四年七月二十日[45]，阿勃維爾資深軍官嘗試刺殺希特勒，使得納粹指揮官人人自危，也加速撤退時的混亂。

「我們迫使所有德軍從海邊離開，在我村裡撤退得越來越快，」[46]莉絲回憶道。科學家網絡的總部在地方校舍成立，這裡同時也是市政廳。在戰時的夏季，校長把這個地方交給反抗分子。

正當德國人撤退到聖馬爾迪代塞爾這座城鎮附近時，德意志國防軍強徵一棟簡單的兩層樓建築，當作是戰爭駐站。馬基從建築物後方的廚房偷偷進出時，希特勒的指揮官掌管了前面的教室與餐廳。

校舍外，有個標誌上蓋著德國司令部的官印，要求農夫「不准在房子外面留下任何東西，必須好好照顧所有女性，因為德國士兵與軍官無法為任何俄國人造成的損害負責。」納粹拒絕為俄羅斯的野蠻行為負責。

校長夫人是個「很單純的人，像個管家一樣，確保每件事情都妥善完成，」[47]莉絲說。一九四四年，邋遢、操多語的德國軍隊前景黯淡無光，乾脆大啖諾曼第的乳製品：牛乳、奶油與軟起司。這些軍人自行搜刮學校廚房的食物、準備料理雞蛋時，校長的太太怒不可抑。

「不是那樣做，」她罵道。這可是她的廚房，而且她是個法國廚娘。她教這些野蠻人如何製作歐姆蛋捲。

一九四四年八月，納粹撤出諾曼第的浪潮已經勢不可擋。德意志國防軍強徵學校時，也占據莉絲的小公寓，當作臨時兵營。四十個粗魯無禮的俄羅斯人穿著泥濘的靴子，搜刮莉絲少少的財物，洗劫她的食物儲藏間，瞄她的內衣，宣稱這粗魯的視察只是「想把她的東西放到安全的地方」[48]。紅軍靠著殘酷在史達林格勒之戰中獲勝，但在法國卻成了敗德之舉。這些被俘的蘇聯軍隊「行為很差勁，」克勞德說，「打劫房屋、姦淫女子。」

莉絲向負責的德國軍官求情。這是她家呢，她只是個寡婦呀，難道他不能管管手下的徵兵嗎？

他聳聳肩，說自己「恐怕無能為力」[49]。接著他為了展現軍隊紀律與亞利安優越性，決定以身作則，示範給俄羅斯手下瞧瞧：他走到櫥櫃，沒檢查裡頭的物品就把門關上、鎖好，並把鑰匙交出來。之後他說：「我把你的櫥櫃門關好了。」

櫃子裡有一包莉絲的英國茶。

一名懶散的軍人躺在地上莉絲鼓起的床墊。其他人蹲在他旁邊，聚在她用舊的絲質降落傘縫的睡袋周圍。

「拜託，」莉絲請求他們離開她的床。「讓我拿睡袋。」

納粹軍官站在一旁看，俄羅斯人默許了。莉絲收拾幾件衣物、裙子、外套，速速在房間繞一下。「我設法保持我的尊嚴，」[50]她說。她把東西全捲到盟軍的降落傘，要是這東西被認出來，她就性命不保了。接著，她就離開自己的房子。

美國人在諾曼第有所突破，法國則是邁向解放之路。

八月的第一個星期，希特勒背水一戰。盟軍在向前，美國的燃料與食物每天前進很長的距離，送到前進部隊。希特勒的目標是切斷供給線。他的將軍提出忠告，認為反攻注定失敗，納粹在法國已經輸了，該是撤退的時候了。同盟國的空中戰力太強，無法防禦。然而元首仍想重擊美國在阿夫朗什與莫爾坦之間的軍隊，那是在科學家網絡的範圍。

這是關鍵大錯。盟軍已解讀恩尼格瑪，讀到希特勒的通訊，預料到他的行動。在他發動攻擊的第一天，德國人收復了莫爾坦。之後是一個星期的短距離激戰，這座城市在雙方易手了七次。在進步情報與勤勉空軍的威力之下，莫爾坦成了邱吉爾首相說的一場「屠殺」[51]。

德軍前線崩潰。美國軍隊戰爭史學家福雷斯特．波格（Forrest Pogue）說，那是個轉捩點，「我們從在樹籬間的短兵相接，變成以諾曼第與布列塔尼為戰場的大型戰爭。」[52]

希特勒的反攻在關鍵時刻演變成腥風血雨的災難。到一九四四年八月八日，D日後的六十三天，盟軍朝莉絲的方向大舉前進：喬治・巴頓（George Patton）將軍拿下勒芒，之後則是阿朗松。美軍從左邊攻擊納粹，而英國和加拿大則從康城往下。德意志國防軍在法萊斯（Falaise）被夾擊。「這是指揮官百年難得一見的機會，」[53]美國將軍奧馬爾・布雷德利（Omar Bradley）說，「我們就要殲滅整個惡意的敵軍，從這裡朝德國邊境長驅直入。」

短短幾天的時間，勢如破竹的美國軍隊就會超過莉絲和克勞德的範圍。在奧恩河（Orne River）沿岸，科學家網絡的馬基游擊隊仍在破壞德軍的最後巢穴。法國人總算姍姍來遲，樂意合作，那些法國人有「樟腦丸人」[54]的稱呼，因為他們的制服古舊，放在衣櫥四年，堆積了灰塵。這群人朗誦著復仇的口號：「每個人都有自己要對付的德國人。」[55]這個地區在一九四〇年之後就由納粹占領，終於在一九四四年夏天重回法國人懷抱，但在此之前，莉絲還是得使用臥底身分，在這越來越缺乏法治的時刻，掌管真正的祕密軍人。

天氣終於變得炎熱，莉絲騎車時，身邊總跟著大批蚊蟲。路上盡是壞的卡車與無法使用的坦克車，死馬就躺在翻覆的馬車旁。監獄過於擁擠，木造十字架像雛菊一樣冒出，上面掛著頭盔。

一名德國軍人攔下莉絲，又要檢查。她跨在腳踏車身兩邊，準備拿出文件。

這名德軍令道，離開腳踏車。

他以粗厚骯髒的手，抓住腳踏車用力搖，想要把她甩下來。敵軍在法國最後的日子裡仍徵收許多東西，其中一項就是腳踏車。他的軍隊在撤退，他認為最好靠著輪子離開，而不是一路走回到齊辛格防線（Kitzinger Line）*。

沒了腳踏車，莉絲無法完成任務。

她使出全力，不肯讓步。她擺出架子。

「休想！我要告訴你的長官，」她說。

這威脅讓他怔住。偷竊是違反命令的。即使在撤退，納粹在直覺上仍對權威有反應。

「我要去見你的長官，跟他說你的行徑。」[56]

德國人讓莉絲保住腳踏車。

一九四四年八月十三日、D日後六十八天，美軍的前進範圍超越了科學家的大本營。

兩天後，納粹做出「重大決定」，從諾曼第前線撤退。同一天，艾森豪將軍發動第二波法國攻勢，從地中海往上攻擊；十五萬一千名盟軍在龍騎兵行動（Operation Dragoon）中，登陸蔚藍海岸。

希特勒說，一九四四年八月十五日、D日後七十天，是他一生中最糟的日子。

一九四四年八月十七日、D日後七十二天，克勞德被接回英國。莉絲留在諾曼第，等他回來接她。

一九四四年八月二十六日、D日後的八十一天，巴黎已重獲自由，聖母院、聖心堂及城市裡每一間教堂，鐘聲不絕於耳。

戴高樂將軍在香榭大道昂首闊步。他揮手、握手——撐過至少兩次在攝影機前的暗殺——慶祝他公開返國，巴黎長長的人龍唱著〈馬賽曲〉。

Allons enfants de la Patrie,
Le jour de gloire est arrivé!
來吧，祖國的孩子
光榮的日子已經到來！

莉絲等公司回法國來找她[57]。她造訪槍戰的發生地點，那是她兩名最親密的戰友[58]被捕遇害的地方。「我看著被摧毀的房子，」她指的是焦黑的地基與牆面，「周圍的鄉間引人入勝，綠意盎然，有可以吃的粉紅色蘑菇。」諾曼第正恢復成原來的樣子，綠意盎然，牛隻徜徉。

---

* 譯註：指德國原本想在法國東北建立的防線，大約四百五十公里長，以提出此防線概念的卡爾・齊辛格〔Karl Kintz〕命名。

「遺憾的是，生死是一體兩面。」[59]

兩年前，她與安德莉．波瑞爾一起在月夜下跳傘到田野。現在，莉絲的祕密任務完成了。

注釋

1 在這次任務中，莉絲是以珍內特．布維（Jeanette Bouville）的身分行動。

2 Lise, Pattinson interview.

3 這裡暗指的是邱吉爾在一九四〇年六月四日敦克爾克大撤退之後「絕不投降」演說。「我們會在法國戰鬥。我們會在海洋戰鬥……我們會在海灘戰鬥，我們會在著陸場戰鬥，我們會在原野與街道戰鬥，我們會在山區戰鬥。我們絕不投降。」

4 Lise, Pattinson interview.

5 克勞德的網絡是以他的代號命名，但是歷史學家分成科學家一號與科學家二號網絡，代表他的兩次任務——第一次是一九四二到一九四三年在波爾多的第一次任務，一九四四年則是諾曼第的第二次任務。

6 莉絲晚年在訪談中數度談到這個故事；這和一九四四年克勞德．德巴薩克在訊問時所說的差不多。

7 Lise, Pattinson interview.

8 Lise, Legasee interview.

9 Adolf Hitler, Mein Kampf (Munich: Franz Eher Nachfolger, 1925).

10 Dwight D. Eisenhower Special Communiqué No. 1, June 17, 1944; "French Forces of Resistance," Times (London), June 19, 1944.

11 Foot, *SOE in France*, ebook.

12 Lise, Pattinson interview.

13 莫利斯・拉爾契（Maurice Larcher）與尚・馬里・雷諾・丹迪科（Jean Marie Renaud-Dandicolle）。

14 Lise, Pattinson interview.

15 Bourne-Patterson, British Circuits in France, HS 7/122, National Archives, Kew.

16 Claude de Baissac, HS 9/76, National Archives, Kew.

17 Report, SFHQ to SHAEF, 10th Monthly Report (forJune 1944), July 10, 1944, SHAEF SGS 319.1/10 Monthly SOE/SO Reports (SFHQ). 亦參見The French Forces of the Interior, prep in French Resistance Unit, Hist Sec, ETOUSA, 1944, MS, pt. 2, chaps. 1–2, OCMH files. 引述自Forrest C. Pogue, *United States Army in World War II: European Theater of Operations: The Supreme Command* (Washington, D.C.: Office of the Chief of Military History, Department of the Army, 1954), online.

18 代號名稱為桑樹（Mulberries）。

19 代號名稱為冥王星（Pluto）。

20 「科學家網絡在D日之後於戰區的成就簡短摘要」：

在六月五日到八日之間攻擊了許多目標，康城與維爾（Caen-Vire）之間的聯絡切斷。維傑（Verger，亦即尚・馬里・雷諾・丹迪科）取得非常有價值的策略情報，他是科學家（克勞德・德巴薩克）的副手，來自蒂里阿庫爾（Thury Harcourt）地區。

六月十五日　在維爾河畔泰西（Tessy s/Vire）切斷巴黎與格朗維爾（Granville）的聯繫。

六月十八日　在拉瓦爾附近掌握六百人的團體。

六月二十二日　蒙納耶森林（Foret de Monaye）的馬基在棟弗龍（Domfront）—馬耶訥（Mayenne）—普雷昂帕伊

（Pre en Pail）三角地帶重組。
六月二十三日　嘗試在奧恩河（Orne）與迪夫河（Dive）之間引導英國空降部隊巡查，但沒有成功。
六月三十日　科唐坦半島南邊的電話與地下纜線切斷。自行報告可在五個「可掌控」的地面上接應傘兵部隊。
七月三十日　運輸隊在路上被堵住：數百輛卡車被摧毀：步兵縱隊遭到攻擊：火車出軌：通訊中斷。
（Bourne-Patterson, British Circuits inFrance, HS 7/122, National Archives, Kew.）

21 Claude de Baissac, HS 9/76, National Archives, Kew.

22 Lise, Legasee interview.

23 Claude de Baissac, HS 9/76, NationalArchives, Kew. 毛瑟槍是二次大戰時期德軍常見的步兵步槍。

24 Lise, Pattinson interview.

25 Judith Martin, "Pippa's War," NewZealand Army News, July 21, 2009.

26 Lise, Pattinson interview.

27 Claude de Baissac, HS 9/76, National Archives, Kew.

28 Martin, "Pippa's War."

29 出處同前。

30 但她還是很勇敢：菲麗絲無法擺脫德意志國防軍控制，前往下一個藏身處時，她得依照時程，在草原中央送出訊息。她的天線就掛在籬笆或樹籬上。有一次她在傳送訊息時，軍人走進來了；她大喊自己有猩紅熱，德軍怕感染，遂逃之夭夭。另一次她傳訊時被鎖定，這時一名農夫的女兒用幾杯濃烈的自家釀蘋果酒誘惑尋找方向的德軍，讓他們偏離。

31 Claude de Baissac, HS 9/76, National Archives, Kew.

32 Martin, "Pippa's War."

33 Sonia d'Artois (née Butt), Pattinson interview.

34 Lise, Pattinson interview.

35 出處同前。

36 Joachim Ludewig, *Rückzug: The GermanRetreat from France*, 1944 (Lexington: University Press of Kentucky, 2012), ebook.

37 Eisenhower, 引述自Crosswell, Beetle, 679.

38 Bourne-Patterson, British Circuits in France, HS 7/122, National Archives, Kew

39 "Americans Cross River into Brittany," *Times*(London), Aug. 2, 1944.

40 克勞德報告：「她的任務向來非常危險，因為要到處行動很困難，而要聯絡積極參與抵抗運動的人也風險很高。」

41 這次稱為「舵手行動」（Operation Helmsman），由於相當成功，因此後來沿用這種做法時，仍稱為舵手任務：Foot, *SOE in France*, ebook.

42 "US Forces Break Through West of St. Lô,"*Times* (London), July 28, 1944.

43 A. J. Liebling, *Letter from France, New Yorker*, July 29, 1944.

44 S. J. Lewis, "Jedburgh Team Operations in Support of the 12th Army Group, August 1944" (Fort Leavenworth, Kans.: U.S. Army Command and General Staff College, 1991).

45 D日後四十四天。

46 Lise, Legasee interview.

47 Lise, Pattinson interview.

48 Claude de Baissac, HS 9/76, National Archives, Kew.

49 出處同前。

50 Lise, Real Charlotte Grays interview.

51 W. Churchill, *Second World War, vol. 6, Triumph and Tragedy*, 33.

52 Crosswell, *Beetle,* ebook.

53 Bradley to Secretary of Treasury Henry Morgenthau, Aug. 8, 1944, in Omar N. Bradley, A Soldier's Story (NewYork: Henry

Holt, 1951), 375–76.

54 Napthalinards.

55 法文為：Chacun son boche.

56 莉絲憐憫起這些搶著離開的德國人。「你本來勝券在握的，但後來兵敗如山倒，是相當悲哀的，」她說。「男人就是男人。即使是身在敵營的敵人，也是別無選擇。」Lise, Pattinson interview.

57 一九四四年的審判者行動，是法國部門的勝利之旅。指揮官到法國去見地方網絡，記錄下在敵線後方發生的事情。

58 丹迪科與拉爾契。

59 Jones, Quiet Courage, 291.

第二十五章
頭腦還在思考
拉文斯布呂克集中營，德國

歐黛特將每一根手指從關節腔裡面拉出，指節發出的喀啦聲聽起來很滿足[1]。她整天就在做這件事。在陰暗的牢房裡，她一天只能入睡兩小時。那兩小時何時到來並不重要。三個月又十一天以來，她獨自囚禁在沒有光、沒有窗的牢房。即使如此，她仍沒有失去內在的防禦機制。她童年時碰上法國流行脊髓灰質炎病毒，身為小女孩的她生病了，失去視力，癱瘓三年。因此她告訴自己小時候學到的事：她不怕黑暗。有整整一個星期的時間，沒人給她任何食物[2]。集中營已遺忘了她。

在那漫長空虛的日子——或是夜晚？——歐黛特在心中幫稚女的洋裝想圖案，搭配布料，縫棉布、縫蝴蝶結、褶子與衣袋，讓女兒在星期天穿出門。「你的頭腦還在思考，」她說。

歐黛特專心想著三個女兒：法蘭絲華、瑪莉安與莉莉。「我時時刻刻想著她們，時時刻刻。那讓我更堅強。」

她努力回憶起詩歌及樂曲中的段落。「你以為有事可想很容易，其實不是如此。」[3]

在十呎長、六呎寬的牢房裡，歐黛特身體沒離開床鋪，心中卻走遍其他房子：祖父母的房子、新婚時與先生同住的公寓、與彼德・邱吉爾一起住的蔚藍海岸別墅，她躺在木板上睡覺時回想這一切。夏季炎熱，牢房悶熱不堪，她就把睡袋泡在持續流動的自來水，使之保持清涼，同時想像自己是在其他地方，把東方地毯放在硬木地板上。她在看不見的細口花瓶插上野花，「妝點我所知道的每一間房子」[4]。

歐黛特其實什麼地方都沒去，而是拘留在德國的拉文斯布呂克（Ravensbrück）。這是史上最大的女子監獄。這不是給猶太人的集中營：希姆萊在一九四二年宣布拉文斯布呂克已「無猶太人」（judenfrei）。

這裡從沒開過燈，但是歐黛特周圍的聲音很大，令人毛骨悚然。她的牢房位於懲罰區的地下室，每天晚上都聽得見附近牢房傳來慘叫。歐黛特什麼都沒看見，卻什麼都聽得見。「希姆萊的書面指示，若是囚犯違反紀律，則用七十五公分長的皮鞭抽打，」[5]集中營的司令官弗里茨・蘇倫（Fritz Suhren）說。「我可以算出每一次鞭打，」[6]歐黛特回憶。女典獄官以德文計算鞭打數，一、二、三。有時候有槍聲傳來，隨後是尖叫聲。煙味瀰漫在集中營的空氣中。

每個月一次，輪到歐黛特受到特別關注。德國人認為她是邱吉爾首相的侄媳[7]，把她當成重要人物：司令會來到她的監獄門口，問她好不好。

有什麼要說嗎？[8]

歐黛特會回答，沒有。

舒倫總有一名殘酷的女典獄官陪同。如果歐黛特抱怨什麼，那麼司令一走，女典獄官與警犬就開始報復。囚犯回想起這些拉文斯布呂克的女典獄官時，都說她們是「心狠手辣的女人」[9]。

一九四五年，歐黛特在監獄的第二年，體重是八十五磅。疾病與營養不良使她成為活生生的骷髏、穆斯林女孩（Muselweib，是集中營裡表示行屍走肉的縮寫）。她有肺結核[10]、背後受傷、全身都有冒出血的疹子；她的頭髮大把掉落、腺體浮腫，連呼吸都痛；頭總是在發疼。「我常常距離鬼門關只有一步，要死太簡單了。那樣還比較痛快。」[11]她攜帶著刀片，一想到德國佬無法凌遲她，她就受到誘惑。自殺的概念讓她開心，她說：「我承認，自己已來到深淵之底。」[12]

在那時候，歐黛特被送到醫務區，給與少得可憐的照顧，反正沒有任何讓這些病人活下去的動機。日光讓她眼盲，新鮮空氣讓她的胃翻攪，但她在醫務區聽說盟軍解放了法國。

歐黛特離開病房的那天，風將一片落葉吹到她腳邊。她站著，訝異冬日乾枯的葉子帶來的奇蹟。「拉文斯布呂克沒有樹。」[13]她認為這是上帝給的信息。

她稍微康復一點，就從四十二號地下牢房來到地上的牢房，牆壁頂端有一扇開窗，是陽光可照進來的裂縫。這樣就夠了：太陽每日升起，讓人重新燃起「明天就有好事發生」的希望[14]。每晚都有夾雜著焦肉味的灰燼飄進來，是「專橫霸道的氣味」[15]。

一九四五年四月，所有德國城市的納粹紛紛投降，希特勒將失去他的祖國。拉文斯布呂克位於步步逼近的美軍與俄軍之間，轟隆砲聲越來越近。指揮官與囚犯討價還價：戰後審判就要來了，他需要那些對他不利的證人幫忙說好話。他把拉文斯布呂克變成示範集中營，假裝他和納粹同事都是「乖寶寶，從未欺負別人」[16]。其他重要囚犯入監時還戴著鑽石，他們從原本的囚禁區消失，舒倫閃亮的新項鍊也藏起來。在政治上比較有利、可能會說監獄壞話的囚犯，都被紅十字會送出集中營。這位司令官的目標，是「營造出他是菁英女校校長，或度假村領袖的形象」。

到了一九四五年春天，盟軍朝著柏林前進，歐洲總算勝利在望。不過，二次大戰的結束，高官們又開始注意到參戰女性帶來特殊的難題。對男性間諜來說，至少他們最後或許能以自己的名字出現在囚犯名單上；他們是服正規兵役。男性間諜遭到囚禁時，或許會屈服於敵軍，承認他們是軍官，以換取戰俘的權利。但是歐黛特或其他被囚禁的女性，卻無法靠著透露自己身分而得到好處：芬妮是民間組織，女子軍團的戰士一開始就地位不明，在失蹤時更是如此。

穿著卡其服的男孩很快就會回家。有些部隊回不去；那些部隊士兵的父母會收到哀悼信，上頭遺憾宣布他們的兒子殉國，以及離世的時間地點，感謝他們為對抗暴政勝利的付出。但是要找出失蹤軍人的位置很不容易。盟軍許多部門會把失蹤名單傳給紅十字會、梵蒂岡與盟軍遠征部隊最高司令部。德國有法律義務，通知紅十字會這些名單上的名字是否出現在集中營，但沒有相應的義務，報告所有納粹俘虜的名單，他們只會去找那些明白指出要找的囚犯。這是一場外交的「釣魚趣」（Go Fish）遊戲，要挽救的是戰囚的性命。

要尋找沒穿制服的間諜更複雜。在倫敦，法國部門的間諜超過百人，情況更加危急。家人應該要知道發生什麼事，而間諜陣亡時，從事祕密任務的政府部門也該通知靠他們養家活口的人。政府過去沒有設置辦法，為這些不曾正式存在的工作者處理撫卹金與殘障福利金。即使戰爭露出勝利曙光，軍隊仍設法保持臥底行動的嚴格機密分類。一名好的間諜不留痕跡、沒有文件證明，而特別行動處的目標就是盡力保持間諜隱密，直到最後[17]。如果貝克街給紅十字會警示，就會洩漏他們任務的線索，這可能讓敵人在尚未結束的戰爭中掌握最高機密。這情報也可能落入蘇聯手中——對歐洲虎視眈眈的最新對手。

衝突雙方都有強烈的動機，讓間諜的名字不要白紙黑字寫下來。柏林擔心罪犯曝光，特別行動處則擔心在敵線後方的祕密行動留下公開足跡，或是發生愚蠢粗率的行為。

盟軍擊退德國之時，回國者即將湧入的備忘錄在倫敦來回傳遞。貝克街已不願意把人員的名字放到紅十字會的名單上，何況說出失蹤者中也有女性，等於承認女性也被派駐到這場骯髒的戰爭中參戰，甚至也被犧牲。要承認這一點沒那麼容易。

到了一九四五年冬日將盡之時，公開間諜的名字成了非常迫切的問題。俄羅斯已經解放了波蘭的集中營。盟軍當然可懷疑任何不在戰士名單、卻聲稱有軍人身分的人所說的故事。無論男人或女人，沒有多少快速立即的方式可證明所謂的祕密軍人不是騙子[18]。現在得做決定了。

起初，巴克梅斯特上校很確定他的團隊沒有多少傷亡。「我們深信，敵對狀態結束之後，就能找回他們，」[19]他說。雖然反面證據越來越多，巴克依然對軍事指揮官的行為有信心。但是到了三月，送到倫敦的情報卻透露出在德意志國的掌控下，情況並不樂觀。

這些間諜並不存在於紀錄上。間諜的姓名——無論是代號或本名——鮮少出現在監獄的登錄資料上；他們已經消失在納粹戰爭罪行系統的迷霧。在弗雷納監獄檔案中，一份名單的評論欄裡有這麼一段註記：

N plus N. Ständig gefesselt

Nacht und Nebel.

夜與霧。持續束縛。[20]

歐洲戰場的戰爭在D日後的十一個月，終於來到恐怖的結局。一九四五年四月十六日，舒倫司令接到希姆萊的指示，處決所有他下轄的囚犯。歐黛特是拉文斯布呂克集中營裡，少數幾個被視為重要人物[21]的囚犯，或許未來可當成談判籌碼。舒倫對於這些剩下的囚犯殷勤關懷：健康狀況如何？衣服夠嗎？食物夠嗎？那些身上有刑求傷痕的，願不願以書面作證，說自己只是在工廠工作時發生意外？戰爭要結束了，盟軍進入德國，舒倫表現得像是「提供貨物的商店主人」[22]；雖然在這之前，他根本是怪物。

歐黛特三十三歲生日時，好像已經「一千歲」了[23]。但在一九四五年四月二十八日，她還活著，而在午夜過後，舒倫來到她的牢房，告訴她收拾東西，早上六點可以離開。他是英俊的男人，有明亮的紅髮與淡灰色的眼睛，和幾乎看不出來的金色睫毛，他「站在門邊，做出割喉的手勢」[24]。俄羅斯人要來了，這位司令官認為嫁給首相侄子的「邱吉爾太太」可以好好利用：當美國的囚犯，勝過淪為蘇聯的俘虜。

隔天早上八點，一名親衛隊軍官來到歐黛特的囚房，護送她出去。她靠著腳跟走路，蹣跚來到拉文斯布呂克的閱兵場；她的腳仍因為拔除腳趾甲而潰爛，腳踝因飢餓而浮腫。歐黛特和其他重要人物被送上黑色囚車，開了三百五十哩路，到比利時邊境的新城拘留營（Neustadt）。那裡沒有食物，也沒有水。囚犯發狂，守衛朝著人群肆意開槍。一名女人倒在歐黛特潰爛流膿的腳邊死去，其他囚犯蹲下來吃屍體[25]。

一九四五年四月三十日，阿道夫・希特勒在他位於柏林的地下堡壘吞下氰化鉀，飲彈自戕。他的手下在屍體上澆淋汽油，焚燒遺體。

一名新城的獄吏在一九四五年五月二日下午來到歐黛特身邊，要她去見拘留營外的舒倫司令。舒倫坐在一輛白色賓士車，另外有兩名為他工作的波蘭女孩，以及一名孩子的女教師。歐黛特裙子骯髒、頭髮糾結，就這樣坐在柔軟的皮座椅。舒倫徹夜往西行駛，一旁有一輛親衛隊車陪伴。

「想知道我們要去哪裡嗎？」[26]舒倫問歐黛特。

她不在乎。司令以為她是重要人物，她不知道他有什麼期待。

「我要帶你到美國人那邊去，」他宣布。在野餐午餐時，他硬是幫歐黛特斟紅酒，並告訴她，希望她能對他掌管的監獄情況美言幾句，說他的管轄很人性，甚至仁慈，在需要時有醫療照護，牢房乾淨，有光線與通風。從邱吉爾家族成員說出的報告會有道德分量。

晚上十點，汽車停在美國人的檢查哨。

「這是邱吉爾女士，她是我的囚犯，」舒倫投降時說。

「這是拉文斯布呂克的司令官，把他關起來！」[27]歐黛特說。

舒倫被帶下車，他手槍被沒收、破壞，扔到駕駛座上。歐黛特獨自一人被留在漂亮的新賓士車上。

年輕的美國大兵說，會幫她找個地方睡覺，但是歐黛特拒絕了。

「不必。我很久沒看到天空和星星了。如果可以的話，我想坐在車上，直到早上。」[28]

這請求聽起來浪漫，其實另有策略：拉文斯布呂克的文件營火並未完全湮滅弗里茨・舒倫的罪狀證據；這輛賓士車後車廂有文件[29]，是三本相簿。一名臉色紅潤的美國步兵給歐黛特一件乾淨的毯子，於是她在囚禁者的豪華轎車上進入夢鄉。

這是兩年以來，第一個自由的夜晚。

一九四五年五月八日，歐黛特被送回英國。那天是二次大戰的歐戰勝利紀念日。她帶著舒倫的公事包、手槍、日記與睡衣抵達。

她的女兒在等待。

注釋

1 Odette Hallowes, Imperial War Museum, London, interview.

2 Odette Marie Seline [sic] Sansom affidavit, "In the Matter of War Crimes and the Matter of the Ill-Treatment of Allied Personnel and Atrocities Committed at Ravensbruck [sic] Concentration Camp," signed May 20, 1946, Atkins Papers.

3 Grove, "Life Wisdom Learnt in the Darkness of a Torture Cell."

4 出處同前。

5 Fritz Suhren deposition, June 15, 1945, Atkins Papers.

6 Hallowes, Imperial War Museum, London.

7 歐黛特謊稱她嫁給溫斯頓・邱吉爾侄子彼德的謊言，持續了整個戰爭期間。拉文斯布呂克監獄囚禁著一批重要人物。戴高樂將軍的姪女吉娜維芙・戴高樂（Geneviève de Gaulle）也因為參加抵抗運動，因而監禁於此，監禁時間與歐黛特有重疊。納粹似乎希望找出高價值的囚犯，盼能換回魯道夫・護司，或者在之後的戰爭罪審判時當成談判籌碼。在一九四三年八月，「超級」情報顯示，給希特勒的電報重複對元首提到彼德・邱吉爾的故事。在整個戰爭期間，歐黛特的故事似乎得到具象化，而不是遭到批評。

8 Odette interview, in Jones, Quiet Courage, 306.

9 Yvonne Burney, Real Charlotte Grays interview.

10 Sansom affidavit, “In the Matter of War Crimesand the Matter of the Ill-Treatment of Allied Personnel and Atrocities Committed at Ravensbruck [sic] Concentration Camp,” signed May 20, 1946.

11 Odette Hallowes, London Dispatch, Nov. 30, 1958, 引述自Penny Starns, *Odette: World War II's Darling Spy* (Stroud, U.K.: History Press, 2009), 104.

12 原文為“J'avoue que j'ai touché le fond de l'abime du desespoir.” O. Sansom, in French, Atkins Papers.

13 Hallowes, London Dispatch, Nov. 30, 1958, 引自Starns, *Odette,* 103.

14 “Imaginary Hobbies in Prison: Odette Churchill's Remedy,” Guardian (Manchester), Dec. 16, 1953.

15 Sansom affidavit, “In the Matter of War Crimes and the Matter of the Ill-Treatment of Allied Personnel and Atrocities Committed at Ravensbruck Concentration Camp,” signed May 20, 1946.

16 Vera Atkins to Odette, Nov. 3, 1949, Atkins Papers.

17 祕密間諜的體制化在一九四五年一直是國家機密，因為西方國家想運用來對付蘇聯。國家想保守機密的慾望非常強烈，因此特別行動處的人事檔案一直到二〇〇三年才解密，距離第一批女性間諜滲透已經有六十年之久。

18 艾琳・尼恩就是這種情況。解放之後，她聲稱自己是為英國工作的間諜，但是美國維和部隊卻認為她瘋了，於是把她關進監獄——還和當初在拉文斯布呂克囚禁她的同一人關在一起。

19 Buckmaster, 引自 Helm, *Life in Secrets,* ebook.

20 March 12, 1945, from J/Comd SKOYLES, London, in HS 6/439, SPU 24 Paris Interrogation of Returned Agents, National Archives, Kew.

21 Sonderhaftlingen.

22 Karolina Lanckoronska, *Michelangelo in Ravensbrück: One Woman's War Against the Nazis,* trans. Noel Clark (Cambridge, Mass.:Da Capo Press, 2007), 275.

23 Hallowes, Imperial War Museum, London.

24 Sansom affidavit, "In the Matter of War Crimesand the Matter of the Ill-Treatment of Allied Personnel and Atrocities Committed at Ravensbruck [sic] Concentration Camp," signed May 20, 1946.

25 Hallowes interview, Imperial War Museum, London.

26 Hallowes, *London Dispatch*, Nov. 30, 1958, 引自 Starns, *Odette,* 103.

27 Hallowes interview, Imperial War Museum, London.

28 出處同前。

29 山桑以法文說，Atkins Papers. 作者翻譯。

尾聲
有用的人生[1]
倫敦

一九四六年十一月十七日上午，〈天佑吾王〉的樂音響徹白金漢宮的謁見廳。這座宮殿在倫敦大轟炸時遭炸彈襲擊九次，不過，現正準備展開盛大的授銜典禮。喬治六世國王身穿軍服，站在高起的平台上。

房間金碧輝煌，但有濕冷寒意滲入骨子裡。在大廳一邊領導著一行人的是歐黛特．山桑，她戴上芬妮帽子，穿著有腰帶的防風外套，受傷的腳仍以棉布繃帶包覆，套著尺寸過大的男鞋。她回憶道，她是那天唯一接受國家表揚的女子。喬治十字勳章（The George Cross, GC）是大英帝國最高的文職勳章，嘉勉獲獎者的英勇事蹟。

隨著國歌演奏完畢，歐黛特以疼痛的雙腳，拖著腳步往前行。

「歐黛特．山桑女士，」宮務大臣喊道，對著眾多侍從與家庭成員讀出她的嘉獎辭：

> 山桑女士潛入敵軍占領的法國，發揮無比的勇氣與卓越，直到一九四三年四月，與指揮官一起遭到逮捕。

歐黛特的兩個女兒穿上最好的衣服，坐在前排。

「獲得喬治十字勳章，應該是最了不起的事吧？」在表揚名單公布的晚上，瑪莉安上床時間道。

「我不知道，但似乎是很重要的東西，」歐黛特輕聲說。她說，女兒睡前的肯定，是她「最美好的一刻」[2]。

女人上戰場是新事件，喬治十字勳章也專為這次軍事衝突設立的新獎章，這是兩百年來第一次發生在家園的戰爭。第二次世界大戰需要英國百姓秉持堅毅之心，展現前所未見的勇氣。百姓每天在烽火包圍的島嶼上勇敢度日，和前線人員面臨共同的危險。平民的膽識、勇敢與精神應該得到肯定。

歐黛特是最早獲得喬治十字勳章的女性之一，是第一個（也是當時唯一）因為在敵線後方服役而獲頒勳章的女性（法國部門另外兩名女性獲獎者努爾．艾娜雅特．汗〔Noor Inayat Khan〕

少尉與維奧莉特．紹博（Violette Szabo），是死後才追授）。就這獎項來看，她們是文職人員，但從她們對大英帝國的服務來看，無疑是軍事上的貢獻。

喬治十字勳章並不是歐黛特獲得的第一項榮譽。她剛從德國回來之時，得過較小的獎項——大英帝國最優秀勳章（Member of the Most Excellent Order of the British Empire）的員佐勳章（MBE），且為文職勳章。其他法國部門的女性間諜也是獲得這個獎。

等戰爭結束，清點傷亡人數之後，來自法國的新資訊透露出歐黛特服勤的範圍，以及她即使遭到刑求，仍拯救彼德．邱吉爾與她的無線電操作員生命[3]。那時她就獲得推薦，應得到喬治十字勳章。國王陛下政府肯定她落入敵方的兩年期間，「展現勇氣、毅力與最高的自我犧牲」。

男人會因為戰鬥，得到不同的嘉獎肯定。在戰爭結束之時，這樣的性別隔離屢見不鮮：執行相同任務的男性間諜或許會得到維多利亞十字勳章的推薦，那是維多利亞女王建立的獎項，也是最高軍事榮譽。女子軍團在相同地方、做相同工作，但嚴格來說，她們不是軍人，不具有相同軍事受獎資格，只能獲頒文職獎章。女人在許多方面都沒有平等的地位，這只是其中一項。她們的薪水與軍階較低；戰爭撫卹金也是。要跳傘五次[4]，才能獲得傘兵徽章，而女性因只被指派四次跳傘任務[5]，因此從來沒有得到徽章。雖然法國部門的女性參與戰鬥，然而政府的沙文主義規定，導致她們沒有資格得到軍事嘉獎。

「我做的絕非文職工作，不是整天坐在辦公桌後面，」[6]珀爾．維什林頓（Pearl Witherington）

中尉說。她給與一千五百名馬基武器、訓練並指揮，同時在D日之後，統轄超過一萬八千名德國囚犯投降。政府要頒給她文職的大英帝國勳章時，她拒絕接受。

歐黛特的故事引起國際注意。在她從德國回到英國，兩天後指揮官也從義大利回來。彼德．邱吉爾在獄中的遭遇比較溫和，但也絕不好過[7]。歐黛特胡謅邱吉爾家族的謊言，讓他免於納粹最嚴厲的懲罰：

為了保護彼此，他們同意保持彼此結婚的狀態。即使面臨許多反面證據，且歷經至少十四次訊問，她仍堅持這個故事，甚至說服囚禁者。她也讓蓋世太保的注意力從指揮官完全移到自己身上，說他完全無辜，只是在她堅持下才來到法國。[8]

歐黛特行屈膝禮，往前走三步到國王前面。

國王把勳章掛到歐黛特的芬妮制服上，並握起她的手，握得時間頗長，絕非只是客氣或敷衍了事。「他不願放開。」[9]

國王結結巴巴說：「女士，我要求讓你排在隊伍最前，因為我上任以來，沒有女性達到這個成就。」[10]

歐黛特臉上浮現笑容，面對著國王後退三步，再行最後一次屈膝禮。國王握了兩百次手之後，高大的彼德．邱吉爾臉上掛著微笑，大步走在紅毯上，獲頒軍職的傑出服務勳章（Distinguished Service Order）：

安排多次傘投行動，在地中海岸接應來自海上的間諜。

待榮譽公告之後，歐黛特就和彼德一同住在卡姆斯托克（Culmstock）的小屋，療養戰爭的創傷及監禁時期的疾病。歐黛特一回國便恢復娘家的姓氏布雷利（Brailly），旋即悄悄與羅伊．山桑離婚。在喬治十字勳章公布後的一個星期，媒體頭條是：「英國女英雄嫁給在法國挽救的間諜：為了保護他而承受刑求。」[11]

在新聞短片與報紙上，彼德說他希望像在法國假裝的日子那樣生活：「我想娶山桑太太。」[12]國王說：「告訴我，邱吉爾，你究竟給了山桑女士何等力量，讓她克服所面臨令人恐懼的事物？」[13]

「我認為，」彼德說，「她是靠著精神，克服脆弱身體的障礙。」

歐黛特之所以脆弱，是因為她的身體遭到暴行。在授銜儀式之後不久的一九四六年十二月，歐黛特和代表團前往漢堡，為拉文斯布呂克女子監獄的戰爭罪作證[14]。

歐黛特與彼德在一九四七年結婚。在維琪法國登陸後五年，她成為歐黛特．邱吉爾；這名字曾經救他一命，現在這名字會一輩子跟著她。

至少在她離婚之前[15]。

法國部門的女性在歐戰勝利之後，回歸社會的路途走得並不輕鬆。英國在和平時期，必須非常辛苦地恢復經濟與自尊，不僅有龐大的戰爭債務，還有希特勒極端主義造成的情感創傷。

歐黛特是法國部門在集中營中活下來的三位間諜之一[16]。她接受軍醫照護，雖然除了營養不良、肺結核、刑求的傷痕、「指甲有如捲菸紙」與未治療的背部骨折之外，並未診斷出她有「器官機能」上的問題。公司本身的醫師則寫道，歐黛特「有心理症狀，這無疑是在戰地服勤所造成，這些症狀大幅干擾她未來求職的效能，且情況可能延續一段時間。」[17]就像世界各地的軍人，她也有彈震症（**shell-shocked**，創傷壓力症候群的一種）。醫師表示，歐黛特應可得到七成的失能津貼[18]。「感覺上，這些間諜屬於比較特別的類型，應該給與優先治療。」

歐黛特下半輩子成為英國的國家象徵，是家務戶曉的名字，相當於那時代的黛安娜王妃[19]。公司的活動向來保持機密，直到二〇〇三年，特別行動處的人員檔案解密之後才改變，但她一回來，陸軍部的公關部門就與她合作，出版授權傳記《歐黛特》（*Odette*），訴說她為國服務、愛情、遭囚與逃脫的故事[20]。這成為一般人接收到的特別行動處歷史。一九五〇年，同名電影上映，巴克、維拉、國王與王后都參加盛大的首映。在戰後慘淡的歲月裡，這年輕母親的英雄故事，讓兩個飽受創傷、未必並肩作戰的國家連結起來：法國與英國。

法國部門的女子象徵著英國在國外面臨過最嚴重、也是本土第一次的戰爭中所失去的天真，以及國家的痛苦、力量與犧牲。她們集體的成就幫助彌補法國部門最恐怖的失誤——照納粹查獲的無線電發報機指示，讓間諜跳傘，落入敵營掌控，成為無線電遊戲的受害者。

每個女子都熱愛兩個國家，都只為自由而奉獻；每個女子都有留在英國的機會，但都加入法國的戰鬥。女人鮮少出現在宏大的正式戰爭文件中；她們的戰爭經驗是關於家庭、轟炸、短缺、工作與失去。男人被歌頌為英雄之時，女人的戰爭則安安靜靜，遭到遺忘。女子軍團參戰，打破藩籬、粉碎禁忌，改變歷史進程：在諸多創舉中，她們是第一批參加組織型戰鬥的女性、第一批現役特種部隊，也是第一批滲透到戰區的女傘兵、第一批突擊者、第一批敵線後的女訊號官[21]；她們是第一批把女人寫進戰爭史中的人[22]。

一九三九到一九四五年的「全面戰爭」（total war）*，讓社會各階層的女性故事現代化，不僅僅是芬妮與其他輔助隊而已。那是社會變革的引擎。戰爭期間會鼓勵女性承擔「男人的工作」，亦即工業化戰爭需求下，高度講究技術、薪酬也較高的工作。但是，這並未影響長久的經濟革命。隨著男性復員，回到工作崗位，女性得到的諸多優勢也煙消雲散。在戰後的榮景中，走

* 譯註：又稱「總體戰」，指一個國家動員所有資源，摧毀另一個國家的參戰能力。

出家庭、步入職場的女人更多了，但她們的參與未能帶動薪資提升。戰後的和平時期一來，女性馬上被貶回較「柔性」的工作——照護和文書——不僅薪資低，還有「婚姻門檻」，在婚後就沒辦法兌現支票。

維拉在戰後成為非正式的人才招募者，與公司裡條件比較好的女性維繫關係[23]。法國部門希望能追蹤最成功的間諜，若發生新的軍事衝突時即可上場，同時也能更新祕密行動老手的需求。部分女性被列入非正式的「白名單」，在職業生涯中平步青雲。

「我變回一無所有。我沒有家，不知……何去何從，」[24]莉絲·德巴薩克說。她在倫敦獲得推薦，到英國廣播公司的法語服務擔任廣播記者。

莉絲是解放法國的關鍵人物。她的文職大英帝國獎章寫道：

> 這位軍官經常每天騎六、七十公里的路，冒著立即的生命危險，攜帶不宜洩漏之物。有一次馬基總部遭到攻擊，她以精湛的技術開火。她在最困難的環境下執行工作，於馬耶納（MAYENNE，諾曼第的一省）突破之前大力協助馬基游擊隊做準備。[25]

但她覺得戰後回不去了，巴黎的生活已結束。莉絲在一九四〇年逃離後，一名朋友強占了她的家具，並告訴屋主，她不會回來。「我沒有房子、沒有錢，什麼都沒有。我無處可去。」[26]

莉絲四十多歲時結婚，嫁給一名藝術家，亦即她十幾歲時母親不許她嫁的那位對象。之後，她回到法國南部生活。

「我很高興法國回歸，也榮幸能幫上小忙。」[27]莉絲獲頒英勇十字勳章（Croix de Guerre）與榮譽勳章，且終於在九十一歲高齡取得傘兵徽章。「我的人生算是有價值。這讓我很高興。」[28]

瑪麗．赫伯從蓋世太保手中獲釋之後，便逃到鄉間，與尚在襁褓中的女兒躲起來，直到法國的戰爭結束。在法國解放後的四個月，法國部門的領袖在法國各地巡迴，慶祝戰勝，稱為審判者行動（Operation Judex），這時他們發現瑪麗住在普瓦捷之外[29]：

一九四四年十二月二十日：我們發現抵抗組織最年輕的成員：克羅婷．德巴薩克小姐，一歲。[30]

瑪麗和克勞德結了婚，女兒成為婚生子女，但兩人從未像夫妻那樣同住[31]。瑪麗為人母之後，對公司來說就失去用處，而她在戰後的歲月過得相當焦慮。她想找個不錯的工作，以養育幼女，於是回到英國擔任語言教師[32]。

法國部門有三十九名女子參戰，其中十四名陣亡。傷亡率似乎很高，戰爭隨時會奪走人命——對於前線單位來說尤其如此。

一九四五年四月十五日，英國軍隊解放德國貝爾森（Belsen）的醫療集中營時，伊芳．魯達雷特[33]登記為法國病患賈克琳．高提耶（Jacqueline Gauthier）。

十天後，醫院進行人口普查：一九四五年四月二十五日，賈克琳．高提耶已經不在貝爾根—貝爾森的名單上。

第一位負責蓄意破壞的女間諜伊芳[34]，死於斑疹傷寒、飢餓與痢疾，頭顱裡還有一枚子彈[35]。她活得夠久，看見自己的解放。

安德莉．波瑞爾死去時和活著一樣：戰鬥不懈[36]。

在D日後的幾天，德意志國產生了集體報復心態。一九四四年七月六日，盟軍進攻後一個月，阿爾薩斯（Alsace）佛日山脈（Vosges Mountains）高處霧茫茫的松樹林，安德莉在納茨維勒（Natzweiler）——法國唯一的集中營——被注射毒藥。

據說安德莉的腳被送進焚化爐時，她醒了過來，以指甲抓囚禁者的臉，據說抓痕十分深，「嚴重」到他的臉被抓出血痕。

他關上焚化爐的時候，安德莉吶喊著：「法國萬歲！」[37]

特別行動處確實很特別，可說引人矚目，畢竟是當時相當新的組織。在歐戰中，法國部門的男女是關鍵戰力。共有四百二十九名[38]特務在敵線後方，一百零四人傷亡[39]；法國部門與戴高樂的法蘭西共和部門一起讓法國占領區全部擁有武器。盟軍在法國支持的反抗運動，相當於有十五個師[40]或二十萬人的部隊。

這些特務都是英雄，有決心，也有人性：他們犯錯的後果不堪設想——歐洲有超過五十名間諜因為納粹無線電遊戲騙局（Funkspiele）遭逮捕[41]——但這些男女加速了戰爭結束。法國蓄意破壞取代風險更大、更昂貴、更致命（對平民而言）的出動轟炸機、鎖定敵人設施等做法。

除了派出女間諜，公司還進行了許多歷史上的創舉：這是政府機構首度發動非正規戰鬥、蓄意破壞行動，以及政治經濟的戰爭。（《〇〇七》主角詹姆斯・龐德的冒險有諸多以公司為原型的細節。據說曼妮潘妮（Miss Moneypenny）就是依據維拉來設定；《〇〇七》的作者伊恩・弗萊明（Ian Fleming）在戰時是海軍情報官，對特別行動處也有所了解。[42]）公司已經解散，不過方法與技術成為美國戰略情報局（OSS，中央情報局前身）、以色列情報及特殊使命局（Mossad）等諸多機構的藍圖。二次大戰期間在歐洲及遠東率先嘗試的特別行動，仍是當今強權的重要策略。

特別行動處在一九四六年裁撤，而相對應的各個間諜機構（各個軍情處）則掌握冷戰時期與之後的情報業務。特別行動處的戰爭紀錄已經過若干編輯，許多在一場火災中付之一炬，公司就這樣不存在了。

然而，它的英雄事蹟仍留存下來。在歐洲的占領區，游擊戰除了加速希特勒垮台，也促進戰後的自尊。

軍事史學家爭論，抵抗運動是否算是策略上的勝利，或只是有用的象徵。讓他們去爭論吧！盟軍空軍領袖說：「它最大的勝利，是在遭到占領的黑暗歲月中，保持法國精神的火焰。」[43]但是歐洲盟軍的最高司令艾森豪將軍則給與公司最高肯定[44]，說這些非正規的業餘者所進行的蓄意破壞策略行動，縮短了六個月的戰爭時程，拯救數以千計的生命。

戴高樂將軍在巴黎的街道上勝利遊行時，是從德意志國奪回他的國家。不過這位將軍也得處理國家有違良知的事實：法國不只是受害者，還曾主動與希特勒合作。到戰爭結束之時，轟炸過盟軍的德國飛機有半數在法國生產；貝當元帥與維琪政府把六十五萬名法國工人送到納粹戰爭工廠，還讓七萬六千名猶太人死在滅絕營。

戴高樂從戰爭的灰燼中打造新的法國。抵抗運動成了他的關鍵論點；它成為承載敘事的載具，用這個敘述來操作嶄新自由的國家。他說，第三到第四共和是一脈相承的。維琪政府的時代並不是一種偏離，而是根本不存在於此脈絡中。「共和國從來不曾中斷，」[45]他說，「維琪政權向來缺乏法律效力。」法國反抗軍在解放時扮演重要角色，串連起兩個共和國，抹去四年與敵方的合作、共犯與贊同。

德國軍隊一在法國國土潰敗，戴高樂就收割了戰勝的功勞，法國突然成為「反抗者的國度」。

每個人都是法國抵抗分子。

只有女人例外。

在建立抵抗分子的故事時，女人在解放時扮演的角色並未獲得肯定。男性在戰爭時期深受徵兵政策與高死亡率影響，使得人口中女性占比超過百分之五十一，但法國在戰後計算馬基軍隊的人數，女性只占步兵的百分之十到十五[46]。歷史上向來不計算女性的勞力，女性在戰爭時期的工作仍在陰影中。她們是偽造者、信差與軍需官；餵飽一名反抗者也是反抗工作。

為了讓戴高樂的自我解放大計能具有正統地位[47]，抵抗運動必須要變成強大、合法的統治力量。女性傳統的柔弱特質[48]，會破壞戴高樂陽剛國家的論點。女性仍不被當成政治行動者[49]；法國女性要到一九四六年才得到投票權[50]。因此在法國自由鬥士的最後普查時，女性被低估，未得到肯定。

這位將軍是志得意滿的領導者——意志堅定、自負、是最後一個法國偉人——卻是差勁的同事：他是房間裡唯一的聲音。然而在沒有資源、沒有軍隊、沒有談判力量的情況下，他卻讓國家重生。他讓這國家在世界談判桌上有一席之地，在新世界秩序能分一杯羹，堅持法國已掌握自身地位。盟軍也被戴高樂排除在外。邱吉爾給與法國反抗分子武力的史詩壯舉，與戴高樂的勝利主義相互矛盾。英美的協助對法國第四共和來說是不利的敘述，會把法國貶低為強權的殖民衛星勢力。

所以，法國是憑己力解放自己[51]。

在這位將軍的新神話裡，是沒有說感激的餘裕。在D日後不久，法國部門的網絡就被邊緣化，組織領導者被召回，用戴高樂的人馬取代。有些間諜完全被趕出法國。新政府對於特別行動處「極度敏感」[52]。在戴高樂的新國家，有盟軍在背後支援的反抗分子領導者，得不到多少肯定。法國部門的男女鮮少提到戰後遭到輕視的歲月多麼酸楚；他們認為法國的新國族故事是合理、必須，或許也是公允的。他們隱藏身分、參與戰鬥，並不期待得到榮耀。

這就是戰爭。

注釋

1 Lise, Pattinson interview.「很高興能過著有用的人生。」

2 Odette Sansom interview, Imperial War Museum, London.

3 阿多夫・瑞賓諾維奇上尉未能活到戰爭結束，但是他離世並不是因為和歐黛特一起出任務。由於歐黛特在訊問時拒絕說出他的地點，因此瑞賓諾維奇在馬薩克遭逮捕之後，也躲過了圍捕。但在一次後續任務，瑞賓諾維奇因為無線電遊戲的騙局，落在德國人控制的著陸地點，一九四四年於格羅斯—羅森（Gross-Rosen）集中營遭處決。

4 “War Heroine Honoured 63 Years On,” BBC News, April 11, 2006, news.bbc.co.uk.

5 三次訓練、一次任務。

6 維什林頓的獎項後來改成軍職員佐勳章。

7 他被收押在弗雷納、薩克森豪森（Sachsenhausen）、弗洛森比爾格（Flossenbürg）與達豪（Dachau）。

8 這裡省略了以下段落：「此外，蓋世太保下定決心，要找到曾經與她指揮官合作的無線電員在何處，也要知道另一位對抵抗運動而言極有價值的英國資深軍官下落。山桑少尉是唯一知道他們身處何處的人。蓋世太保對她施以殘酷刑求，要她說出資訊。他們用滾燙的鐵燙她，發現無效之後，又拔除她的腳趾甲；不過山桑少尉仍拒絕說出，並發揮勇氣、決心與自我犧牲，不僅挽救了兩位軍官（法國部門的瑞賓諾斯基與法蘭西斯・康梅爾茲[Francis Cammaerts]），還讓他們執行最寶貴的工作」。Odette Hallowes, HS 9/648/4, National Archives, Kew.

9 “Life Wisdom Learnt in the Darkness of a Torture Cell.”

10 P. Churchill, *Spirit in the Cage,* 296.

11 “British Heroine to Wed Spy She Saved inFrance: Suffered Torture to Protect Him,” *Chicago Daily Tribune,* Aug. 26,1946.

12 出處同前。

13 P. Churchill, *Spirit in the Cage*, 296.

14 舒倫司令遭判十一個死刑，但躲過盟軍的監禁，因此是在缺席審判下被判有罪。後來德國警方逮捕了舒倫，並在一九五〇年因危害人類罪處決他。

15 彼德．邱吉爾和歐黛特在十年後解除婚姻。他仍繼續活在過去的戰爭中，歐黛特想要更平靜的生活。歐黛特馬上和另一名特別行動處的間諜傑弗瑞．哈洛斯（Geoffrey Hallowes）結婚。

16 另外兩名為艾琳．尼恩與伊芳．拜斯登（Yvonne Baseden）。兩位後來都獲得大英員佐勳章。

17 Odette Hallowes, HS 9/648/4, National Archives, Kew.

18 醫生建議艾琳．尼恩得到五成的失能津貼。艾琳的姊姊賈克琳（亦獲得員佐勳章）是莉絲在比尤利的同學。賈克琳也是紅極一時的「美女間諜」，曾親自與哈里．瑞（Harry Rée）演出特別行動處的官方紀錄片《真相揭秘》（*Now It Can Be Told*，又稱《危險學校》[*School for Danger*]）。這部影片就像歐黛特與彼德．邱吉爾的浪漫史一樣，構成大眾對於政府過去祕密機構的想像。賈克琳懂多種語言，有臥底任務經驗，又有公關背景，因此在紐約一處屠宰場舊址成立的新和平組織擔任聯繫官——聯合國。

19 歐黛特在回國之後，她說她接受喬治十字勳章不是為了自己，而是為了那些永遠無法回來的女性間諜。「我有聲音可以回答，因此我能做最好的事，就是設法讓她們有名氣，」她說。

大家都應該知道以下人士的故事：

尤蘭德．比克曼

丹尼絲．布洛西

安德莉．波瑞爾

穆瑞兒．拜克

瑪德琳．戴莫蒙

努爾．艾娜雅特．汗

西西莉・勒福（Cecily Lefort）
薇拉・雷
索尼婭・奧申內茲基
伊蓮・布魯曼
莉莉安・羅芙（Lilian Rolfe）
黛安娜・羅登
伊芳・魯達雷特
維奧莉特・紹博

(Odette Sansom, Imperial War Museum, London.)

20 「女間諜出生入死、保家衛國或是遭到刑求的故事，總是引起媒體的極大興趣。歐黛特是第一個做到這件事的，並引起風潮，我想可以說有點濫用的意味。大家發現這可以成為很好的宣傳，於是浮誇地展現這位美麗的女子愛上她遇見的男人，你知道，就是當她登陸時，兩人還慢動作奔跑（笑），因此給了她像是在宣傳的過程。」葛維斯・科威爾（Gervase Cowell），前英國外交部顧問，摘自Pattinson interview, 7.

21 這是必須善加剖析的定義。女性初次服務現代戰鬥是在第一次世界大戰（一九一四到一九一六年）的俄羅斯，至少有四十九名女性以男性軍人的家屬身分參與，或者使用手段——換言之，就是打扮成男子。她們並非動員的軍隊。最早參與組織戰的女性，是俄羅斯的「女子敢死隊」（Zhenski batal'on smerti），她們在一九一七年的「俄國革命」內戰戰鬥。如果要吹毛求疵地說明敵對戰爭與國內戰爭之差異，似乎顯得眼光狹隘——在俄國，第一次世界大戰與革命是呵成一氣的——但我想承認聲稱「第一批參與戰鬥的女性」是種挑戰。特別行動處的女性間諜是在特種部隊，而不是常規部隊；游擊行動並不是組織型的戰鬥，但她們必須服從軍事命令。於是在某個時間點，我們就畫出了界線：到了二次大戰，女性已經參與戰鬥；而最先參與戰鬥的就包括這些特別行動處的女性。我們應該肯定這些開路先鋒。Beate Fieseler, M. Michaela Hampf, and Jutta Schwarzkopf, "Gendering Combat: Military Women's Status in Britain, the United States,

and the Soviet Union During the Second World War," *Women's Studies International Forum* 47, Part A (Nov.–Dec. 2014).

22 特別行動處的女間諜和俄羅斯女性一樣，是率先參戰的單位。到一九四二年，蘇聯軍隊已開始派出女兵。在二次大戰中，有八十萬女子在紅軍中服役，超過半數在前線單位執勤，占總俄羅斯戰鬥力的百分之八。出處同前。

23 維拉．艾金斯為國服務，在一九九七年獲頒大英帝國司令勳章（ＣＢＥ）。

24 Lise, *Real Charlotte Grays* interview.

25 Lise de Baissac, HS 9/77/1, National Archives, Kew.

前文省略了以下段落：

這位軍官在一九四二年九月，跳傘空降到法國，擔任信差，並為抵抗運動人士提供協助與資訊。她完成這項任務，還在蓋世太保非常活躍的時候，另行統籌幾次供應品空投與接應間諜。她在困難環境中的傑出表現，為法國西北部的抵抗組織帶來重大貢獻。

在一九四三年七月，因身分嚴重暴露，遂返回英國。一九四四年四月返回戰場，擔任與法國南方重要網絡的聯絡官。一個月之後，她移往諾曼第，擔任該區域一名組織領導者的助理，工作勤奮，展現卓越能力，獲得成果，直到解放。她的指揮官報告，指揮官無法親自處理的細膩聯絡事項，她可以代勞；在指揮官不在時能代替職務。她曾兩次經由德國路線派到巴黎，有一次遭到逮捕搜身，那時還帶著無線電計畫與晶體。靠著她的沉著冷靜，她矇騙了囚禁者，因此能讓網絡在關鍵時刻維持與英國聯絡。

在法國抵抗運動的檔案中，如此描述莉絲：

她是在奧恩（諾曼第的一省）一股激勵團隊士氣的力量，而她先發制人，在聖歐班迪代塞爾（Saint-Aubin-du-Désert）、聖馬爾迪代塞爾（Saint-Mars-du-Désert）甚至遠到拉瓦勒（Laval）、勒芒與雷恩（Rennes）的路面使用破壞輪胎的裝置，重創德國軍隊。她也參與攻擊敵人軍隊的行動。

26 Lise, Real Charlotte Grays interview，為了行文清晰而編輯。她原本的說法是：「我在法國沒有——沒有地方可去！我什麼都沒有——沒有房子、沒有錢，一無所有！我什麼都沒了，無處可去。」

27 出處同前。

28 Lise, Pattinson interview.

29 「她似乎很滿意能住在法國，想留在當地的意願強烈。」Mary de Baissac-Herbert, HS 9/77/2, National Archives, Kew.

30 Report on Judex Mission, HS 7/134, National Archives, Kew.

31 克勞德獲得了軍職傑出服務勳章（DSO）與軍階橫槓。

32 莉絲的無線電員菲麗絲．拉圖爾住在紐西蘭。

33 伊芳為國服務，獲頒大英員佐勳章。

34 在伊芳滲透到法國時，法國部門已經派駐了一名女性到戰場——維吉妮亞．霍爾，她在第一次任務中擔任聯絡間諜。因此這裡的定義較為精準：伊芳．魯達雷是第一位執行戰鬥爆破的女子；是第一位女性蓄意破壞間諜，或稱為突擊者。

35 皮耶．庫里歐里在拘禁於布亨瓦德集中營（Buchenwald）之後活了下來，並因為洩漏網絡機密而遭審兩次，第一次有罪，第二次無罪。庫里歐里在一九九四年離世。

36 安德莉在逝世後追諡英王英勇行為嘉許狀（King's Commendation for Brave Conduct，簡稱KCBC）。安德莉受獎理由是：「作為醫師網路的信差與中尉，直到被捕——一九四二年十一月參與接應員。醫師網路報導，是完美的中尉、基層組織領袖表示，如果少了她，醫師間諜會因為口音而無法發揮功用；她冒險犯難。在醫師網絡的巴黎與諾曼第部門工作。」

37 囚禁者的證詞並不清楚。那天有四名女子死亡；這個引言可能是安德莉或其他女人所說。我樂見讓她們都得到肯定。

38 隨著資料陸續公開，人數也持續增加；四百二十九是目前的人數。

39 法蘭西斯．蘇提爾在一九四五年三月二十三日，於薩克豪森集中營遭到處決。他在逝世後追諡傑出服務勳章。吉爾伯特在一九四四年九月六日，死於毛特豪森（Mauthausen）集中營。

40 「艾森豪將軍讚賞法國部門縮短了戰爭六個月。他說：『相當於十五個師。』」Vera Atkins obituary, *Daily Telegraph* (London), June 26, 2000.

41 因為無線電遊戲而死亡的確切間諜人數仍有爭議。根據荷蘭政府的說法，至少有五十四名間諜跳傘，落入荷蘭多年來的無線電遊戲圈套之中。在法國，至少有十七名遭到逮捕。

42 弗萊明身為海軍情報官，當然多少會了解特別行動處，但是他的角色不需要有間諜訓練。常有人說弗萊明是在特別行動處的特殊訓練學校接受過間諜訓練，但當代沒有證據能證實這一點。

43 Lord Tedder, in Vomécourt, *Who Lived to See the Day,* 13.

44 Foot, *SOE in France*, ebook. 法國抵抗運動「在這次戰役中的價值無法估計。他們在布列塔尼特別活躍，但是在前線的每一個地方，我們都獲得了他們各種協助。如果少了他們在法國的大力協助，那麼在西歐打敗敵人會消耗更長的時間，我們也會蒙受更大的損失。」Dwight D. Eisenhower, Crusade in Europe (Garden City, N.Y.: Doubleday, 1948), 296.

45 據說戴高樂是在巴黎市政廳說這段話，且這段話經常受到引用。參見Thomas R. Christofferson and Michael S. Christofferson, *France During World War II: From Defeat to Liberation* (New York: Fordham University Press, 2006), ebook.

46 Gildea, *Fighters in the Shadows*, ebook.

47 為了達到這目的，戴高樂在打造神話的時候，也沒有寫非洲黑人部隊，而他在巴黎解放的閱兵時，亦不准黑人軍隊在他旁邊行走，出現在攝影機前。

48 第四共和起源神話中的性別主義已經有過度的情感色彩。據說法國是被德國閹割了。從這脈絡來看，同性戀也是一種很受歡迎的象徵性解釋：貝當「在下」，希特勒「在上」。

49 在現代人的觀念，公民身分與軍事服務已經密不可分；否認女性的戰鬥角色，也表示否定了女性完整的公民身分地位。

50 一直要到二〇一三年，兩百年來禁止法國女性穿長褲的法律才廢除。

51 "Gen. de Gaulle Enters Paris," *Times* (London),Aug. 26, 1944.

52 SPU 24 Paris Interrogation of Returned Agents, HS6/439, National Archives, Kew.

作者後記

戰爭史學家麥克斯・哈斯汀斯（Max Hastings）說，關於特別行動處女性間諜的出版資料，都是「浪漫的胡說八道」[1]。身為記者、說故事的人與女性，我認為那些胡說八道很重要，是關乎人性經驗的。我們感受到什麼、愛誰、如何哀悼，正是我們生存與行動的基底，即使在軍隊橫掃各個大陸的閃電戰之時也不例外。胡不胡說是虛假的選擇。「胡說八道」的框架本身就暗示著女人在戰爭中的原罪。這可視為修辭遊戲，讓戰爭中的女性故事靜默，為其他一切賦予特權。若不是口述歷史，女性的歷史多半會永遠佚失。因此這是用不良的信念來宣揚經驗主義，用虔誠信念包裹著厭女情結。從古希臘的修昔底德（Thucydides）*到現代的塔克曼（Barbara Tuchman）†，如果少了浪漫與胡說八道，恐怕沒有人會記得歷史學家的故事。

---

* 譯註：約西元前四六〇年—西元前四〇〇年，其《伯羅奔尼撒戰爭史》記述斯巴達與雅典之間的戰爭，嚴謹分析史料與因果。

† 譯註：一九一二—一九八九，美國著名歷史學家，以文學手法來闡述歷史。

本書並非虛構之作，而是依據英國、法國與美國的檔案，以及幸運從戰場上活著回來的人以文字或口頭記錄的回憶。隨著生還者紛紛凋零，以及政府解決自身在戰爭時扮演的角色之際，新的文件也陸續解密公布。書中以引號標示的是引自原始來源，包括口述、書面，或是由主角報告的。這些來源無論刻意與否，在敘述事件時都是有利於自己的（我們都是自己人生的英雄）。但如果故事忠於主題，是她必須訴說的故事，那麼故事就是真實的。我最難過的就是安德莉・波瑞爾無法活下來，親自告訴我們這些故事。

歷史是如此運作；書寫過往的事情就是如此。我們對占領時期更廣大的脈絡或許有落差或矛盾之處，我試著透過歷史學家的工具箱去彌補，包括多重見證準則、尷尬準則、合理性、連貫性與其他判斷標準。把諸多元素聚集成整體的故事，必須要有道理。我希望本書做到這一點。

最後，正如巴克梅斯特上校所言：「不管了，就是得說。」[2]

注釋

1 哈斯汀斯說：「多數戰時特別行動處特務的敘述，尤其是女性、特別是法國，都有大量浪漫的胡說八道。」——摘自 *The Secret War: Spies, Codes, and Guerrillas* (London: William Collins, 2015)。哈斯汀斯是卓越的歷史學家，我也經常仰賴他的研究，但是我要指出，他展現出二次世界大戰研究圈屢見不鮮的態度。

2 Buckmaster, *Specially Employed*, 148.

謝詞

言語不足以表達我對萊瑞・魏斯曼（Larry Weissman）、莎夏・艾波（Sascha Alper）與亞曼達・庫克（Amanda Cook）的感激，但我只有文字可用。萊瑞與莎夏是經紀人也是朋友，總是代表我，讀我的作品與給與鼓勵。我最希望得到的編輯肯定是來自亞曼達・庫克——亞曼達，非常謝謝你讓我嘗試。王冠出版社（Crown）全體團隊的支援與努力，向來是我的榮幸與動力：感謝克萊兒・波特（Claire Potter）、薩克瑞・菲利浦（Zachary Philips）、瑞秋・羅基奇（Rachel Rokicki）、茱莉・賽普勒（Julie Cepler）、潘妮・賽蒙（Penny Simon）、瑞秋・雅德里希（Rachel Aldrich）、柯尼・施奈德（Courtney Snyder）、克里斯・布蘭德（Chris Brand）、艾蓮娜・賈瓦第（Elena Giavaldi）、克雷格・亞當斯（Craig Adams）、安德莉雅・羅（Andrea Lau）、海瑟・威廉森（Heather Williamson）、馬克・史塔茲曼（Mark Stutzman）、安絲麗・羅斯娜（Annsley Rosner）、大衛・德雷克（David Drake）與茉麗・斯坦（Molly Stern）。我得感謝退伍軍人、家屬與學者的社群，願意與我分享時間、精力、檔案資料與洞見。特別感謝肯特大學（University of Kent）的茱麗葉・派丁森博士（Dr. Juliette Pattinson）提供訪談紀錄；感謝馬丁・考克斯（Martyn Cox）對於戰時記憶的介紹與保存；也感謝史蒂芬・奇帕克斯（Steven Kippax），他掌管的檔案對研究人員來說是禮物。我深深感謝最初的讀者提供傑出的見解、必須的修正與資訊充分的引導，他們來自世界各地，且甚至提供最冷僻的知識：安・懷特賽（Anne Whiteside）、小法蘭西斯・蘇提爾（Francis J. Suttill）、退休上校尼克・法克斯（Nick Fox, OBE）、大衛・哈里森（David Harrison）與沙爾・奧斯特利茲（Saul Austerlitz）。謝謝在巴黎與倫敦提供溫暖床鋪、熱茶與冰涼香檳的伊莉莎白・奧斯丁（Elizabeth Alustin）、朵瑞與亨利・艾什（Tory and Henry Asch）與理查・希雷斯（Richard Heelas）。要能完成這本書，少不了喬爾・德夫納（Joel Derfner）與金姆・賓斯德（Kim Binsted），謝謝你們給與的一切。還要感謝友人們的慷慨情誼：嘉貝耶拉・雪莉（Gabriela Shelley）、查爾斯・考克斯（Charles Coxe）、彼得・葛蘭特（Peter Grant）、黛安・賽爾科克（Diane Selkirk）、瑪麗亞・史密利歐斯（Maria Smilios）、麥克・左拉（Michael Zola）、希亞・葛林（Shea Grimm）與蘿拉・納格塔（Lola Nagata）；瑪麗亞、賽吉歐與皮拉伯托・迪根尼洛（Maria, Sergio and Pieralberto Deganello）、傑夫與貝琪・賈菲爾（Jeff and Betsy Garfield）、珍妮佛・貝克（Jennifer Baker）與傑森（大紅）・賈斯提斯（Jason〔Big Red〕Jestice）；肯尼・羅根內克（Kenny Longenecker）與泰米・凱索福特（Tammy Castleforte）；達琳・麥克坎貝爾（Darlene McCampbelle）；史蒂芬・迪克斯坦（Steven Dickstein）；麥克・康姆（Michael Combs）；瑪雅・克隆（Maya Kron）、蘿倫・科曼（LaurenColeman）與埃斯特・薩斯金（Esther Saskin）；艾瑞克・拉森（Erik Larson）；羅瑞・關・夏必羅（Laurie Gwen Shapiro）；蘇珊娜・卡哈蘭（Susannah Cahalan）、理查・弗德（Richard Ford）、麥雅・賽科克（Maia Selkirk）與伊凡・蓋特豪斯（Evan Gatehouse）；瑪麗・歐道（Mary O'Dowd）、梅根・歐道・歐麥利（Meagan O'Dowd O'Malley）與愛德・歐麥利（Ed O'Malley）；奧立佛與羅伯・譚南鮑姆（Oliver and Rob Tannenbaum）；史蒂芬妮、亞當、傑可布與麗麗・布朗（Stephanie, Adam, Jacob, Lily Brown）；凱瑟琳・奧斯丁（Katherine Austin）與席・波茲（Sy Bortz）；艾莉莎與艾琳・萊比（Elissa and Erin Labbie）；傑森、貝絲、威爾、可拉、羅雷利、比爾與芭芭拉・邁爾斯（Jason, Beth, Will, Cora, Lorelei, Bill, and Barbara Myers）；泰莉亞、萊莉亞、米雅與馬可・維希德（Talia, Laila, Mia, and Marco Veissid）與菲莉絲・比瑞（Phyllis Bieri）；亞曼達・蓋奇雅克（Amanda Gadziak）與道格拉斯・布爾弗（Douglas Pulver）；朱利安・藍德（Julian Land）；夏・英博爾（Shai Ingber）；米利安・納巴羅（Miriam Nabarro）；海瑟・瑪薩特（Heather Massart）；喬許・馬歇爾（Josh Marshall）；喬樂蒂・湯瑪斯（Charity Thomas）；彼得・葛林堡（Peter Greenberg）；鄧肯・布萊克（Duncan Black）；妮娜・康姆（Nina Combs）；史考特・安德森（Scott Anderson）；喬伊・圖特拉（Joy Tutela）與大衛・布萊克（David Black）；布萊恩・薩伯維茲（Lieutenant Colonel Brian N. Sabowitz）中校；艾德華・瑞

德克—韓德森（Edward Readicker-Henderson）；法國聖靈教會（Eglise Française du Saint-Esprit）的法文課；以及感謝四十六與十照護村（Village Care at 46/10th）全體英雄職員。最要感謝的是家人給我的愛與忍耐：謝謝巴尼、吉拉德與海倫・柯恩・羅斯（Barney, Gerald, and Helen Cohen Rose）。

參考書目

回憶錄與當代敘述

Albert-Lake, Virginia d'. *An American Heroine in the French Resistance: The Diary and Memoir of Virginia d'Albert-Lake*. Edited by Judy Barrett Litoff. New York: Fordham University Press, 2006.

Amicale de Ravensbrück and Association des Déportées et Internées de la Résistance. *Les Françaises à Ravensbrück*. Paris: Gallimard, 1965.

Aubrac, Lucie. *Outwitting the Gestapo*. Lincoln: University of Nebraska Press, 1994.

Bailey, Roderick, ed. *Forgotten Voices of the Secret War: An Inside History of Special Operations During the Second World War in Association with the Imperial War Museum*. London: Ebury Press, 2008.

Bleicher, Hugo. *Colonel Henri's Story*. London: Kimber, 1954.

Bourne-Patterson, Robert. *SOE in France, 1941–1945: An Official Account of the Special Operations Executive's French Circuits*. Barnsley, U.K.: Frontline Books, 2016.

Bradley, Omar N. *A Soldier's Story*. New York: Henry Holt, 1951.

Buckmaster, Maurice. "Prosper," *Chambers's Journal,* Jan. 1947.

———. *Specially Employed*. London: Batchworth, 1952.

———. *They Fought Alone: The Story of British Agents in France*. London: Biteback, 2014. First published in 1958 by Odhams Press.

———. *They Went by Parachute*. Reprinted online by Steven Kippax, 2011, from a series of eight articles published in *Chambers's Journal,* 1946–1947.

Bureau, Jacques. *Un soldat menteur*. Paris: Laffont, 1992.

Burney, Christopher. *Solitary Confinement*. London: Macmillan, 1951.

Carré, Mathilde-Lily. *I Was the Cat*. London: Four Square, 1961.

Chevrillon, Claire. *Code Name Christiane Clouet: A Woman in the French Resistance*. College Station: Texas A&M University Press, 1995.

Churchill, Peter. *Duel of Wits*. New York: G. P. Putnam's Sons, 1955. Combining British editions of *Duel of Wits* and *Of Their Own Choice*.

———. *Of Their Own Choice*. London: Hodder & Stoughton, 1953.

———. *Spirit in the Cage*. New York: G. P. Putnam's Sons, 1955.

Churchill, Winston. *The Second World War*. 6 vols. Boston: Houghton Mifflin, 1948–1953.

Gathering Storm
Their Finest Hour
The Grand Alliance
The Hinge of Fate
Closing the Ring
Triumph and Tragedy

Coleville, John. *The Fringes of Power: 10 Downing Street Diaries, 1939–1955*. New York: Norton, 1985.

Cornioley, Pearl Witherington. *Code Name Pauline: Memoirs of a World War II Special Agent*. Chicago: Chicago Review Press, 2013.

Cowburn, Benjamin. *No Cloak, No Dagger*. London: Frontline, 2009.

Crémieux-Brilhac, Jean-Louis, ed. *Ici Londres, 1940–1944: Les voix de la liberté*. 5 vols. Paris: Documentation Français, 1975.

Crosswell, D. K. R. *Beetle: The Life of General Walter Bedell Smith*. Lexington: University Press of Kentucky, 2010.

Dalton, Hugh. *The Fateful Years*. London: Muller, 1957. de Gaulle, Charles. *The Complete War Memoirs of Charles de Gaulle*. Translated by Jonathan Griffin and Richard Howard. New York: Carroll and Graf, 1998.

de Gaulle-Anthonioz, Geneviève. *God Remained Outside: An Echo of Ravensbrück*. New York: Arcade, 1998.

Dodds-Parker, Douglas. *Setting Europe Ablaze*. Windlesham, U.K.: Springwood Books, 1983.

Dourlein, Pieter. *Inside North Pole*. Translated by F. G. Renier and Anne Cliff. London: Kimber, 1953.

Dreux, William. *No Bridges Blown*. Notre Dame, Ind.: University of Notre Dame Press, 1971.

Drummond-Hay, Peggy. *The Driving Force: Memoirs of Wartime WAAF Drivers 1665 HCU and 81 OTU*. Lewes, U.K.: Book Guild, 2005.

Dufournier, Denise. *Ravensbrück: The Women's Camp of Death*. London: George Allen & Unwin, 1948.

Eisenhower, Dwight D. *Crusade in Europe*. Garden City, N.Y.: Doubleday, 1948.

Fairbairn, William E. *All-In Fighting*. London: Faber and Faber, 1942. Reprint, Naval and Military Press in association with the Royal Armouries, 2009.

Fermor, Patrick Leigh. *Abducting a General: The Kreipe Operation in Crete*. London: John Murray, 2014.

Garby-Czerniawski, Roman. *The Big Network*. London: George Ronald, 1961.

Girard, André. *Bataille secrète en France*. Paris: Brentano's, 1944.

Giskes, H. J. *London Calling North Pole*. New York: British Book Centre, 1953.

Goldsmith, John. *Accidental Agent*. London: Leo Cooper, 1971.

Guéhenno, Jean. *Diary of the Dark Years, 1940–1944: Collaboration, Resistance, and Daily Life in Occupied Paris*. Translated by David Ball. New York: Oxford University Press, 2016.

Hart, B. H. Liddell. *The German Generals Talk: Startling Revelations from*

Hitler's High Command. New York: Quill, 1979.

Harvie, John D. *Missing in Action: An RCAF Navigator's Story*. Montreal: McGill-Queen's University Press, 1995.

Hillary, Richard. *The Last Enemy*. London: Macmillan, 1942.

Humbert, Agnès. *Résistance: A Woman's Journal of Struggle and Defiance in Occupied France*. New York: Bloomsbury, 2008.

Inkster, Marjorie. *Bow and Arrow War: From FANY to Radar in World War II*. Studley, U.K.: Brewin Books, 2005.

Kerr, Dorothy Brewer. *The Girls Behind the Guns: With the ATS in World War II*. London: Robert Hale, 1990.

Khan, Noor Inayat. *Twenty Jātaka Tales*. Rochester, Vt.: Inner Traditions International, 1985.

Lanckoronska, Karolina. *Michelangelo in Ravensbrück: One Woman's War Against the Nazis*. Translated by Noel Clark. Cambridge, Mass.: Da Capo Press, 2007.

Langelaan, George. *Knights of the Floating Silk*. London: Hutchinson, 1959.

Le Chene, Evelyn. *Watch for Me by Moonlight*. London: Corgi, 1974.

Mackenzie, William. *The Secret History of SOE: Special Operations Executive, 1940–1945*. London: St. Ermin's Press, 2000.

Marks, Leo. *Between Silk and Cyanide: A Codemaker's Story, 1941–1945*. New York: HarperCollins, 1998.

Millar, George. *Maquis*. London: Heinemann, 1945.

———. *Road to Resistance*. London: Bodley Head, 1979.

Miller, Joan. *One Girl's War: Personal Exploits in MI5's Most Secret Station*. Dingle, Ire.: Brandon, 1986.

Montgomery, Bernard. *The Memoirs of Field Marshal Montgomery*. Barnsley, U.K.: Pen & Sword, 2016.

Neave, Airey. *Saturday at M.I.9*. London: Pen & Sword Military, 2010.

Osmont, Marie-Louise. *The Normandy Diary of Marie-Louise Osmont, 1940–*

1944. Translated by George L. Newman. New York: Random House/ Discovery Channel Press, 1994.

Pessis, Jacques, ed. *Les Français parlent aux Français*. 3 vols. With historical commentary by Jean-Louis Crémieux-Brilhac. Paris: Omnibus, 2010.

Pickersgill, Frank. *The Pickersgill Letters*. Toronto: Ryerson Press, 1948.

Pogue, Forrest C. *Pogue's War: Diaries of a WWII Combat Historian*. Lexington: University Press of Kentucky, 2001.

———. *United States Army in World War II: European Theater of Operations: The Supreme Command*. Washington, D.C.: Office of the Chief of Military History, Department of the Army, 1954.

Poirier, Jacques R. E. *The Giraffe Has a Long Neck*. Translated by John Brownjohn. Barnsley, U.K.: Pen & Sword, 1995.

Rigden, Denis. *SOE Syllabus: Lessons in Ungentlemanly Warfare, World War II*. Richmond, U.K.: Secret History Files, National Archives, 2001.

Riols, Noreen. *The Secret Ministry of Ag. & Fish: My Life in Churchill's School for Spies*. London: Macmillan, 2013.

Sweet-Escott, Bickham. *Baker Street Irregular*. London: Methuen, 1965.

Tickell, Jerrard. *Odette: The Story of a British Agent*. 1949. London: Chapman & Hall, 1952.

Verity, Hugh. *We Landed by Moonlight: Secret RAF Landings in France, 1940–1944*. London: Crécy, 2013.

Vomécourt, Philippe de. *Who Lived to See the Day: France in Arms, 1940–1945*. London: Hutchinson, 1961.

Wake, Nancy. *The Autobiography of the Woman the Gestapo Called the White Mouse*. South Melbourne: Macmillan, 1985.

Walters, Anne-Marie. *Moondrop to Gascony*. 1947. Reprint, Wiltshire, U.K.: Moho Books, 2009.

Webb, A. M., ed. *The Natzweiler Trial*. London: Hodge, 1949.

West, Nigel, ed. *The Guy Liddell Diaries: MI5's Director of Counter-Espionage in World War II*. Vol. 1, *1939–1942*. London: Routledge, 2005.

Wighton, Charles. *Pin-Stripe Saboteur: The Story of "Robin," British Agent and French Resistance Leader*. London: Odhams, 1959.

Winter, Paul, ed. *D-Day Documents*. London: Bloomsbury, 2014.

Zucca, André. *Les Parisiens sous l'Occupation: Photographies en couleurs d'André Zucca*. Paris: Gallimard, 2000.

特別行動處歷史

Basu, Shrabani. *Spy Princess: The Life of Noor Inayat Khan*. London: Sutton, 2006.

Beavan, Colin. *Operation Jedburgh: D-Day and America's First Shadow War*. New York: Penguin Books, 2007.

Binney, Marcus. *The Women Who Lived for Danger*. London: Morrow, 2003.

Brome, Vincent. *The Way Back*. London: Cassell, 1957.

Cookridge, E. H. *Inside S.O.E.: The First Full Story of Special Operations Executive in Western Europe, 1940–45*. London: Arthur Barker, 1966.

Cunningham, Cyril. *Beaulieu: The Finishing School for Secret Agents*. South Yorkshire, U.K.: Pen & Sword Military, 2005.

Foot, M. R. D. *SOE: An Outline History of the Special Operations Executive, 1940–46*. London: British Broadcasting Corporation, 1984.

———. *SOE in France: An Account of the Work of the British Special Operations Executive in France, 1940–1944*. London: Frank Cass, 2004.

Fuller, Jean Overton. *Déricourt: The Chequered Spy*. London: Michael Russell, 1989.

———. *Double Agent?* London: Pan Books, 1961.

———. *Double Webs*. London: Putnam, 1958.

———. *Espionage as a Fine Art by Henri Déricourt*. Translated from (previously unpublished) French original stories with an introduction and commentary.

London: Michael Russell, 2002.

———. *The German Penetration of SOE*. London: George Mann, 1996.

———. *Horoscope for a Double Agent*. London: Fowler, 1961.

———. *Noor-un-nisa Inayat Khan (Madeleine)*. Rotterdam: East-West Publications; London: Barrie & Jenkins, 1971.

———. *The Starr Affair*. London: Victor Gollancz, 1954.

Gleeson, James. *They Feared No Evil: The Stories of the Gallant and Courageous Women Agents of Britain's Secret Armies, 1939–45*. London: Robert Hale, 1976.

Guillaume, Paul. *L'abbé Émile Pasty, prêtre et soldat*. Baule, France: Comité Abbé Pasty, 1946.

———. *Les martyrs de la Résistance en Sologne*. Orléans, France: Lodde, 1945.

———. *La Sologne au temps de l'héroïsme et de la trahison*. Orléans, France: Imprimerie Nouvelle, 1950.

Helm, Sara. *A Life in Secrets: Vera Atkins and the Missing Agents of WWII*. New York: Anchor Books, 2007.

Irwin, Will. *The Jedburghs: The Secret History of the Allied Special Forces, France 1944*. New York: PublicAffairs, 2006.

Jakub, Jay. *Spies and Saboteurs: Anglo-American Collaboration and Rivalry in Human Intelligence Collection and Special Operations, 1940–1945*. London: Palgrave Macmillan, 1999.

Jones, Liane. *A Quiet Courage: Heart-Stopping Accounts of Those Brave Women Agents Who Risked Their Lives in Nazi-Occupied France*. London: Corgi Books, 1990.

King, Stella. *Jacqueline: Pioneer Heroine of the Resistance*. London: Arms and Armour Press, 1989.

Kramer, Rita. *Flames in the Field*. London: Michael Joseph, 1995.

Lorain, Pierre. *Secret Warfare: The Arms and Techniques of the Resistance*. Adapted by David Kahn. London: Orbis, 1983.

Maloubier, Bob, and Jean Lartéguy. *Triple jeu: L'espion Déricourt*. Paris: Robert Laffont, 1992.

Marshall, Bruce. *The White Rabbit*. London: Evans, 1952.

Marshall, Robert. *All the King's Men*. London: Bloomsbury, 2012.

McCue, Paul. *Brighton's Secret Agents: The Brighton and Hove Contribution to Britain's WW2 Special Operations Executive*. Chicago: Uniform Press, 2017.

Nicholas, Elizabeth. *Death Be Not Proud*. London: Cresset Press, 1958.

Ottaway, Susan. *A Cool and Lonely Courage: The Untold Story of Sister Spies in Occupied France*. New York: Little, Brown, 2014.

Pattinson, Juliette. *Behind Enemy Lines: Gender, Passing, and the Special Operations Executive in the Second World War*. Manchester, U.K.: University of Manchester Press, 2007.

Rabino, Thomas. *Le réseau Carte*. Paris: Perrin, 2008.

Richards, Brooks. *Secret Flotillas*. London: Her Majesty's Stationery Office, 1996.

Seaman, Mark. *Bravest of the Brave: The True Story of Wing Commander "Tommy" Yeo-Thomas, SOE Secret Agent, Codename "the White Rabbit."* London: Michael O'Mara Books, 1997.

———. *Secret Agent's Handbook of Special Devices*. Richmond, U.K.: PRO, 2000.

———. *Special Operations Executive: A New Instrument of War*. London: Routledge, 2006.

Seymour-Jones, Carole. *She Landed by Moonlight: The Story of Secret Agent Pearl Witherington, the Real "Charlotte Gray."* London: Hodder & Stoughton, 2013.

Stafford, David. *Secret Agent: The True Story of the Special Operations Executive*. London: BBC, 2000.

———. *Ten Days to D-Day: Countdown to Liberation of Europe*. London:

Abacus, 2004.

Starns, Penny. *Odette: World War Two's Darling Spy*. London: History Press, 2010.

Stenton, Michael. *Radio London and Resistance in Occupied Europe: British Political Warfare, 1939–1943*. Oxford Scholarship Online, 2011.

Suttill, Francis J. *Shadows in the Fog: The True Story of Major Suttill and the Prosper French Resistance Network*. Stroud, U.K.: History Press, 2017.

Téllez Solá, Antonio. *The Anarchist Pimpernel: Francisco Ponzán Vidal: The Anarchists in the Spanish Civil War and the Allied Escape Networks of WWII*. Translated by Paul Sharkey. Hastings, U.K.: ChristieBooks, 2012.

Tickell, Jerrard. *Moon Squadron*. London: Endeavour Media, 2013.

Vader, John. *The Prosper Double-Cross*. Mullimbimby, Australia: Sunrise Press, 1977.

Waller, Douglas. *Wild Bill Donovan: The Spymaster Who Created the OSS and Modern American Espionage*. New York: Free Press, 2012.

Ward, Irene. *F.A.N.Y. Invicta*. London: Hutchinson, 1955.

West, Nigel. *Secret War: The Story of SOE, Britain's Wartime Sabotage Organization*. London: Hodder & Stoughton, 1992.

Wilkinson, Peter, and Joan Bright Astley. *Gubbins and SOE*. Barnsley, U.K.: Pen & Sword Military, 2010.

Wylie, Neville. *The Politics and Strategy of Clandestine War: Special Operations Executive, 1940–1946*. London: Routledge, 2007.

Yarnold, Patrick. *Wanborough Manor: School for Secret Agents*. Puttenham, U.K.: Hopfield, 2009.

法國歷史

Adams, Christine. *Poverty, Charity, and Motherhood: Maternal Societies in Nineteenth-Century France*. Urbana: University of Illinois Press, 2010.

Ambrose, Stephen. *D-Day, June 6, 1944: The Climactic Battle of World War II.* New York: Simon & Schuster, 1993.

Aron, Robert. *The Vichy Regime, 1940–1944*. London: Putnam, 1958.

Atkin, Nicholas. *The Forgotten French: Exiles in the British Isles, 1940–1944*. Manchester, U.K.: Manchester University Press, 2003.

Beevor, Antony. *D-Day: The Battle for Normandy*. New York: Viking, 2009.

Boyd, Douglas. *Voices from the Dark Years: The Truth About Occupied France, 1940–1945*. London: Sutton, 2007.

Burrin, Philippe. *France Under the Germans: Collaboration and Compromise*. New York: New Press, 1996.

Caron, Vicki. *Uneasy Asylum: France and the Jewish Refugee Crisis, 1933–1942*. Stanford, Calif.: Stanford University Press, 1999.

Cobb, Matthew. *The Resistance: The French Fight Against the Nazis*. London: Simon & Schuster, 2009.

Collins, Larry, and Dominique Lapierre. *Is Paris Burning?* New York: Warner Books, 1991.

Collins Weitz, Margaret. *Sisters in the Resistance: How Women Fought to Free France, 1940–45*. New York: Wiley, 1995.

Davies, Peter. *France and the Second World War: Occupation, Collaboration, and Resistance*. London: Routledge, 2001.

Diamond, Hanna. *Fleeing Hitler: France, 1940*. New York: Oxford University Press, 2008.

———. *Women and the Second World War in France, 1939–1948: Choices and Constraints*. London: Routledge, 1999.

Drake, David. *Paris at War, 1939–1944*. Cambridge, Mass.: Harvard University Press, 2015.

Fenby, Jonathan. *France: A Modern History from the Revolution to the War with Terror*. New York: St. Martin's Press, 2016.

———. *The General: Charles de Gaulle and the France He Saved*. New York:

Simon & Schuster, 2010.

Fishman, Sarah. *We Will Wait: Wives of French Prisoners of War, 1940–1945*. New Haven, Conn.: Yale University Press, 1991.

Gildea, Robert. *Fighters in the Shadows: A New History of the French Resistance*. Cambridge, Mass.: Belknap Press of Harvard University Press, 2015.

———. *Marianne in Chains: In Search of the German Occupation, 1940–1945*. London: Macmillan, 2002.

Hastings, Max. *Overlord: D-Day and the Battle for Normandy*. New York: Simon & Schuster, 1984.

———. *Das Reich: The March of the 2nd SS Panzer Division Through France, June 1944*. Minneapolis: Zenith Press, 2013.

Jackson, Jeffrey H. *Making Jazz French: Music and Modern Life in Interwar Paris*. Durham, N.C.: Duke University Press, 2003.

Jackson, Julian. *France: The Dark Years, 1940–1944*. Oxford: Oxford University Press, 2001.

Jones, Benjamin. *Eisenhower's Guerrillas: The Jedburghs, the Maquis, and the Liberation of France*. New York: Oxford University Press, 2016.

Kedward, Harry R. *In Search of the Maquis: Rural Resistance in Southern France, 1942–1944*. Oxford: Clarendon Press, 1994.

———. *Occupied France: Collaboration and Resistance, 1940–1944*. London: Wiley-Blackwell, 1991.

———. *Resistance in Vichy France: A Study of Ideas and Motivation in the Southern Zone, 1940–1942*. New York: Oxford University Press, 1978.

Kershaw, Alex. *Avenue of Spies: A True Story of Terror, Espionage, and One American Family's Heroic Resistance in Nazi-Occupied France*. New York: Crown, 2015.

Ludewig, Joachim. *Rückzug: The German Retreat from France, 1944*. Lexington: University Press of Kentucky, 2012.

Man, John. *The D-Day Atlas: The Definitive Account of the Allied Invasion of Normandy*. New York: Facts on File, 1994.

Marnham, Patrick. *Resistance and Betrayal: The Death and Life of the Greatest Hero of the French Resistance*. New York: Random House, 2002.

Marrus, Michael R., and Robert O. Paxton. *Vichy France and the Jews*. New York: Basic Books, 1981.

Mayo, Jonathan. *D-Day Minute by Minute*. New York: Atria Books, 2014.

Messenger, Charles. *The D-Day Atlas: Anatomy of the Normandy Campaign*. New York: Thames and Hudson, 2014.

Michel, Henri. *The Shadow War: European Resistance, 1939–1945*. Translated by Richard Barry. New York: Harper and Row, 1972.

Michlin, Gilbert. *Of No Interest to the Nation: A Jewish Family in France, 1925–1945*. Detroit: Wayne State University Press, 2004.

Milward, Alan S. *The New Order and the French Economy*. Oxford: Clarendon Press, 1970.

Moorehead, Caroline. *A Train in Winter: An Extraordinary Story of Women, Friendship, and Resistance in Occupied France*. New York: HarperCollins, 2011.

———. *Village of Secrets: Defying the Nazis in Vichy France*. New York: HarperCollins, 2014.

Mould, Michael. *The Routledge Dictionary of Cultural References in Modern French*. New York: Routledge, 2011.

Muel-Dreyfus, Francine. *Vichy and the Eternal Feminine: A Contribution to a Political Sociology of Gender*. Translated by Kathleen A. Johnson. Durham, N.C.: Duke University Press, 2001.

Ottis, Sherri Greene. *Silent Heroes: Downed Airmen and the French Underground*. Lexington: University Press of Kentucky, 2001.

Ousby, Ian. *Occupation: The Ordeal of France, 1940–1944*. New York: Cooper Square Press, 1999.

Paxton, Robert. *Vichy France: Old Guard and New Order, 1940–1944*. New York: Columbia University Press, 1972.

Perrault, Gilles, and Jean-Pierre Azéma. *Paris Under the Occupation*. New York: Vendome Press, 1989.

Pollard, Miranda. *Reign of Virtue: Mobilizing Gender in Vichy France*. Chicago: University of Chicago Press, 1998.

Porch, Douglas. *The French Secret Services: A History of French Intelligence from the Dreyfus Affair to the Gulf War*. New York: Farrar, Straus and Giroux, 1995.

Potter, Charles B. *The Resistance, 1940: An Anthology of Writings from the French Underground*. Baton Rouge: Louisiana State University Press, 2016.

Pryce-Jones, David. *Paris in the Third Reich: A History of the German Occupation, 1940–1944*. New York: Holt, Rinehart and Winston, 1981.

Rees, Siân. *Lucie Aubrac: The French Resistance Heroine Who Outwitted the Gestapo*. Chicago: Chicago Review Press, 2016.

Rosbottom, Ronald C. *When Paris Went Dark: The City of Light Under German Occupation, 1940–1944*. New York: Little, Brown, 2014.

Rossiter, Margaret. *Women in the Resistance*. New York: Praeger, 1986.

Rousso, Henry. *The Vichy Syndrome: History and Memory in France Since 1944*. Translated by Arthur Goldhammer. Cambridge, Mass.: Harvard University Press, 1991.

Schoenbrun, David. *Soldiers of the Night: The Story of the French Resistance*. New York: New American Library, 1980.

Shakespeare, Nicholas. *Priscilla: The Hidden Life of an Englishwoman in Wartime France*. New York: HarperCollins, 2014.

Spotts, Frederic. *The Shameful Peace: How French Artists and Intellectuals Survived the Nazi Occupation*. New Haven, Conn.: Yale University Press, 2008.

Sweets, John F. *Choices in Vichy France: The French Under Nazi Occupation*. New York: Oxford University Press, 1994.

Thiébaud, Eric, and Olivier Corpet. *Collaboration and Resistance: French Literary Life Under the Nazi Occupation*. New York: Five Ties, 2010.

Vinen, Richard. *The Unfree French: Life Under the Occupation*. London: Allen Lane, 2006.

Wieviorka, Olivier. *Divided Memory: French Recollections of World War II from the Liberation to the Present*. Translated by George Holoch. Stanford, Calif.: Stanford University Press, 2012.

———. *The French Resistance*. Translated by Jane Marie Todd. Cambridge, Mass.: Harvard University Press, 2016.

Zucotti, Susan. *The Holocaust, the French, and the Jews*. New York: Basic Books, 1993.

第二次世界大戰歷史

Ambrose, Stephen. *The Supreme Commander: The War Years of General Dwight D. Eisenhower*. New York: Doubleday, 1970.

Bambery, Chris. *The Second World War: A Marxist History*. London: Pluto Press, 2014.

Bassett, Richard. *Hitler's Spy Chief: The Wilhelm Canaris Betrayal: The Intelligence Campaign Against Adolf Hitler*. New York: Pegasus Books, 2013.

Bennett, G. H. "Women and the Battle of the Atlantic, 1939–1945: Contemporary Texts, Propaganda, and Life Writing." In *Gender and Warfare in the Twentieth Century: Textual Representations*. Edited by Angela K. Smith. Manchester, U.K.: Manchester University Press, 2004.

Christofferson, Thomas R., and Michael S. Christofferson. *France During World War II: From Defeat to Liberation*. New York: Fordham University Press,

2006.

Crémieux-Brilhac, Jean-Louis. *La France libre: De l'appel du 18 juin à la Libération*. Paris: Gallimard, 1996.

Donnelly, Mark. *Britain in the Second World War*. London: Routledge, 1999.

Feigel, Lara. *The Love-Charm of Bombs: Restless Lives in the Second World War*. London: Bloomsbury Press, 2013.

Gilbert, Martin. *Churchill: A Life*. New York: Henry Holt, 1991.

———. *Road to Victory: Winston S. Churchill, 1941–1945*. London: Minerva, 1989.

Gluckstein, Donny. *A People's History of the Second World War: Resistance Versus Empire*. London: Pluto Press, 2012.

Gordon, Lois. *Nancy Cunard: Heiress, Muse, Political Idealist*. New York: Columbia University Press, 2007.

Grint, Keith. *Leadership, Management, and Command: Rethinking D-Day*. London: Palgrave Macmillan, 2007.

Hastings, Max. *Inferno: The World at War, 1939–1945*. New York: Vintage, 2012.

———. *The Secret War: Spies, Codes, and Guerrillas, 1939–45*. London: William Collins, 2015.

———. *Winston's War: Churchill, 1940–1945*. New York: Vintage, 2011.

Hauner, Milan. *Hitler: A Chronology of His Life and Time*. London: Macmillan, 1983.

Hellbeck, Jochen, ed. *Stalingrad: The City That Defeated the Third Reich*. New York: PublicAffairs, 2015.

Hinsley, F. H. *British Intelligence in the Second World War*. With E. E. Thomas, C. F. G. Ransom, and R. C. Knight. Vols. 1–3. London: Her Majesty's Stationery Office, 1979.

Hitler, Adolf. *Hitler's Table Talk, 1941–1944*. Translated by Norman Cameron and R. H. Stevens. London: Weidenfeld & Nicolson, 1953.

Keegan, John. *The Second World War*. New York: Penguin Books, 1989.

Kremer, Lillian. *Women's Holocaust Writing: Memory and Imagination*. Lincoln: University of Nebraska Press, 1999.

Larson, Erik. *In the Garden of Beasts: Love, Terror, and an American Family in Hitler's Berlin*. New York: Crown, 2011.

Laska, Vera, ed. *Women in the Resistance and in the Holocaust*. Westport, Conn.: Greenwood Press, 1983.

Lee, Eric. *Operation Basalt: The British Raid on Sark and Hitler's Commando Order*. Stroud, U.K.: History Press, 2016.

Macintyre, Ben. *Agent Zigzag: A True Story of Nazi Espionage, Love, and Betrayal*. New York: Crown, 2007.

———. *Double Cross: The True Story of the D-Day Spies*. New York: Crown, 2012.

———. *Rogue Heroes: The History of the SAS, Britain's Secret Special Forces Unit That Sabotaged the Nazis and Changed the Nature of War*. New York: Crown, 2016.

Manchester, William. *The Last Lion: Winston Spencer Churchill*. New York: Little, Brown, 2012.

Morrison, Jack G. *Ravensbrück: Everyday Life in a Woman's Concentration Camp, 1939–45*. Princeton, N.J.: Markus Wiener, 2000.

Nicholson, Mavis. *What Did You Do in the War, Mummy?* London: Pimlico, 1995.

Noakes, Lucy. *Women in the British Army: War and the Gentle Sex, 1907–1948*. London: Routledge, 2006.

Norman, Jill. *Make Do and Mend: Keeping Family and Home Afloat on War Rations: Reproductions of Official Second World War Instruction Leaflets*. London: Michael O'Mara Books, 2007.

Olson, Lynne. *Last Hope Island: Britain, Occupied Europe, and the Brotherhood That Helped Turn the Tide of War*. New York: Random House, 2017.

Roberts, Andrew. *The Storm of War: A New History of the Second World War*. New York: Harper, 2012.

Shirer, William L. *The Rise and Fall of the Third Reich: A History of Nazi Germany*. New York: Simon & Schuster, 1960.

Summerfield, Penny. *Reconstructing Women's Wartime Lives: Discourse and Subjectivity in Oral Histories of the Second World War*. Manchester, U.K.: Manchester University Press, 1998.

Tec, Nehama. *Resilience and Courage: Women, Men, and the Holocaust*. New Haven, Conn.: Yale University Press, 2003.

Westerfield, L. Leigh. *"This Anguish, Like a Kind of Intimate Song": Resistance in Women's Literature of World War II*. New York: Rodopi, 2004.

Wood, Ian. *Britain, Ireland, and the Second World War*. Edinburgh: Edinburgh University Press, 2010.

Zeiger, Susan. *Entangling Alliances: Foreign War Brides and American Soldiers in the Twentieth Century*. New York: New York University Press, 2010.

其他參考資料

Abernethy, David B. *The Dynamics of Global Dominance: European Overseas Empires, 1415–1980*. New Haven, Conn.: Yale University Press, 2000.

Axinn, Sidney. *A Moral Military*. Philadelphia: Temple University Press, 2009.

Blaetz, Robin. *Visions of the Maid: Joan of Arc in American Film and Culture*. Charlottesville: University of Virginia Press, 2001.

Churchill, Winston. June 16, 1940, Great Britain, Parliament, *Parliamentary Debates,* 5th Series, vol. 365. *House of Commons Official Report Eleventh Volume of Session 1939–40* (London: His Majesty's Stationery Office, 1940), cols. 701–2.

Dewaele, Jean-Marc. "Pavlenko, Aneta Multilingualism, and Emotions." In *The Encyclopedia of Applied Linguistics,* edited by Carol A. Chapelle, 1–7.

Oxford: Wiley-Blackwell, 2013.

Goldstein, Joshua S. *War and Gender: How Gender Shapes the War System and Vice Versa*. Cambridge, U.K.: Cambridge University Press, 2001.

Gordon, Lois. *The World of Samuel Beckett, 1906–1946*. New Haven, Conn.: Yale University Press, 1996.

Macrakis, Kristie. *Prisoners, Lovers, and Spies: The Story of Invisible Ink from Herodotus to al-Qaeda*. New Haven, Conn.: Yale University Press, 2014.

Moran, Christopher R., and Christopher J. Murphy, eds. *Intelligence Studies in Britain and the US: Historiography Since 1945*. Edinburgh: Edinburgh University Press, 2013.

Rejali, Darius. *Torture and Democracy*. Princeton, N.J.: Princeton University Press, 2007.

Singh, Simon. *The Code Book: The Science of Secrecy from Ancient Egypt to Quantum Cryptology*. New York: Anchor Books, 2000.

Soloway, Richard A. *Demography and Degeneration: Eugenics and the Declining Birthrate in Twentieth-Century Britain*. Chapel Hill: University of North Carolina Press, 1995.

Suisman, David, and Susan Strasser, eds. *Sound in the Age of Mechanical Reproduction*. Philadelphia: University of Pennsylvania Press, 2010.

Wistrich, Robert S. *A Lethal Obsession: Anti-Semitism from Antiquity to the Global Jihad*. New York: Random House, 2010.

文章

Adler, Jacques. "The Jews and Vichy: Reflections on French Historiography." *Historical Journal* 44, no. 4 (2001).

Aldrich, Richard J. "Policing the Past: Official History, Secrecy, and British Intelligence Since 1945." *English Historical Review* 119, no. 483 (2004): 922–53.

Almond, Harry H., Jr., Donald Blackburn, James Ward, W. T. Mallison, and R. W. Gehring. "Irregular Warfare: Legal Implications of the Facts, Policies, and Law from World War II to Vietnam." *Proceedings of the Annual Meeting (American Society of International Law)* 70 (1976): 154–59.

Ambrose, Stephen. "Eisenhower and the Intelligence Community in World War II." *Journal of Contemporary History* 16, no. 1 (1981).

Andrieu, Claire. "Women in the French Resistance: Revisiting the Historical Record." *French Politics, Culture, and Society* 18, no. 1 (Spring 2000).

Anfilogoff, R., P. J. Hale, M. Nattrass, V. A. Hammond, and J. C. Carter. "Physiological Response to Parachute Jumping." *British Medical Journal* 295, no. 6595 (1987): 415.

Belot, Robert. "Intelligence Considered as a War Weapon and a Global Power Tool: About the Birth of US Secret Services (1942–1945)." *Icon* 8 (2002).

Ben-Mos, T. "Winston Churchill and the 'Second Front': A Reappraisal." *Journal of Modern History* 62, no. 3 (1990): 503.

Benson, Robert Louis. "SIGINT and the Holocaust." *Cryptologic Quarterly,* www .nsa.gov, released by FOIA 2010.

Boldorf, Michael, and Jonas Scherner. "France's Occupation Costs and the War in the East: The Contribution to the German War Economy, 1940–4." *Journal of Contemporary History* 47, no. 2 (2012).

Bonnéry-Vedel, Audrey. "La BBC a-t-elle jamais été la voix de la France libre?" *Le Temps des Médias,* no. 11 (2008).

Bowles, Brett. "German Newsreel Propaganda in France, 1940–1944." *Historical Journal of Film, Radio, and Television* 24, no. 1 (2004): 45–67.

———. "Résistance Oblige? Historiography, Memory, and the Evolution of *Le silence de la mer,* 1942–2012." *French Politics, Culture, and Society* 32, no. 1 (Spring 2014).

———. " 'La Tragédie de Mers-el-Kébir' and the Politics of Filmed News in France, 1940–1944." *Journal of Modern History* 76, no. 2 (2004): 347–88.

———. "*Vichy's Afterlife: History and Counterhistory in Postwar France* by Richard J. Golsan; *The Papon Affair: Memory and Justice on Trial* by Richard J. Golsan." *SubStance* 31, no. 1 (2002): 125–28.

Bracher, Nathan. "Remembering the French Resistance: Ethics and Poetics of the Epic." *History and Memory* 19, no. 1 (2007).

Campbell, D'Ann. "Women in Combat: The World War II Experience in the United States, Great Britain, Germany, and the Soviet Union." *Journal of Military History* 57, no. 2 (April 1993): 301–23.

———. "Women in Uniform: The World War II Experiment." *Military Affairs* 51, no. 3 (1987): 137–39.

Card, Claudia. "Rape as a Weapon of War." *Hypatia* 11, no. 4 (1996).

Caron, Vicki. "The Politics of Frustration: French Jewry and the Refugee Crisis in the 1930s." *Journal of Modern History* 65, no. 2 (1993): 311–56.

Carter, Ross S. "How Tranquil the Desert." *Prairie Schooner* 22, no. 1 (1948): 57–61.

Cassin, René. "Vichy or Free France?" *Foreign Affairs* 20, no. 1 (1941).

Charney, David L., and John A. Irvin. "The Psychology of Espionage." *Intelligencer: Journal of U.S. Intelligence Studies* 22, no. 1 (Spring 2016).

"Darlan and After: The Significance of North Africa." *Commonwealth Journal of International Affairs* 33, no. 130 (1943).

de Jong, Louis. "The 'Great Game' of Secret Agents: Was It 'Treason'— or Sheer Incompetence— Which Enabled the Ingenious German 'Englandspiel' to Cripple Resistance Forces in World War II? A Dutch Historian Investigates the Charges." *Encounter Magazine,* Jan. 1980.

Deutsch, Harold C. "The Historical Impact of Revealing the Ultra Secret." Reprinted, with permission from *Parameters: Journal of the U.S. Army War College,* approved for release by NSA on Oct. 26, 2006, FOIA case no. 51639.

Donohoe, Jerri. "The Kindness of Strangers: An Ohioan Escapes the Nazis'

Timeline." Ohio Historical Society, Oct.–Dec. 2007.

Drapac, Vesna. "The Devotion of French Prisoners of War and Requisitioned Workers to Thérèse of Lisieux: Transcending the 'Diocese Behind Barbed Wire.' " *Journal of War and Culture Studies* 7, no. 3 (2014): 283–96.

Events Leading Up to World War II: Chronological History of Certain Major International Events Leading Up to and During World War II with the Ostensible Reasons Advanced for Their Occurrence, 1931–1944. Washington, D.C.: U.S. Government Printing Office, 1944.

Feil, Alison. "Gendering the War Story." *Journal of War and Culture Studies* 1, no. 1 (2008).

Fette, Julie. "Apology and the Past in Contemporary France." *French Politics, Culture, and Society* 26, no. 2 (Summer 2008).

Fielding, Raymond. "The Nazi-German Newsreel." *Journal of the University Film Producers Association* 12, no. 3 (Spring 1960): 3–5.

Fieseler, Beate, M. Michaela Hampf, and Jutta Schwarzkopf. "Gendering Combat: Military Women's Status in Britain, the United States, and the Soviet Union During the Second World War." *Women's Studies International Forum* 47, Part A (Nov.–Dec. 2014).

Flanner, Janet. "Blitz by Partnership." A Reporter at Large. *New Yorker,* June 7, 1941.

———. "Come Down, Giuseppe!" A Reporter at Large. *New Yorker,* Jan. 17, 1942.

———. "The Escape of Mrs. Jeffries—I." A Reporter at Large. *New Yorker,* May 22, 1943.

———. "The Escape of Mrs. Jeffries—II." A Reporter at Large. *New Yorker,* May 29, 1943.

———. "The Escape of Mrs. Jeffries—III." A Reporter at Large. *New Yorker,* June 5, 1943.

———. "Ferox, Mendax, AC Praedator." A Reporter at Large. *New Yorker,* Aug.

1, 1942.

———. "La France et le Vieux: I—From the Empress Eugenie to the A.E.F." Profiles. *New Yorker,* Feb. 12, 1944.

———. "La France et le Vieux: II—Hero of Verdun." Profiles. *New Yorker,* Feb. 19, 1944.

———. "La France et le Vieux: IV—Marechal, Nous Voila!" Profiles. *New Yorker,* March 4, 1944.

———. "Führer—I." Profiles. *New Yorker,* Feb. 29, 1936.

———. "Guinea Pigs and the Mona Lisa." A Reporter at Large. *New Yorker,* Oct. 31, 1942.

———. "Ladies in Uniform." Profiles. *New Yorker,* July 4, 1942.

———. "Le Nouvel Ordre." A Reporter at Large. *New Yorker,* March 15, 1941.

———. "So You're Going to Paris." A Reporter at Large. *New Yorker,* June 21, 1941.

Foot, Michael R. D. "Was SOE Any Good?" *Journal of Contemporary History* 16, no. 1 (1981): 167–81.

Fox, Jo. "Careless Talk: Tensions Within British Domestic Propaganda During the Second World War." *Journal of British Studies* 51, no. 4 (2012): 936–66.

Fuchs, Rachel G. "Crossing Borders in Love, War, and History: French Families During World War II." *Pacific Historical Review* 79, no. 1 (Feb. 2010): 1–22.

Gildea, Robert. "Resistance, Reprisals, and Community in Occupied France." *Transactions of the Royal Historical Society* 13 (2003): 163–85.

Glantz, David. "Soviet Use of 'Substandard' Manpower in the Red Army, 1941–1945." In *Scraping the Barrel: The Military Use of Substandard Manpower, 1860–1960.* Edited by Sanders Marble. New York: Fordham University Press, 2012.

Goldin, Claudia. "The Role of World War II in the Rise of Women's

Employment." *American Economic Review* 81 no. 4 (1991).

Goldin, Claudia, and Claudia Olivetti. "Shocking Labor Supply: A Reassessment of the Role of World War II on Women's Labor Supply." *American Economic Review* 103, no. 3 (2013): 257–62.

Gregory, Derwin. "Communicating with the European Resistance: An Assessment of the Special Operations Executive's Wireless Facilities in the UK During the Second World War." *Post-medieval Archaeology* 50, no. 2 (2016): 289–304.

Hacker, Barton C. "Engineering a New Order: Military Institutions, Technical Education, and the Rise of the Industrial State." *Technology and Culture* 34, no. 1 (Jan. 1993): 1–27.

Hale, Oron J. "World War II Documents and Interrogations." *Social Science* 47, no. 2 (1972).

Hanna, Martha. "Iconology and Ideology: Images of Joan of Arc in the Idiom of the Action Française, 1908–1931." *French Historical Studies* 14, no. 2 (1985).

Hanyok, Robert J. "Eavesdropping on Hell: Historical Guide to Western Communications Intelligence and the Holocaust, 1939–1945." Center for Cryptologic History, National Security Agency, 2005.

Harding, James M. "You Forgot Your Double Security Check." *Performance Research* 17, no. 3 (2012): 76–82.

Hawker, Pat. "John Brown and His S.O.E. Radios." *Bulletin of the Vintage British Wireless Society* 18, no. 1 (Feb. 1993).

Ho Davies, Peter. "Think of England." *Ploughshares* 26, nos. 2/3 (2000).

Hoffmann, Kay. "Propagandistic Problems of German Newsreels in World War II." *Historical Journal of Film, Radio, and Television* 24, no. 1 (2004): 133–42.

Horowitz, Milton W. "The Psychology of Confession." *Journal of Criminal Law, Criminology, and Police Science* 47, no. 2 (July–Aug. 1956): 197–204.

Jackson, Julian. "The Republic and Vichy." In *The French Republic: History, Values, Debates*. Edited by Edward Berenson, Vincent Duclert, and Christophe Prochasson. Ithaca, N.Y.: Cornell University Press, 2011.

Jeffords, Susan. "Performative Masculinities, or, 'After a Few Times You Won't Be Afraid of Rape at All.' " *Discourse* 13, no. 2 (Spring–Summer 1991): 102–18.

Johnson, William R. "Clandestinity and Current Intelligence." In *Inside CIA's Private World: Declassified Articles from the Agency's Internal Journal, 1955–1992*. Edited by H. Bradford Westerfield. New Haven, Conn.: Yale University Press, 1995.

Jones, Benjamin F. "Freeing France: The Allies, the Resistance, and the Jedburghs." Master's thesis, University of Kansas, 2008.

Judt, Tony. "In the Light of Experience: The 'Lessons' of Defeat and Occupation." In *Past Imperfect: French Intellectuals, 1944–1956*. New York: New York University Press, 2011.

"Jumping for Joy." *British Medical Journal* 2, no. 5511 (1966): 423–24.

Kedward, H. R. "Mapping the Resistance: An Essay on Roots and Routes." *Modern and Contemporary France* 20, no. 4 (2012).

———. "Patriots and Patriotism in Vichy France." *Transactions of the Royal Society* 32 (1982).

Kehoe, Robert R. "1944: An Allied Team with the French Resistance." www.cia.gov, 1997.

Kuisel, Richard F. "The Legend of the Vichy Synarchy." *French Historical Studies* 6, no. 3 (1970).

Lear, Allison. "Report on Suzanne Kyrie-Pope, an ISTD Employee." WW2 People's War: An Archive of World War Two Memories. BBC, 2005.

Lee, Janet. "FANY (First Aid Nursing Yeomanry) 'Other Spaces': Toward an Application of Foucault's Heterotopias as Alternate Spaces of Social Ordering." *Gender, Place, and Culture* 16, no. 6 (2009).

———. " 'I Wish My Mother Could See Me Now': The First Aid Nursing Yeomanry (FANY) and Negotiation of Gender and Class Relations, 1907–1918." *NWSA Journal* 19, no. 2 (Summer 2007): 138–58.

Lewis, S. J. "Jedburgh Team Operations in Support of the 12th Army Group, August 1944." U.S. Army Command and General Staff College, Fort Leavenworth, Kans., 1991.

Liebling, A. J. "Cross-Channel Trip." A Reporter at Large. *New Yorker,* July 1, 1944.

———. "Cross-Channel Trip— II." A Reporter at Large. *New Yorker,* July 8, 1944.

———. "Cross-Channel Trip— III." A Reporter at Large. *New Yorker,* July 15, 1944.

———. "Gloomy Meadow." A Reporter in France. *New Yorker,* June 15, 1940.

———. Letter from France. *New Yorker,* July 22, 1944.

———. Letter from France. *New Yorker,* July 29, 1944.

———. Letter from France. *New Yorker,* Aug. 26, 1944.

———. Letter from Paris. *New Yorker,* Sept. 23, 1944.

———. Letter from Paris. *New Yorker,* Sept. 30, 1944.

———. "Paris Postscript— I." A Reporter at Large. *New Yorker,* Aug. 3, 1940.

———. "Paris Postscript— II." A Reporter at Large. *New Yorker,* Aug. 10, 1940.

———. "Revisited: Normandy: The Chatelaine of Vouilly." Our Far-Flung Correspondents. *New Yorker,* Oct. 15, 1955.

Limore, Yagil. "Rescue of Jews: Between History and Memory." *Humboldt Journal of Social Relations* 28, no. 2 (2004): 105–38.

Lukacs, John. "The Importance of Being Winston." *National Interest,* Dec. 16, 2010.

Maddrell, Avril. "The 'Map Girls': British Women Geographers' War Work, Shifting Gender Boundaries, and Reflections on the History of Geography." *Transactions of the Institute of British Geographers,* n.s., 33, no. 1 (2007).

Martin, Judith. "Pippa's War." *New Zealand Army News,* July 21, 2009.

McDonagh, Eileen. "Political Citizenship and Democratization: The Gender Paradox." *American Political Science Review* 96, no. 3 (2002).

Michaels, Paula A. "Comrades in the Labor Room: The Lamaze Method of Childbirth Preparation and France's Cold War Home Front, 1951–1957." *American Historical Review* 115, no. 4 (2010).

Mitchell, Robert W. "The Psychology of Human Deception." *Social Research* 63, no. 3 (1996).

Mouré, Kenneth. "Black Market Fictions: 'Au Bon Beurre, La Traversée de Paris,' and the Black Market in France." *French Politics, Culture, and Society* 32, no. 1 (Spring 2014): 47–67.

———. "The Faux Policier in Occupied Paris." *Journal of Contemporary History* 45, no. 1 (2010).

Murphy, Christopher. "The Origins of SOE in France." *Historical Journal* 46, no. 4 (Dec. 2003): 935–52.

Neumaier, Christopher. "The Escalation of German Reprisal Policy in Occupied France, 1941–42." *Journal of Contemporary History* 41, no. 1 (Jan. 2006): 113–31.

Noakes, Lucy. "Gender, War, and Memory: Discourse and Experience in History." *Journal of Contemporary History* 36, no. 4 (Oct. 2001).

Occhino, Filippo, Kim Oosterlinck, and Eugene N. White. "How Much Can a Victor Force the Vanquished to Pay? France Under the Nazi Boot." *Journal of Economic History* 68, no. 1 (March 2008).

"Operation Torch: Invasion of North Africa, 8–16 November 1942." Naval History and Heritage Command, www.history.navy.mil, citing Robert J. Cressman, *The Official Chronology of the U.S. Navy in World War II.* Annapolis, Md./ Washington, D.C.: U.S. Naval Institute Press/Naval Historical Center, 1999.

Osborne, Deirdre. " 'I Do Not Know About Politics or Governments... I Am a Housewife': The Female Secret Agent and the Male War Machine in Occupied France (1942–5)." *Women: A Cultural Review* 17, no. 1 (2006): 42–64.

Ossian, Lisa L. "Fragilities and Failures, Promises and Patriotism: Elements of Second World War English and American Girlhood, 1939–1945." In *Girlhood: A Global History.* Edited by Jennifer Helgren and Colleen A. Vasconcellos. New Brunswick, N.J.: Rutgers University Press, 2010.

Ott, Sandra. "Duplicity, Indulgence, and Ambiguity in Franco-German Relations, 1940–1946." *History and Anthropology* 20, no. 1 (March 2009): 57–77.

———. "Undesirable Pen Pals, Unthinkable Houseguests: Representations of Franco-German Friendships in a Post-liberation Trial Dossier and *Suite Française*." *French Politics, Culture, and Society* 32, no. 1 (2014).

Padover, Saul K. "France in Defeat: Causes and Consequences." *World Politics* 2, no. 3 (1950): 305–37.

Panter-Downes, Mollie. "After the Men Have Gone." A Reporter at Large. *New Yorker,* April 11, 1942.

———. "Bundles from Britain." A Reporter at Large. *New Yorker,* Nov. 29, 1941.

———. "The Good Women of Grosvenor Street." A Reporter at Large. *New Yorker,* May 24, 1941.

———. "The Lancashire Way." A Reporter at Large. *New Yorker,* Nov. 22, 1941.

———. Letter from London. *New Yorker,* Jan. 13, 1940.

———. "Making It Dirty for Them." A Reporter at Large. *New Yorker,* Sept. 7, 1940.

———. "A Night at the Savoy." A Reporter at Large. *New Yorker,* Dec. 21, 1940.

———. "St. Thomas's Takes Four." A Reporter at Large. *New Yorker,* Feb. 8, 1941.

Pattinson, Juliette. " 'The Best Disguise': Performing Femininities for

Clandestine Purposes During the Second World War." In *Gender and Warfare in the Twentieth Century: Textual Representations*. Edited by Angela K. Smith.

Manchester, U.K.: Manchester University Press, 2004.

———. " 'Playing the Daft Lassie with Them': Gender, Captivity, and the Special Operations Executive During the Second World War." *European Review of History: Revue Européenne d'Histoire* 13, no. 2 (2006): 271–92.

———. " 'The Thing That Made Me Hesitate...': Re-examining Gendered Intersubjectivities in Interviews with British Secret War Veterans." *Women's History Review* 20, no. 2 (2011): 245–63.

Pearl, Monica B. " 'What Strange Intimacy': Janet Flanner's Letters from Paris." *Journal of European Studies* 32 (2002).

Peniston-Bird, Corinna. "Of Hockey Sticks and Sten Guns: British Auxiliaries and Their Weapons in the Second World War." *Women's History Magazine* 76 (Autumn 2014).

Quataert, Jean H., and Leigh Ann Wheeler. "Gender, War, and Sexuality: Convergences of Past and Present." *Journal of Women's History* 26, no. 3 (2014): 7–11.

Reid, Donald. "Available in Hell: Germaine Tillion's Operetta of Resistance at Ravensbrück." *French Politics, Culture, and Society* 25, no. 2 (2007): 141–50.

———. "Everybody Was in the French Resistance... Now! American Representations of the French Resistance." *French Cultural Studies* 23, no. 1 (2012): 49–63.

Report of the Committee on Amenities and Welfare Conditions in the Three Women's Services. London: His Majesty's Stationery Office, 1942.

Rose, Sonya O. "Sex, Citizenship, and the Nation in World War II Britain." *American Historical Review* 103, no. 4 (1998): 1147–76.

Russell, Diana. "Rape and the Masculine Mystique." In *The Changing*

Experience of Women. Edited by Elizabeth Whitelegg. Oxford: Martin Robertson, 1982.

Ryan, Isadore. "Between Detention and Destitution: The Irish in France During the Occupation." *History Ireland,* Sept./Oct. 2016.

Safran, William. "State, Nation, National Identity, and Citizenship: France as a Test Case." *International Political Science Review* 12, no. 3 (1991).

Schwartz, Paula. "*Partisanes* and Gender Politics in Vichy France." *French Historical Studies* 16, no. 1 (1989): 126–51.

———. "Redefining Resistance: Women's Activities in Wartime France." In *Behind the Lines: Gender and the Two World Wars.* Edited by Margaret R. Higonnet et al. New Haven, Conn.: Yale University Press, 1987.

———. "La répression des femmes communistes (1940–1944)." In *Identités féminines et violences politiques.* Edited by François Rouquet and Danièle Voldman. Paris: Centre National de la Recherche Scientifique, 1995.

Seaman, Mark. "A Glass Half Full— Some Thoughts on the Evolution of the Study of the Special Operations Executive." *Intelligence and National Security* 20, no. 1 (2006): 27–43.

———. "Good Thrillers but Bad History: A Review of Published Works on the Special Operations Executive Work in France During the Second World War." In *War, Resistance, and Intelligence: Essays in Honour of M. R. D. Foot.* Edited by K. G. Robertson. Barnsley, U.K.: Pen & Sword, 1999.

Segal, Mady Wechsler. "Women's Military Roles Cross-Nationally: Past, Present, and Future." *Gender and Society* 9, no. 6 (Dec. 1995): 757–75.

Seitz, Stephen S., Kelly M. Oakeley, and Francisco Garcia-Huidobro. *Operation Overlord and the Principles of War*. Norfolk, Va.: Joint Forces Staff College, Joint and Combined Staff Officer School, 2002.

"A Short History of Northumberland House, 8 Northumberland Avenue, London." Online publication.

Stafford, David. "The Detonator Concept: British Strategy, SOE, and European

Resistance After the Fall of France." *Journal of Contemporary History* 10, no. 2 (1975): 185–217.

Stockdale, Melissa K. " 'My Death for the Motherland Is Happiness': Women, Patriotism, and Soldiering in Russia's Great War, 1914–1917." *American Historical Review* 109, no. 1 (Feb. 2004): 78–116.

Sugarman, Martin. "Two Jewish Heroines of the SOE." *Jewish Historical Studies* 35 (1996–1998): 309–28.

Summerfield, Penny. "Public Memory or Public Amnesia? British Women of the Second World War in Popular Films of the 1950s and 1960s." *Journal of British Studies* 48, no. 4 (2009).

Suttill, Francis J., and M. R. D. Foot. "SOE's 'Prosper' Disaster of 1943." *Intelligence and National Security* 26, no. 1 (2011): 99–105.

Tegel, Susan. "Third Reich Newsreels— an Effective Tool of Propaganda? *Historical Journal of Film, Radio, and Television* 24, no. 1 (2004).

Thomas, Martin. "After Mers-el-Kébir: The Armed Neutrality of the Vichy French Navy, 1940–43." *English Historical Review* 112, no. 447 (1997).

Tillet, Pierre. "History of WWII Infiltrations into France." Self-published online.

Valliant, Derek W. "Occupied Listeners: The Legacies of Interwar Radio for France During World War II." In David Suisman and Susan Strasser, eds. *Sound in the Age of Mechanical Reproduction*. Philadelphia: University of Pennsylvania Press, 2010.

Vandenbroucke, Guillaume. "On a Demographic Consequence of the First World War." *Vox,* Centre for Economic Policy Research, 2012.

Vande Winkel, Roel. "Nazi Newsreels in Europe, 1939–1945: The Many Faces of Ufa's Foreign Weekly Newsreel (Auslandstonwoche) Versus German's Weekly Newsreel (Die Deutsche Wochenschau)." *Historical Journal of Film, Radio, and Television* 24, no. 1 (2004).

Vigurs, Kate. "Handbags to Hand Grenades: Preparing Women for Work Behind the Lines in Occupied France." *Women's History Magazine* 76 (Autumn

2014).

———. "The Women Agents of the Special Operations Executive F Section: Wartime Realities and Post War Representations." PhD thesis, University of Leeds, 2011.

Wallace, William. "Foreign Policy and National Identity in the United Kingdom." *International Affairs* 67, no. 1 (1991).

Weber, Eugen. "Of Stereotypes and of the French." *Journal of Contemporary History* 25, nos. 2/3 (1990).

Webster, Wendy. " 'Europe Against the Germans': The British Resistance Narrative, 1940–1950." *Journal of British Studies* 48 (Oct. 2009): 958–82.

Weisiger, Alex. "World War II: German Expansion and Allied Response." In *Logics of War: Explanations for Limited and Unlimited Conflicts*. Ithaca, N.Y.: Cornell University Press, 2013.

Wernick, Robert. "The Shadow of a Gunman from World War II." *Smithsonian,* Sept. 1993.

Wheeler, Mark. "The SOE Phenomenon." *Journal of Contemporary History* 16, no. 3 (1981): 513–19.

Wilkinson, James D. "Remembering World War II: The Perspective of the Losers." *American Scholar* 54, no. 3 (1985): 329–43.

Witte, Peter, and Stephen Tyas. "A New Document on the Deportation and Murder of Jews During 'Einsatz Reinhardt' 1942." *Holocaust and Genocide Studies* 15, no. 3 (2001).

World War II Military Intelligence Map Collection: Declassified Maps from the American, British, and German Militaries. Geography & Map Division, Library of Congress, Washington, D.C., 2015.

Zeiger, Susan. "GIs and Girls Around the Globe: The Geopolitics of Sex and Marriage in World War II." In *Entangling Alliances: Foreign War Brides and American Soldiers in the Twentieth Century*. New York: New York University Press, 2010.

檔案

Archives of Libre Résistance, Paris. Amicale Buck.

Atkins, Vera M. Private Papers. Imperial War Museum, London.

Buckmaster, Maurice. Diary. Unpublished. Courtesy of Tim Buckmaster.

Churchill, Winston. Papers. Churchill Archive, Churchill College, Cambridge, U.K. (online).

Dilks, Professor D. Private Papers. Imperial War Museum, London.

Fuller, Jean Overton. Private Papers. Imperial War Museum, London.

Jackson, M. W. Private Papers. Imperial War Museum, London.

Johnston, Lieutenant J. B. Letter, July 1, 1944. Unpublished. Courtesy of John Johnston.

National Archives of the United Kingdom, Kew, England. Material cited in accord with Britain's Open Government License. Records of the Special Operations Executive, Series: HS 6 (Western Europe), HS 7 (Histories and War Diaries),

HS 8 (Headquarters Records), HS 9 (Personnel Files), HS 13 (French Card Index); Records of the Security Service, MI5, Series: KV 2 (Personal Files), KV 3 (Subject Files); Records of the War Office and Successor, Series: WO 309 (Judge Advocate General's Office, War Crimes, British Army of the Rhine War Crimes Group), WO 311 (Judge Advocate General's Office, War Crimes files), WO 204 (Allied Forces, Mediterranean Theatre: Military Headquarters Papers), WO 219 (Papers of the Supreme Headquarters Allied Expeditionary Force, covering the invasion of Northern Europe), AIR 27 (Air Ministry Operations Record Books).

Ree, Harry. "Experiences of an SOE Agent in France, Henri Raymond, Alias César." Courtesy Steven Kippax.

Service Historique de la Défense, Paris. Series 16P (individual dossiers), 17P (networks, Buckmaster).

Standards Charges + French & Polish Rail Charges. Courtesy of Nick Fox.
Stonehouse, Brian. Private Papers. Imperial War Museum, London.
Suttill, Francis. Letters. Courtesy of Francis Suttill.
U.S. National Records and Archives, College Park, Md., and Washington, D.C.
Wretch, C. Private Papers. Imperial War Museum, London.

口述歷史

Interview transcripts, courtesy of Dr. Juliette Pattinson:

Yvonne Burney	Sydney Hudson
Pearl Cornioley	Lise Villemeur
Sonia d'Artois	Nancy Wake

Sound Archives, Imperial War Museum, London.

影片

Behind Enemy Lines: The Real Charlotte Grays. Directed by Jenny Morgan. London: British Film Institute, 2002.
Brian, You're Dreaming. Courtesy of Gordon Stevens.
Legasee: The Veterans' Video Archive. legasee.org.uk.
Ophuls, Marcel, dir. *Le chagrin et la pitié* (*The Sorrow and the Pity*). Télévision Rencontre, 1969.

國家圖書館出版品預行編目資料

D-Day女孩：以柔克剛的間諜故事，二戰中擊敗納粹的秘密武器／莎拉・羅斯（Sarah Rose）著；呂奕欣譯. -- 初版. -- 臺北市：麥田, 城邦文化出版：家庭傳媒城邦分公司發行, 2020.06
面；　公分. --（歷史選書；78）
譯自：D-day girls : the spies who armed the resistance, sabotaged the nazis, and helped win world war II
ISBN 978-986-344-780-1（平裝）
1. 情報　2. 女性傳記　3. 第二次世界大戰
784.1　109006421

歷史選書 78

D-Day女孩

以柔克剛的間諜故事，二戰中擊敗納粹的秘密武器

D-Day Girls: The Spies Who Armed the Resistance, Sabotaged the Nazis, and Helped Win World War II

作　　者／莎拉・羅斯（Sarah Rose）
譯　　者／呂奕欣
特約編輯／吳美滿
主　　編／林怡君

國際版權／吳玲緯
行　　銷／巫維珍　蘇莞婷　何維民　方億玲
業　　務／李再星　陳紫晴　陳美燕　馮逸華
編輯總監／劉麗真
總 經 理／陳逸瑛
發 行 人／涂玉雲
出　　版／麥田出版
10483臺北市民生東路二段141號5樓
電話：(886)2-2500-7696　傳真：(886)2-2500-1967
發　　行／英屬蓋曼群島商家庭傳媒股份有限公司城邦分公司
10483臺北市民生東路二段141號11樓
客服服務專線：(886) 2-2500-7718、2500-7719
24小時傳真服務：(886) 2-2500-1990、2500-1991
服務時間：週一至週五09:30-12:00・13:30-17:00
郵撥帳號：19863813　戶名：書虫股份有限公司
讀者服務信箱E-mail：service@readingclub.com.tw
麥田網址／https://www.facebook.com/RyeField.Cite/
香港發行所／城邦（香港）出版集團有限公司
香港灣仔駱克道193號東超商業中心1/F
電話：(852)2508-6231　傳真：(852)2578-9337
馬新發行所／城邦（馬新）出版集團Cite (M) Sdn Bhd.
41-3, Jalan Radin Anum, Bandar Baru Sri Petaling, 57000 Kuala Lumpur, Malaysia.
電話：(603)9056-3833　傳真：(603)9057-6622
讀者服務信箱：services@cite.my

封面設計／陳恩安
印　　刷／前進彩藝有限公司

■2020年6月1日　初版一刷　Printed in Taiwan.

定價：550元

ISBN 978-986-344-780-1